▲箸墓古墳上空から。最古の大型前方後円墳と見なされる。2013年に関連学会による立ち入り観察が行われた（写真・朝日新聞社）

◀五社神古墳上空から。物資の集積地だった奈良盆地北部では4世紀前半から5世紀後半まで連綿と大型古墳が築かれた（写真・朝日新聞社）

▲郡山新木山古墳上空から。2011年の宮内庁調査の限定公開で5世紀中ごろに築かれた前方後円墳であることがわかった（写真・朝日新聞社）

▲築山古墳上空から。宮内庁の調査により、使われた円筒埴輪が明らかとなった。いままで考えられていた年代より古い、4世紀後半ごろの前方後円墳となる（写真・朝日新聞社）

▲野口王墓古墳上空から。藤原宮の真南に築かれた八角墳。被葬者が確定できる稀有の天皇陵古墳（写真・朝日新聞社）

▲大山古墳上空から。最近の計測で墳丘全長が500メートルを超える可能性が出てきた。5世紀代に築かれた日本列島最大の前方後円墳（写真・朝日新聞社）

ASAHI SENSHO

朝日選書 978

天皇陵古墳を歩く

今尾文昭

朝日新聞出版

天皇陵古墳を歩く　目次

第2章　佐紀古墳群（奈良盆地北部）

第3章　佐保・春日ほか（奈良盆地北部）
生駒・斑鳩ほか（奈良盆地北西部）

第6章　百舌鳥古墳群・古市古墳群

口絵・章扉レイアウト　前田奈々
図版　鳥元真生

凡例

・本書は、二〇一六年四月から二〇一八年三月まで、朝日新聞奈良版に連載した「天皇陵古墳を歩く」を書籍化したものである。
・連載は奈良県内の天皇陵古墳を対象として、合計七九回にわたった。塚本和人、田中祐也両記者が編集を担当した。
・書籍化にあたり、地域別に章立てをして全体を補訂した。とくに序章と第6章の百舌鳥古墳群・古市古墳群を加えた。
・宮内庁が治定する陵墓名は、原則として「　」のなかに表した。
・本文中の古墳各部分の規模などを示した数値は、概数を含む。
・敬称は原則として、省略した。

天皇陵古墳を歩く

今尾文昭

序章

天皇陵古墳を歩くこと

1　陵墓と古墳の違い

天皇、皇后はじめ皇族の墓地を陵墓といいますが、なかには古墳が当てられていることがあります。天皇陵古墳とよんでいます。陵墓として管理されているために、ふつうの古墳とは違います。まず陵墓ですから、拝所があって鳥居が立っています。その前に「一、みだりに域内に立ち入らぬこと」「一、魚鳥等を取らぬこと」「一、竹木等を切らぬこと」の禁止事項を墨書した宮内庁の制札《せいさつ》が掲げられています。鳥居は歴代の霊（陵霊《りょうれい》）がやすまる場所であり、祭祀の対象となる「聖空間」であることを示しています。原則として非公開です。とくに古代史に登場する天皇の陵墓は、鬱蒼《うっそう》とした樹木に覆われていることが多く、背伸びしようが、かがもうが容易にその姿形を見ることはできません。静粛で神々しい、こういった印象を多くの人が抱くのではないでしょうか。

陵墓ではないふつうの古墳も墳丘に入れないことがあります。国指定史跡（文化財保護法にもとづき、文部科学大臣が指定する記念物）の古墳でも、管理者が設置した柵で墳丘が囲われ、立ち入り禁止の場合があります。墳丘内に安全な道がなかったり、芝生の養生、埋葬施設の石室などが損傷するおそれがあったりと、理由はさまざまあるのでしょう。けれども、電車とバスを乗り継いで、ようやく目的の古墳にたどり着いても墳丘に入れないとなると、禁止の看板に向かって思わず「理由を述べよ」と問い掛けたくなります。残念な思いを胸一杯に、もと来た道を引き返すこともあります。目的の古墳が自治体管理下にあれば、市民に開放して古代の魅力を知る体験学習の場にしてほしいと願うばかりです。

「なんだ、陵墓と同じではないか」という人がいるかもしれませんが、陵墓と古墳が大きく違うのは、一、二の例外を除くと誰が葬られているかを決めているか否かです。

陵墓の制札には、〇〇天皇の〇〇陵と明示されています。皇后や皇子、皇女などの陵墓となる場合は、天皇との続き柄がはじめに示されています。陵号、墓号を刻んだ石標も立てられています。

たとえば、奈良県高取町の「越智崗上陵《おちのおかのえのみささぎ》」（第5章(71)(72)で歩く。以下、同様）の制札には「斉明《さいめい》天皇」と「孝徳《こうとく》天皇皇后 間人《はしひと》皇女」「天智天皇皇子 建王《たけるのみこ》墓」を記しています。

現在の陵墓は、皇室典範に定められており、天皇、皇后、太皇太后及び皇太后を葬る所を陵、その他の皇族を葬る所を墓としています。

でも、陵墓のこういった光景はせいぜい一五〇年ほど前からのことです。江戸時代以前の人々にとっては、今とは異なる姿を見せています。

現在は景行《けいこう》天皇陵となっていますが、奈良県天理市の渋谷向山《しぶたにむこうやま》古墳（第1章⑫⑬）のように、幕末に陵墓の伝承がなく、里近くの山として土地利用されたり、奈良市の佐紀《さき》御陵山《みささぎやま》古墳（第2章⑰―⑳）のように神功《じんぐう》皇后の山陵として地域信仰があり、後円部頂上の社に人々が安産祈願に訪れたり、明日香村の野口王墓《のぐちのおうのはか》古墳（第5章(80)―(83)）のように、鎌倉時代には京都の朝廷にも天武《てんむ》・持統《じとう》天皇の合葬陵として知られていたものの、江戸時代中期の元禄修陵（修陵は陵墓を改め、修理すること。享保、文久にも修陵がある）の時点では村の伝承が失われ別の人物（武烈天皇の陵墓）に変わっていた場合もあります。

陵墓のそれぞれに古代・中世・近世・近代、そして現在の歴史があり、人との関わりがありました。

2　陵墓の種類と数

現在の陵墓は、国有財産のなかの皇室用財産として宮内庁書陵部（図書課、編修課、陵墓課、陵墓管区事務所からなる）が管理しています。陵墓に決定することを治定《じじょう》といいます。明治天皇の裁可によると説明されています。

陵墓のなかには、古墳時代の大王墓とみられる奈良や大阪の巨大な前方後円墳ばかりか、城郭として再利用された例など、文化財が多く重複しています。埋葬地に限らず分骨所、火葬塚、灰塚、髪歯爪塔《はっしそうとう》、殯斂《ひんれん》地、また飛地《とびち》（陪冢《ばいちょう》を含む）や陵墓参考地なども宮内庁に管理されていますが、文化財としての性格をもつものは、考古学・歴史学などの対象です。

現在の陵墓は、「陵籍」及び「墓籍」に登録すること（皇室典範第二七条）とあり、陵墓一覧となる『陵墓要覧』（宮内庁書陵部編）が随時刊行されています。最新版（第六版、二〇一二年三月刊行）の『陵墓要覧』資料編の陵墓統計表には、歴代皇陵一一二、歴代外陵七六、分骨所・火葬塚・灰塚四二、墓五五二、その他（髪歯爪塔〈塚〉・殯斂地・白鳥陵及び皇族の分骨塔〈所〉）六八、合計八五〇の陵墓数があげられています。ここに『陵墓要覧』資料編に一覧がある陵墓参考地四六（男狭穂塚《おさほづか》女狭穂塚《めさほづか》陵墓参考地は一とする）、陵墓飛地一四三（域内陪冢一九を含む）を加えると、総計一〇三九になります。所在地は山形県から鹿児島県まで一都二府三〇県に及んでいます。

宮内庁の管理上の区別から、陵墓と陵墓参考地、陵墓飛地（以下、飛地）は厳密に分けられているようです。陵墓参考地は『陵墓要覧』地方別陵墓表には記載されているが、本文には記載されない。飛地は『陵墓要覧』には記載されないと説明されています。なお、陵墓参考地とは現在は治定されていないが、将来、宮内庁書陵部陵墓課での考証の結果、特定の皇族の陵墓に治定される可能性がある候補地ということです。陵墓に準じた管理と祭祀が行われています。

3　天皇陵古墳となる陵墓

日本考古学では、宮内庁が管理と祭祀を行う現在の陵墓および陵墓参考地などのうち、考古学上に古墳と認められるものを「天皇陵古墳」（もしくは「陵墓古墳」）とよんできました。有名な天皇陵古墳は奈良・大阪にある約八〇基ですが、陵墓のほか、陵墓参考地、飛地（陪冢）を含めると、もっと増えることになります。それらを分類すると（1）大型の前方後円墳―大王墓および周辺、（2）地域首長の古墳、（3）終末期古墳があり、（4）いわゆる陪塚《ばいづか》にあたるもの、（5）奈良、平安時代の陵墓として後世に仮託されたものがあります。それらの具体例を見ておきましょう。

（1）大型の前方後円墳―大王墓および周辺

墳丘規模　第一位は、よく知られているように墳長四八六メートルの大阪府堺市にある大山《だいせん》古墳（大仙陵古墳などとも称される。陵名となる「百《も》舌《ず》鳥耳原中陵《のみみはらのなかのみささぎ》」に対する便宜的呼称の仁徳《にんとく》天皇陵に「現在」の治定という意味で「現、仁徳天皇陵」と表記する。以下同。第6章(84)）、第二位は墳長四二五メートルの大阪府羽曳野市の誉田《こんだ》御廟山《ごびょうやま》古墳（現、応神《おうじん》天皇陵。第6章(86)）、第三位は墳長三六五メートルの堺市の百舌鳥陵山《みささぎやま》古墳（石津丘古墳などとも称される。現、履中《りちゅう》天皇陵）です。以下、墳長の上位五〇位のうち六割の三〇基が天皇陵古墳です。一〇位以内では、第四位の墳長三五〇メートルの岡山市の造山《つくりやま》古墳（史跡）と、第九位の墳長二八六メートルの岡山県総社市の作山《つくりやま》古墳（史跡）の二基を除く八基が天皇陵古墳です。

築造時期　墳丘規模の上位五〇位のうちおよそ前期古墳が一六基、中期古墳が三一基、後期古墳が三基です。

前期古墳は築造時期が三世紀後半から四世紀後半に当たるもので、最初に築かれた大型前方後円墳といわれる奈良県桜井市の箸墓《はしはか》古墳（墳長二八〇メートル、現、倭迹迹日百襲姫命《やまとととひももそひめのみこと》墓、第1章②―⑥）、次いで天理市の西殿塚《にしとのづか》古墳（墳長二三五メートル、現、手白香皇女《たしらかのこうじょ》陵、第1章⑦⑧）、前期古墳では列島最大の天理市の渋谷向山古墳（墳長三〇〇メートル、第1章⑫⑬）が含まれます。

五世紀の中期古墳では、上位の三基をはじめ大阪府の百舌鳥・古市《ふるいち》古墳群にある一〇基が含まれます。中国南朝へ使いを遣わして、宋の皇帝から将軍に任命（叙正《じょせい》）された「倭の五王（讃・珍・済・興・武）」の王墓がこのなかにあると考えます。

六世紀の後期古墳では、陵墓参考地となる大阪府松原市・羽曳野市の河内大塚山古墳（墳長三三五メートル）と、奈良県橿原市の五条野丸山古墳（墳長三一八メートル、第5章(61)(62)）が、卓越した規模を持ちます。

地域　上位五〇位の内訳は奈良県二二基、大阪府一六基、京都府・岡山県各三基、宮崎県二基、兵庫

県・三重県・群馬県・茨城県各一基で、このうち天皇陵古墳は奈良県一五基、大阪府一三基、宮崎県二基となります。大半が奈良県と大阪府南部を流れる大和川流域にあります。山辺《やまのべ》・磯城《しき》古墳群（奈良盆地東南部の大和・柳本・纒向《まきむく》の各古墳群と桜井南部の古墳の総括的呼称として使用）、佐紀古墳群、馬見古墳群、百舌鳥古墳群、古市古墳群といった近畿中部の大古墳群を構成する大型前方後円墳のうち各時期の最大規模となる古墳は、ほとんどが天皇陵古墳で、先にも述べましたが、原則として非公開です。

なお、第二三位の墳長二二五メートルの大阪府羽曳野市の墓山古墳は「応神天皇　恵我藻伏崗　陵《えがのもふしのおかのみささぎ》」（誉田御廟山古墳）の陪冢（飛地ほ号）ですが、仲ツ山古墳（現、仲　姫　命《なかつひめのみこと》陵）、百舌鳥陵山古墳に築造時期が近く、古墳時代中期前葉の政権中枢の大王に次ぐ地位の人物が被葬者候補でしょう。考古学からみて陪冢とみなすことはできません。

（2）地域首長の古墳

地域首長の墓とみられる古墳のなかにも天皇陵古墳があります。三重県亀山市の名越丁子塚《なごしちょうじづか》古墳（墳長九〇メートル、現、日本　武　尊《やまとたけるのみこと》墓）は、鈴鹿川流域に営まれた北伊勢最大の前方後円墳です。野焼きによる朝顔形埴輪《はにわ》が採集されています。近畿と東海の古墳時代前期末葉から中期初葉を考える上で重要な古墳です。兵庫県篠山《ささやま》市の雲部車　塚《くもべのくるまづか》古墳（陵墓参考地、墳長一五八メートル）は、中期後葉の前方後円墳です。篠山盆地に前後する時代の有力な古墳はありません。各地に規模のある前方後円墳が築かれる契機を問う意味で注目の古墳です。

（3）終末期古墳

近畿中部の前方後円墳の築造は、奈良県明日香村の梅山《うめやま》古墳（現、欽明《きんめい》天皇陵。第5章㊸―㊺）、大阪府南河内郡太子《たいし》町の太子西山《にしやま》古墳（現、敏達《びだつ》天皇陵）が最後だといわれています。六世紀後葉から末葉ごろのことです。しかし七世紀の飛鳥時代になっても、大型の方墳や円墳、八角墳、上円下方墳など古墳は築かれます。これらは終末期古墳とよばれます。

奈良県の大和飛鳥および周辺、大阪府の河内飛鳥（磯長谷《しながだに》）にある終末期古墳の多くが天皇陵古墳です。方墳の大阪府太子町の山田高塚古墳（一辺六〇メートル、現、推古《すいこ》天皇陵）、八角墳の奈良県桜井市の段ノ塚古墳（対辺間の距離四二メートル、現、舒明《じょめい》天皇陵。第5章㊻―㊽）、奈良県明日香村の野口王墓古墳（対辺間の距離三八メートル、現、天武・持統天皇陵、第5章⑧⓪―⑧②）などが代表例です。

陵墓として治定されていない古墳でも、被葬者を特定することが可能となる事例があります。八角墳の明日香村の中尾山古墳と牽牛子《けんごし》塚《づか》古墳は、それぞれ文武《もんむ》天皇の「檜隈安古岡上陵《ひのくまのあこのおかのえのみささぎ》」、斉明大王（天皇）の「越智崗上陵」とみなされます。ともに史跡です。現在の文武天皇陵（栗原塚穴古墳。第5章㊹）、現在の斉明天皇陵（車木天皇山古墳《くるまぎてんのうやま》。第5章㊶㊷）とは別に考古学、歴史学から考えられる真陵（真の陵墓）があるのです。

（4）陪冢と陪塚

宮内庁の飛地は、天皇陵古墳となる大型前方後円墳の周囲の円墳や方墳などで、「陪冢」（〇〇陵飛地

○号と名付けられていることが多い）とよぶ方が馴染み深いかもしれません。陪冢は主人の陵墓に従う臣下の墓の意味です。名付けを記した小さな標柱が、墳丘の裾《すそ》に立てられています。

もっとも、宮内庁の飛地（陪冢）のなかには明らかに古墳でないものがあったり、先に記した墓山古墳のようにあまりに大きく、造られた時期も誉田御廟山古墳より古いものや、大山古墳の東側外堤に沿った位置にあるものの、宮内庁では飛地（陪冢）とされない円墳の塚廻《つかまわり》古墳（直径三五メートル、第6章㉞）のようなものもあります。

そこで本書では、宮内庁の飛地（陪冢）と区別する必要上、考古学用語として広く使われている「陪《ばい》塚《づか》」を使用しました。陪塚は規模の大きな古墳を主墳として、ほぼ同時期に計画的に配置された小型の古墳を指します。墳形（墳丘のかたち）には方墳が多いですが、円墳・帆立貝形前方後円墳、小さな前方後円墳もあります。またなかには、奈良市の大和《やまと》六号墳（第2章㉝）のように発掘調査の結果、遺骸を埋葬した跡がなく、副葬品のみを埋納した陪塚もあります。

（5）奈良・平安時代陵墓の仮託

奈良・平安時代ともなれば、葬地も史料に明確にわかっていて、被葬者の特定も容易であると思われがちですが、そうとばかりはいえません。

墳丘や周濠《しゅうごう》を設けることで、未来永劫《えいごう》にその土地が墓であることを示す高塚墳墓（古墳）が築かれなくなったことも一因です。これは、薄葬《はくそう》思想にもとづき遺骸を自然回帰に任せる葬り方に変化したことにもつながります。なにより律令国家が管理する「山陵」から天皇、皇族ゆかりの寺院へとその管理がゆだねられた「寺陵」へと陵墓が変質しました。こうなると当然のこと、時にその寺院の衰亡により陵墓の維持管理に困難が生まれます。そのうえ、京都の貴族社会で「死穢観念」(死を不浄とする考えや意識)が流布し、陵墓への監督者の派遣や親族の参詣を避けるようになると、所在地も忘れられるようになりました。

こういった要因が重なり、奈良・平安時代の天皇や皇族の陵墓、外戚となった貴族の墓といえども、およその場所はわかっても、葬地の正確な場所を知ることが難しいのです。それでも、幕末から明治維新後にかけて近代国家は歴代天皇をはじめとする陵墓を治定しました。この際、奈良・平安時代の人物の陵墓として、明らかに時代が異なる古墳に仮託した例があります。現在、奈良市の佐紀高塚古墳は奈良時代後期の孝謙《こうけん》(のちに重祚《ちょうそ》して称徳《しょうとく》)天皇陵(第2章㉓)に、市庭《いちにわ》古墳は平安時代初期の平城《へいぜい》天皇陵(第2章㉘㉙)になっています。

天皇陵古墳といえば、大山古墳に代表される周濠のある巨大前方後円墳を思い浮かべる人は多いでしょう。けれども、以上に紹介したようにさまざまな場合があります。それぞれの天皇陵古墳に歴史を見なくてはなりません。

4　陵墓問題がある

現在の陵墓をめぐっては多くの問題があります。考古学研究の立場から見て、天皇陵古墳にそれが集約化しています。次の四点をあげておきます。

A - 現在の治定と学術上に考えられる被葬者に違いがある。B - 文化財として学術研究上に制約が生じている。C - 陵墓にも文化財の性格があることは認められているが、原則として非公開である。D - 保存・管理と活用に一体性を欠く。

A・Bは先に記しましたが、Cの解決には、広範な人々の理解が前提になることはいうまでもありません。型通りに非公開を踏襲するのではなく、市民にも開く工夫がなされないものかと思います。

Dは緊急性のある問題です。宮内庁が陵墓として管理する範囲と、実際に判明している古墳の大きさが合致しないことがあります。本書では箸墓古墳（第1章②—⑥）、西殿塚古墳（第1章⑦⑧）、陵墓参考地のウワナベ古墳（第2章㉜㉝）、誉田御廟山古墳（第6章㉞）などで、このことに触れています。

奈良や大阪の大古墳群のなかの天皇陵古墳には、周濠や外堤が備わることがふつうです。墳丘から離れると宮内庁の管理域外になることが多く、都市開発が進行しています。航空写真に写る天皇陵古墳は左右対称性の見事な古代の造形美を示しますが、過去の写真と比べると、変わらぬ墳丘に対して周濠や外堤、陪塚周辺の開発による変貌に愕然とすることがあります。文化財保存の立場からいえば、鳥居の立つ陵墓の部分だけが残ればよいということではありません。

では、本文を読んでいただく前に知っておいてほしい問題に関わる、最近一〇年間ほどの天皇陵古墳をめぐる動きについて解説します。

（1）陵墓の非公開について

天皇陵古墳に自由な見学が許されていない現状は、よく知られています。冒頭に記したように、陵前の制札には「一、みだりに域内に立ち入らぬこと」とあります。

二〇〇七年一月、宮内庁書陵部は諸分野からの陵墓の見学要望に対応して、あらたに管理上の施行細則として「陵墓の立入りの取扱方針」を決めました。これは、見学申請が提出された場合の内規です。報道や学会からの情報公開請求にもとづく開示により、その内容が明らかになっています。概略を示します。

①宮内庁書陵部長は、管理上支障のない範囲において陵墓の立ち入りを許可できる。②許可できる場所は、業務の遂行や安全等に支障のない限りという前提で、古代高塚式陵墓（古墳となる古代の陵墓を指す宮内庁の用語）の場合は墳丘最下段上面のテラス巡回路まで、その他の陵墓は書陵部長が定める外構囲障までとする。③許可の対象者は、考古学などの歴史学・動物学・植物学などを専攻する者のうちで大学教員、自治体職員、研究機関・研究団体の研究従事者、このほか書陵部長が適当と認めた者。④立ち入り希望の申請は、希望者が所属する機関の長ないしは団体の代表者が行う。ただし特別な理由がある場合や機関や団体に無所属の場合は、本人申請にもとづき許可する。⑤許可する日時、人員、区域や実施上の必要事項は、その都度、書陵部長が定める。⑥立ち入りの実施に際しては、書陵部職員の立ち会いのもとに行う。⑦方針の実施についての必要事項は書陵部長が定める。

さまざまなケースを想定し、書陵部長の裁量によって許可できる内容です。たとえば、組織に属さない個人が申請した場合にも適当と判断されれば、学術的動機にもとづく陵墓への立ち入りを許可するとされています。二〇一八年三月の時点で陵墓公開を求める一六学協会（日本考古学協会や古代学研究会、歴史学研究会、日本史研究会など考古学、歴史学の一六団体）による現陵墓への立ち入り観察は、一一年目で合計一四ヶ所に及びます。内訳は天皇陵古墳が一三ヶ所、城郭（伏見城）が一ヶ所です。伏見城には明治天皇の伏見桃山《ふしみのももやまみささぎ》陵と皇后昭憲《しょうけん》皇太后（美子《はるこ》）の伏見桃山東陵が設けられています。

実際はこれにとどまらず単独の学会や個人研究者が申請して、許可が得られた事例もあります。ちなみに第一回は奈良市の五社《ごさし》神古墳（現、神功皇后陵。第2章㉔㉕）でした。

このように現在、宮内庁の陵墓は完全非公開ではなく、原則としての非公開です。しかし、許可が得られた場合も、なお厳しい制限があります。古墳研究に欠かせない墳丘頂上部はおろか墳丘最下段テラス（段築《だんちく》平坦面）より上への立ち入りは禁止です。立ち入ることが許される範囲が墳丘裾付近に限られた現状では、古墳の外形を理解することは困難です。樹木を介して見上げるだけでは、もどかしさが募ります。また写真撮影はできますが、観察者がその所見を資料化するための計測は禁じられています。古墳踏査に巻き尺は必需品ですが、持参しても使うことはできないのです。

それでも直接、天皇陵古墳を観察することで新たにわかること、気付くこともあります。個別の成果は、次章以下に記します。なお、学会関係者が立ち入った際に「立ち入り調査を実施」と記した報道に接することがありますが、調査に必要な条件が満たされて臨んでいるわけではありません。そこで、「立ち入り観察」とよんでいます。

（2）天皇陵古墳となる古墳の呼称

二〇一八年一月、日本政府はユネスコ（国連教育科学文化機関）に対して、大阪府の百舌鳥・古市古墳群の世界遺産登録に向けての推薦状の提出を決定しました。構成資産四五件（四九基）、このうち二九基が宮内庁管理の天皇陵古墳です。

私は、C・Dの問題を克服するための契機になると期待しています。しかし、推薦にあたり構成資産名称が日本考古学の遺跡（古墳）呼称の約束事となってきた地元呼称や大字、小字名を用いることなく、「〇〇天皇陵古墳」に一本化されたために新たな混乱と問題を生むことになりました。

大山古墳を例にあげると「仁徳天皇陵古墳」というこれまで使われたことのない名称で登録されようとしています。仁徳天皇陵とよばれてきた古墳という含意があるそうですが、外国人を含めて、そういうふうに受け取れるでしょうか。訪問する人の多くは、今日の学術上の検討を経て、確定された仁徳天皇の陵墓だと「誤解」するでしょう。もとより、江戸時代の地域社会では「大山（仙）陵」の呼称がふつうであり、戦後もそのようによぶ人がいました。

陵墓と古墳は異質のもので、現陵墓に今日の考古学や歴史学の成果は反映していません。登録しようとする「仁徳天皇陵古墳」という構成資産名称には無理があります。「木に竹を接ぐ」とは、こういうことをいうのだと思います。そもそも奈良時代以降に「仁徳天皇」という漢風諡号《しごう》を与えられた「オオサザキ」は、特定個人の大王なのか、実在性を含めた議論があります。考古学からは、大山古墳そのものが百舌鳥古墳群で最初に築かれた大型前方後円墳でないことは確実です。

せめて「誤解」を未然に回避する工夫として、名称を併記するのが配慮のある判断だと思います。私は大山古墳（現、仁徳天皇陵）というように記すことに努めています。本書で歩くほかの天皇陵古墳も初出の箇所では併記しました。

このまま一本化された「仁徳天皇陵古墳」などの名称が、構成資産名として世界遺産登録されると未来に禍根を残すことになるでしょう。
私の所属する大阪に事務局をおく古代学研究会では現在、構成資産名称の再考を求めています。

5 「天皇陵古墳を歩く」ことのねらい

慶応四年（明治元〈一八六八〉）閏四月、「山陵御穢」の審議の結果、陵墓に対するケガレが公式には否定されることになります。諸陵助の谷森善臣《たにもりよしおみ》は制度事務局にあてた建議を行い、山陵は「万代不易ノ幽宮」（永遠に不変の陵霊が鎮まる宮殿）で穢所ではないとしました。

さっそく明治三年（一八七〇）六月には陵墓から仏教的要素を排除する施策が示されます。奈良市の開化陵（念仏寺山古墳、第3章㊵）の域内から念仏寺の坊舎が移転します。一八七四年（明治七年、なお本書では明治五年までは和暦年（西暦）、太陽暦となる明治六年以降は西暦年〈和暦〉で表記）四月には、教部省から京都の泉涌寺《せんにゆうじ》ほかの諸寺の寺地、陵地の区別の明確化を求める伺いが、太政大臣に提出されます。八月には府県官吏として陵墓掌丁を置く太政官達が出されます。

政府は矢継ぎ早に陵墓施策を打ち出しました。近世史の研究者は、今日に続く「聖空間」としての陵墓観が明治初年に成立したと指摘しています。いったん、治定されると被葬者は不変です。形状も不変を保つように努められます。陵墓に治定されることで地域社会との関係性も多くが、絶たれました。これらは明治政府の旧慣復古方針によるものですが、そもそも日本の近代国家は古代の陵墓を正確に復元できたのでしょうか。

現治定は口碑流伝や地名にもとづく考証が基本ですから、江戸時代の修陵事業と変わりません。「日本考古学の原点」といわれるエドワード・S・モースの大森貝塚の発掘調査が一八八七年（明治一〇）九月のことです。近代考古学の成立はさらに遅れます。それまでに大方の治定は終えられました。古墳の型式学的検討にもとづく編年と矛盾するのは当たり前です。『古事記』『日本書紀』に見える系譜上の天皇も実在人物か、別に古代史研究のなかで検討する必要があります。

考古学や歴史学の研究成果が治定に反映したものではありません。一五〇年前から時が止まったまま二一世紀を迎えているといっても過言ではありません。そこで、触れておかなくてはならないことがあります。

陵墓は皇室典範第二七条（陵墓）に「天皇、皇后、太皇太后及び皇太后を葬る所を陵、その他の皇族を葬る所を墓とし、陵及び墓に関する事項は、これを陵籍及び墓籍に登録する」と規定されます。これに附則がともないます。一九四七年の日本国憲法施行にともない皇室法も改められましたが、附則③に「現在の陵及び墓は、これを第二七条の陵及び墓とする」とあります。これにより前近代・近代に治定された陵墓は敗戦後もそのまま継続、固定化することになりました。

つまり、現用の皇室法上に陵墓の治定変更の規定がないのです。不変を保つことを本義とする。このままでよいのでしょうか。工夫を重ねながら人々の理解を得ること、学術上の評価を受け容れることで「現代」と向き合うのか。

天皇陵古墳のひとつひとつに古代・中世・近世・近代があり、人との関わりのなかで歴史が紡がれてきたことを知ってほしいと思います。この先、私たちは天皇陵古墳にどのように向き合うのがよいでしようか。

今、わかることを丹念に歩くこと、学ぶことから始めませんか。

第1章

山辺・磯城古墳群

（奈良盆地東南部）

箸墓古墳への立ち入り観察（2013年2月）著者撮影

①　古代国家成立の鍵握る——プロローグ

「まもなく箸墓《はしはか》古墳の見学会が始まりますよ」

現地を案内する声が聞こえてきました。ＪＲ桜井線巻向《まきむく》駅に着いたばかりの電車から、語り合う幾組かの人たちが降りてきます。この日は、箸墓古墳（奈良県桜井市）で初めて実施される市民向けの見学会のようです。

箸墓古墳とは、宮内庁が第七代孝霊《こうれい》天皇の皇女、倭迹迹日百襲姫命《やまとととひももそひめのみこと》の「大市墓《おおいちのはか》」として管理する陵墓です。

「魏志倭人伝《ぎしわじんでん》」に出てくる倭の女王の都がある邪馬台国《やまたいこく》の有力候補地にあがる纒向《まきむく》遺跡（桜井市）を横目で見ながら、老いも若きも、多くの人が箸墓古墳に向かって楽しそうに歩いている姿が思い浮かびます。

「邪馬台国の女王の卑弥呼《ひみこ》の墓で間違いない」、「いや、あとを継いだ台与《とよ》の墓よ」「崇神《すじん》天皇が被葬者だという人もいる」、「そうなると男王か」「そもそも陵墓に定めているのは、別の方よ」

これは私がフィクションとして想像した情景です。いつか、こんな日が来ないものでしょうか。

日本考古学では、宮内庁によって明治時代以来、管理されてきた現在の陵墓および陪冢《ばいちょう》（飛地）、陵墓参考地などのうちで考古学上、古墳と認められるものを「天皇陵古墳」もしくは「陵墓古墳」とよん

箸墓古墳の後方には三輪山がある（写真・朝日新聞社）

でいます。奈良や大阪の巨大前方後円墳を中心に、おもなもので八〇基ばかりをあげることができます。

三世紀から七世紀まで、日本列島で造られた古墳の総数は一五万基とも、二〇万基ともいわれていますから、ほんの一握りにすぎないのですが、墳丘の規模（墳長《ふんちょう》）の大きい順に五〇位まで並べると、天皇陵古墳が六割の三〇基を占めています。

なぜ、奈良や大阪に巨大な前方後円墳が集まっているのでしょうか。墳長二八〇メートルの箸墓古墳が、奈良盆地東南部に突然、造られたのはなぜでしょうか。こうした古墳時代を代表する前方後円墳は、古代国家成立の鍵を握っているのですが、宮内庁が管理する陵墓は原則として非公開です。発掘調査はもちろんのこと、研究者も立ち入ることが制限されています。倭国の成立と深く関係しているとされ、被葬者を卑弥呼や台与、崇神天皇と結びつけて考える人もいる箸墓古墳であっても、例外ではありません。

それでも、宮内庁書陵部の採集資料の報告や国立歴史民俗博物館の墳丘測量図の作成、奈良県立橿原考古学研究所、桜井市教育委員会の墳丘外の発掘調査による成果が蓄積され、その本当の姿が少しずつ明らかになってきました。

調査のため箸墓古墳に立ち入る研究者たち（写真・朝日新聞社）

また最近では、考古学や歴史学の学会の代表者が宮内庁の許可を得て、陵墓・陵墓参考地に立ち入って墳丘を観察することができるようになりました。私はそのうちの古代学研究会の陵墓委員として、二〇一三年には箸墓古墳、二〇一六年二月には箸墓古墳の北方にある宮内庁が第一二代景行《けいこう》天皇の「山辺道上陵《やまのべのみちのえのみささぎ》」に定める渋谷向山《しぶたにむこうやま》古墳（奈良県天理市）などに立ち入りました。

学会では、二〇〇八年以降、計一三ヶ所の天皇陵古墳（城郭となる伏見城への立ち入りを入れると、合計一四ヶ所）に入ったことになります。実際の立ち入りは宮内庁の担当者に引率されて、墳丘裾《すそ》の巡回路（管理上、宮内庁職員が巡回する道）を歩いて観察するものです。実測することや、頂上にのぼることは許されませんが、墳丘の上を少し歩くだけでも、新たな知見を得ることもあります。

また、宮内庁が過去に行った発掘調査の未発表資料が、情報公開請求を通じて公表されるケースも出てきました。箸墓古墳についても、新聞社の情報公開請求で一九六八年の発掘調査資料が開示され、後円部の最上段が全面に石を厚く積んだ特異な構造だったことがわかりました。

奈良県内には四〇基余りの天皇陵古墳があります。これからそれらを歩いていきます。まずは、古墳時代の開始を告げる大型前方後円墳、箸墓古墳から歩きはじめましょう。

現在の陵墓としての管理や祭祀と折り合いをつけた上で、人々が天皇陵古墳を訪れ、過去の歴史を刻んだ文化財として実感できる機会が、いつか来ないものでしょうか。この本がそんな環境を創る一助になればよいと思っています。

②「最古」の大型前方後円墳――箸墓古墳❶

三世紀から四世紀にかけてのころのことです。天理市南部から桜井市にかかる奈良盆地の東南部にあたる山辺《やまのべ》・磯城《しき》地域では、古墳時代前期の巨大前方後円墳が次々と造られました。

箸墓古墳は、古墳時代前期の大集落として著名な纒向遺跡の中心部から南に離れた場所にあります。東側には古代の直線道路として有名な「上《かみ》ツ道《みち》」が通り、さらに南東には大物主神《おおものぬしのかみ》が鎮座する三輪山があります。

その姿を空から見てみましょう。墳丘の長さ（墳長）は、二八〇メートル。丸い円形部分を後円部、四角い台形部分を前方部とよびます。ふたつが合わさるところがくびれ部です。細身で引き締まった様子がうかがえます。「どう、格好がいいでしょう」といわんばかりです。

前方部はスカートの裾が広がるように、ゆるやかな曲線を示します。三味線の撥《ばち》のかたちのようだというので撥形前方部とよんでいます。多くの考古学者が、最古とみなす大型前方後円墳の姿です。

さらに時代が新しくなると、くびれ部は太めになり、造り出しという方形の突出部分が現れます。とうとう前方部の先端の幅が後円部の直径の二倍近くに広がるまでに発達します。

天皇陵古墳では、六世紀代の前方後円墳となる大阪府羽曳野《はびきの》市の白髪山《しらがやま》古墳（現、清寧《せいねい》天皇陵）や、藤井寺市のボケ山古墳（現、仁賢《にんけん》天皇陵）がその発達の極みです。風にゆれる干しダコはユーモラスですが、それを彷彿《ほうふつ》とさせる姿となります。

上　箸墓古墳 南上空から（写真・朝日新聞社）
下　白髪山古墳 西上空から（大阪府羽曳野市、写真・梅原章一）

これまで空から見た前方後円のかたちに注目してきましたが、考古学では、このような「モノ」のかたちの変化をたどって新旧を見極める方法があります。これを型式学的検討といいます。

型式学的検討は、墳形だけに限りません。立地、周濠《しゅうごう》（古墳の周囲の堀）、造り出し（くびれ部付近から周濠に張り出す台形状の区画）墳丘の築造方法となる段築《だんちく》（階段状に造ること）、出土品となる埴輪《はにわ》や土器、副葬品、また時には埋葬施設の構造がわかっている場合など、それぞれの特徴を比較して検討することで、古墳が造られた順序を導いていきます。これを古墳編年《へんねん》とよびます。もちろん、研究者によって異なる意見があったり、研究が進むと編年上の順序が入れ替わったりすることは、珍しいことではありません。

これから本書で取りあげる天皇陵古墳を考古学のなかでどのように位置付けるか、その基本作業としての手続きを簡単にいうと、このようなことになります。

なにせ、今から六〇年前の考古学の概説書では、箸墓古墳を「とくべつ古く考えることはむずかしい」とされていました。それが、「最初に築かれた大型前方後円墳」と多くの考古学者が考えるようになったのは、撥形前方部をもつ前方後円墳が古くなるという吉備《きび》地域（現在の岡山県の大半）の弥生時代の王墓となる墳丘墓から前期古墳への変化と、埴輪の起源をめぐる型式学的検討の研究成果が提出される一九六〇年代末のことです。

③ 埴輪の先祖 出土していた――箸墓古墳❷

壺や高杯《たかつき》などの容器を載せる台を器台《きだい》とよんでいます。吉備地域の南部では、弥生時代後期に日ごろ使われていた器台や壺のなかで異様に発達したものが現れます。高さが三〇センチもあれば、土器の台として十分なのに筒が伸びるように長大化して一メートルほどになります。

筒の側面には何段かの文様帯が設けられます。粘土が乾ききらないうちにヘラで連続するS字状文様を付け、三角形や巴形《ともえがた》の孔《あな》をあけ、表面には赤色顔料を塗るなど特別に仕立てられた器台に発達します。これを特殊器台とよびます。

一九六〇年代には吉備地域の弥生時代の王墓に使われていたことがわかってきました。葬送儀礼に用いられたものでしょう。それは、山陰の出雲《いずも》地域にも広がっています。次いで型式変化して古墳の墳丘上に、たくさん列をなして並べられるようになったものが円筒埴輪です。つまり、特殊器台は埴輪の「ご先祖さん」ということになります。

さて、一九六七年には「埴輪の起源」に関わる論文が発表されました。そのころからでしょうか、どうも箸墓古墳には吉備地域の弥生時代に流行《はや》ったものと、同じ形の特殊器台や特殊壺があるらしいといわれていたようです。でも、確かめようがありません。陵墓への立ち入りは禁止されていましたから、真偽は不詳でした。

箸墓古墳出土の特殊器台だという個人のスケッチが、考古学の関連雑誌上に掲載されたこともありましたが、なお不明でした。ようやく、一九七六年になって、宮内庁書陵部の報告や論文が掲載される定期刊行物の『書陵部紀要』に、特殊器台や特殊壺が後円部の墳丘頂上付近で出土していたことが公表されました。遺物実測図・遺物写真と観察所見がともなうものでした。こうして、「箸墓古墳は古い」という共通の理解が得られるようになったのです。

私は、長らく出土の事情を知らなかったものですから、倒木などの際に根が起きて、土中の土器類が表面に上がってきたので、宮内庁職員がそれらを集めた資料が公表されたものだと思い込んでいました。

箸墓古墳 東上空から（写真・朝日新聞社）

宮山墳丘墓（岡山県総社市）で出土した特殊器台（写真・岡山県立博物館）

それから四〇年ほど経ちました。二〇一二年夏のことです。朝日新聞の記者が、宮内庁のもっている箸墓古墳についてのデータを情報公開請求したところ、宮内庁が一九六八年に後円部と前方部の頂上にそれぞれ小規模とはいえ、調査トレンチ（試掘溝）を設けていた写真が続々と開示されたのです。

私はその写真を見て、実質的な発掘調査が行われていたのにまったく知らなかったこと、なにより後円部最上段に葺石《ふきいし》がびっしりとあることがわかり、きっと内部も石材だらけに違いないと考えられ、随分、驚きました。当時の事情を直接に知る方は、今ではいらっしゃらないようです。

もっと早くに出土状態の記録と共に正式な発掘調査報告として紀要に掲載されていたならば、前方後円墳の成立の研究に寄与していたことでしょう。その点は残念ですが、推測するに墳丘頂上部分に対する発掘調査も、当時の宮内庁にあっては埴輪の起源となる特殊器台や特殊壺が箸墓古墳にあるらしいという「うわさ」に真摯《しんし》に応えた結果ではないでしょうか。

かくして、近畿中部の最初の本格的な大型前方後円墳である箸墓古墳が、吉備地域の影響を受けて成立したことが明らかになりました。

④ 墳丘立ち入り 想像力刺激——箸墓古墳❸

二〇一三年二月二〇日の早朝、私は奈良県桜井市大字箸中にある箸墓古墳の前方部前面裾（前端——拝所前）に立っていました。箸墓古墳への墳丘立ち入りが学会代表の一六名に許可されたのです。

箸墓古墳の墳丘への立ち入りは、長年にわたり待ち焦がれての実現であり、社会的な注目を集める出来事になると予想されました。順調に立ち入り観察が遂行されるだろうか。不安と期待が交錯して、前日からなかなか寝付かれず、結局のところ関係者のなかでは、誰よりも早く箸墓古墳に到着しました。数日前に降った雪がそこかしこに残っていて、箸墓古墳の後方の三輪山は白く輝いています。

鳥居のある拝所で待っておりましたら、落ち葉を集める掃除機を肩に下げた宮内庁の職員がやって来て、鉄製の柵門の向こう側、拝所の内側の清掃を始めました。陵墓の「静謐《せいひつ》」（静かでやすらかなこと）と「安寧《あんねい》」（無事でやすらかなこと）を維持するための業務です。七、八世紀の律令国家は陵墓の日々の管理として、灑掃《さいそう》（掃除のこと）と祭祀を制度化しました。長い年月のうちに、やがて制度はゆるみ、忘れられましたが、明治政府がこれを復活させました。伝統の再生です。

一時間余りは待ちました。ついに「箸墓古墳に入る」、そのときがやって来ました。前方部北側の池に面したところで墳丘上部を見上げてみると、階段状に形づくられた段築が見えます。かつて、箸墓古墳の撥形の前方部側面には段築はなく、一息に築いたものといわれていましたが、そうではありません。目で見た確認が一番です。さらに、前方部から後円部に移るところ、くびれ部とよぶ箇所では、靴底に

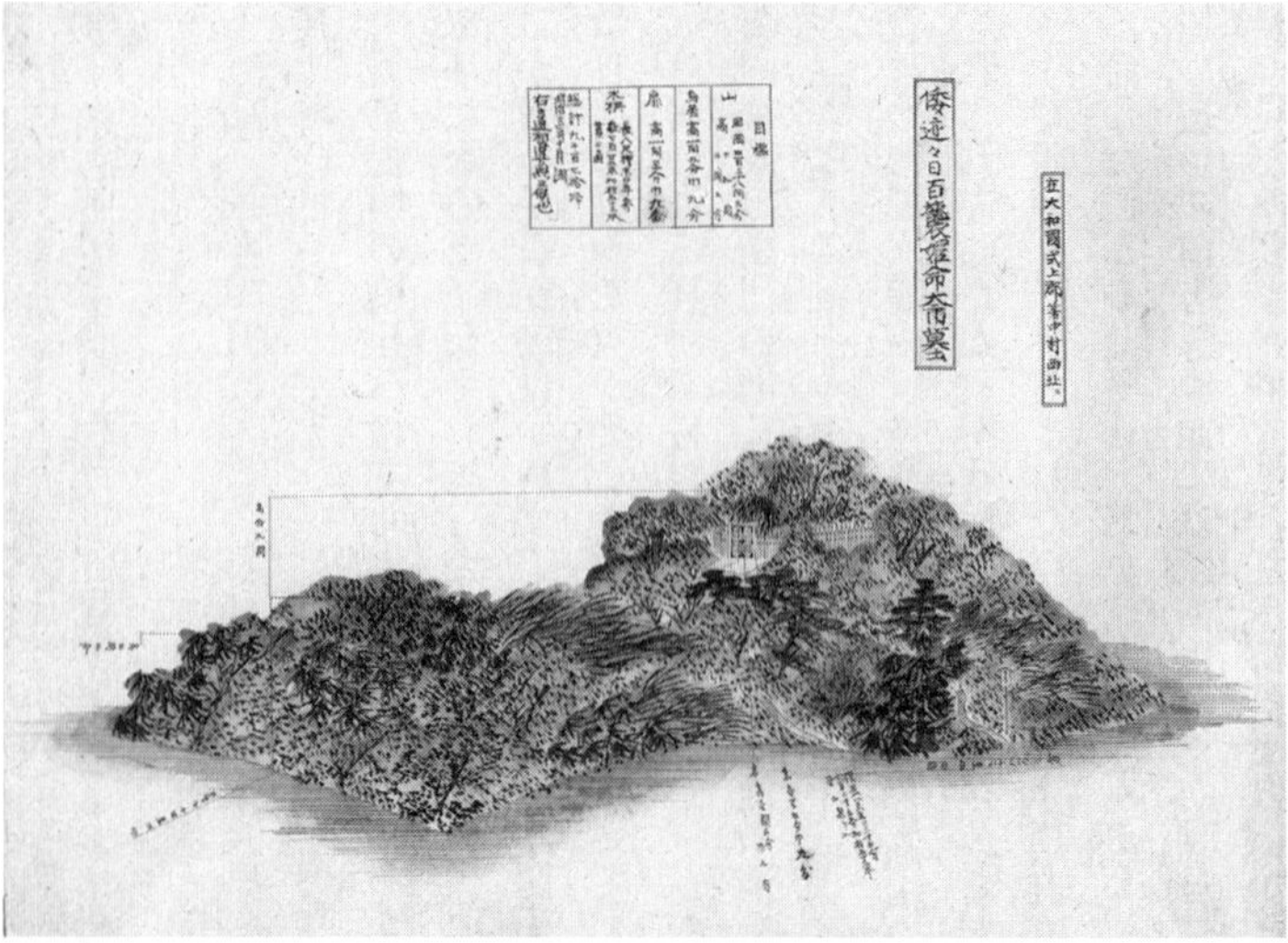

明治時代に作成された『御陵図』に描かれた箸墓古墳（写真・奈良県立橿原考古学研究所）

はっきりと丸い石を踏んでいる感覚がありました。ふつう、段築の平らなところは土が表れていますが、箸墓古墳の場合は石がごろごろしています。この分だと、築かれた当時は墳丘全体が石塚に見えたことでしょう。

気掛かりは、後円部の最上段です。段築とすれば五段築成です。埋葬施設はどこにあるのだろう。立ち入り観察で許された範囲は、墳丘裾の巡回路に限られたので、下からでは、木々があって上の方をすっきりと見通すことはできません。そこで③で取りあげた宮内庁の後円部最上段の発掘調査を参考にしましょう。

頂上部の写真には、たくさんの石が見えます。最上段の斜面や裾も石ばかりです。両手で抱えられるほどの大きさでしょうか。高さは五メートルもあります。もしかしたら石だけで築かれたのかもしれません。段築四段目を掘り込んで埋葬施設を設けたという意見もありますが、私は最上段、すなわち第五段に埋葬施設が存在するのではないかと想像しています。図はそれにもとづいた想像です。

ゴロゴロとした石の古墳で思い浮かぶのは、今の香川県にあたる讃岐《さぬき》地域の弥生時代の王墓や古墳時代初めの前方後円墳です。高松市の栗林《りつりん》公園の背後となる石清尾山《いわせおやま》の尾根上には、これでもかというほどに積石塚《つみいしづか》が連なります。土砂を用いないで、石材だけで墳丘をかたちづくりました。讃岐で独自で発達したものか、あるいは東アジア世界のなかから影響をこうむったものか、その淵源はよくわかりませ

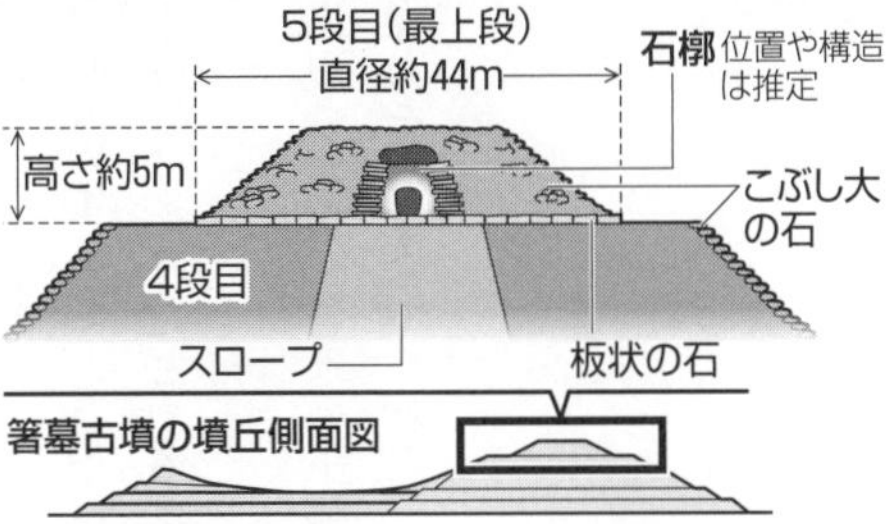

上　1968年の発掘調査の様子。箸墓古墳の後円部最上段の裾部分。厚く積まれた石の下から板状の石が出土している（写真・宮内庁）
下　箸墓古墳後円部頂上の想像図（著者作成）

ん。このうち発掘調査のあった鶴尾《つるお》神社四号墳は、吉備地域とは異なる狭く長い竪穴系石槨《せっかく》（棺を上から降ろして収める石囲いの埋葬施設）が設けられていました。箸墓古墳の埋葬施設は、これではないかと推測しています。石を積みながら埋葬施設を築く。そうだとすると、特殊器台は吉備、埋葬施設は讃岐からの影響となります。

奈良盆地での突然ともいえる箸墓古墳の出現ですが、各地の王墓の要素が統合されたのではないでしょうか。箸墓古墳への立ち入り観察は、想像力をかき立てられた一日となりました。

⑤　実年代や被葬者　今も思案中――箸墓古墳❹

箸墓古墳の後円部頂上に特殊器台が使われていることは、すでに説明しました。特殊器台は型式が進むと、円筒部の側面に流れるように刻まれた連続する「S字状文様」が、独立した「蕨手文《わらびて》」や「斜線文」に変化していきます。これは文様の簡略化です。底部も脚が横に踏ん張らずに直立するかたちになります。つまり地面の上に置くのではなく、埋めるのに都合のよいかたちになります。それでもまだ、文様帯が残っていますから普通の円筒埴輪というわけにはいきません。

特殊器台と円筒埴輪のあいだという意味合いで「特殊器台形埴輪」とよんでいます。箸墓古墳では、こちらも出土しています。型式学上の新旧が、同じ古墳に使われていることを、どのように解釈するかは課題です。使用場所による区別、使用時期の違い、使用期間の重複などさまざまな解釈が考えられますが、ともかく特殊器台と特殊器台形埴輪は、前方後円墳の起点となる箸墓古墳にふさわしい出土品です。

今のところ特殊器台とその上にのる特殊壺、また特殊器台形埴輪が後円部頂上部、一方、二重口縁壺が前方部の頂上部から出土しています。一方、桜井市教育委員会や奈良県立橿原考古学研究所によって進められてきた墳丘外側の周辺調査では土器類が出土しています。古墳時代前期（三世紀後半から四世紀）に使われた布留《ふる》式とよばれる土器のうち、最古型式の「布留0式」とされています。

一九九四年一二月に始まる箸墓古墳の第七次調査は、大池（北側のため池）の護岸整備工事にともな

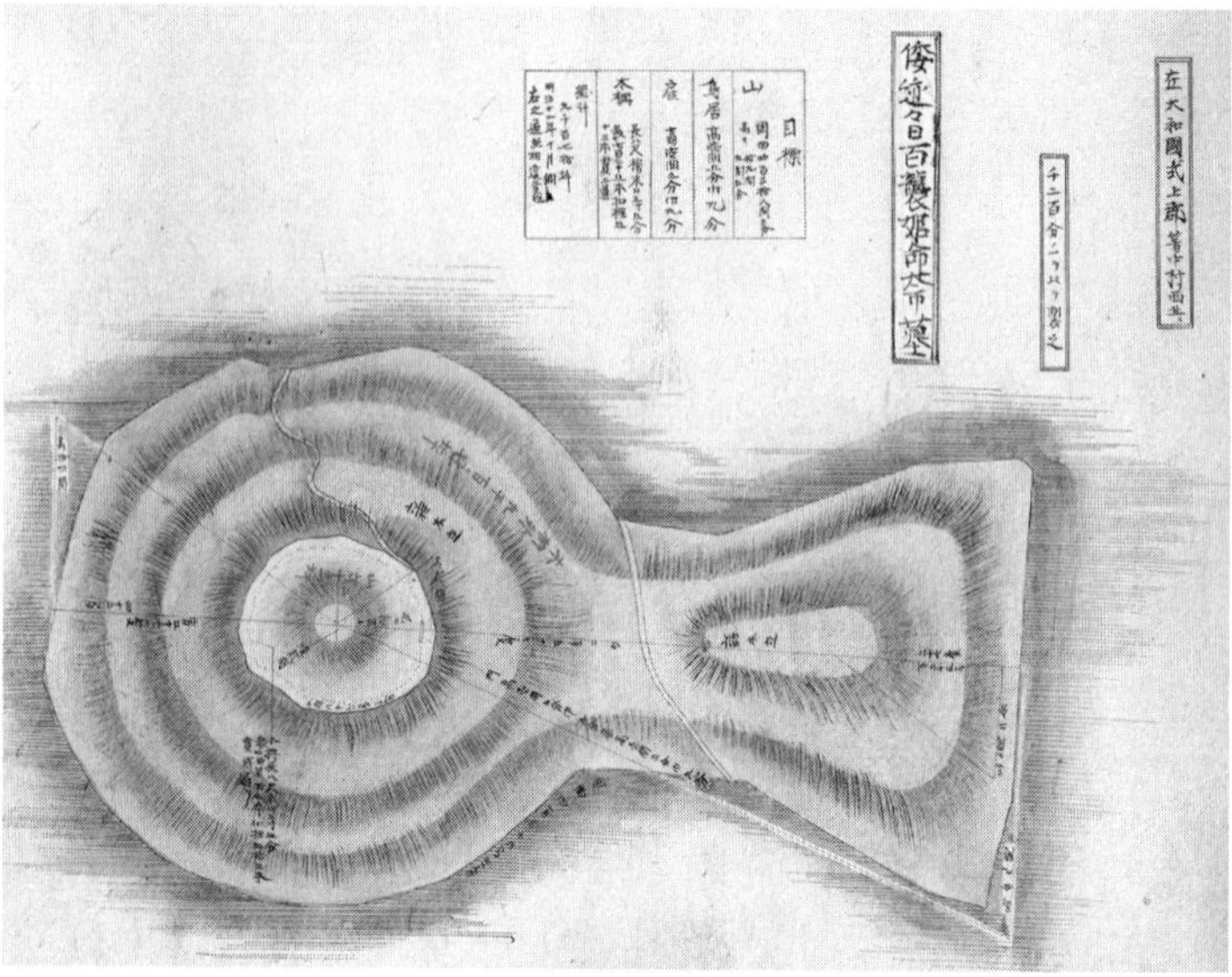

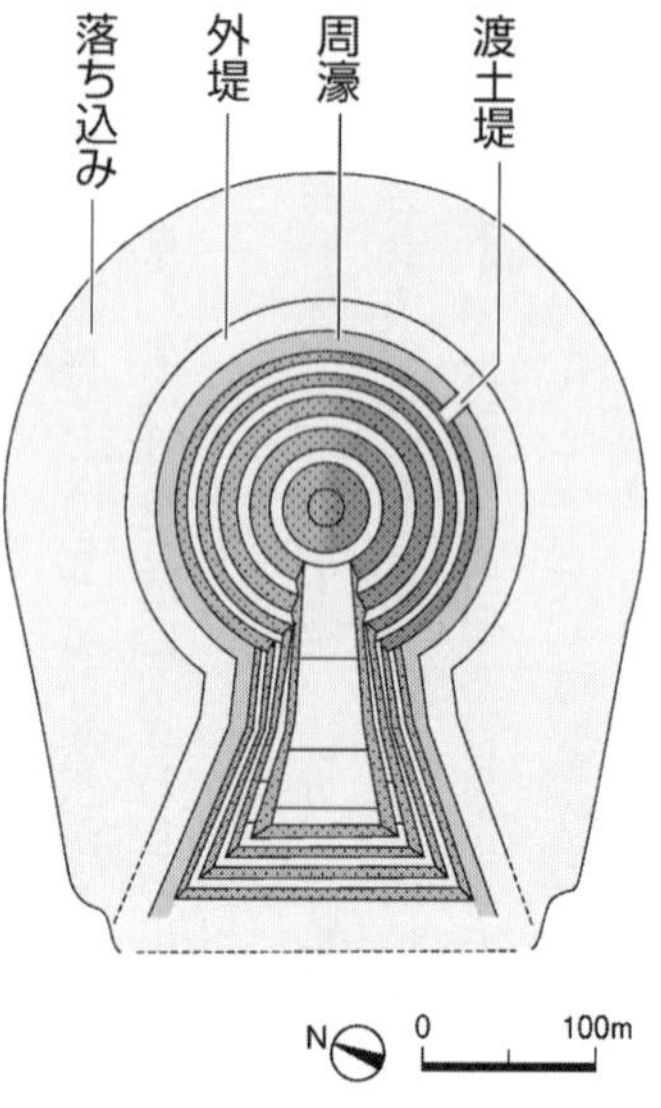

上　明治時代に作成された『御陵図』に描かれた箸墓古墳（写真・奈良県立橿原考古学研究所）
下　箸墓古墳想定復元（寺沢薫『王権誕生』を参考に著者作成）

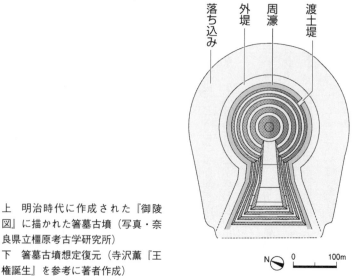

い行われました。池の水を抜いて、発掘調査区が設けられました。

すると、池底へも前方部墳丘裾の葺石が延びていること、幅一〇メートルほどの周濠が墳丘を取り巻くこと、盛土による外堤（幅は二〇メートル以下）が設けられていたことなどがわかりました。そして、さらに外側に幅が五〇メートル以上の大規模な落ち込みが見つかっています。墳丘盛土のための土取りの跡か、はじめから外濠とすることを意図したものか、今のところ判定は難しいです。

このとき、周濠や外堤内、大規模な落ち込みのいずれの場所からも布留0式の土器が出土しています。落ち込みの最下層で見つかった土器類に付着した試料を使って放射性炭素14による年代測定が行われました。

炭素14による年代測定法とは、次のようなことです。炭素14は、地球上の動植物であれば、みな体内に取り入れて生きていますが、死ぬと一定の割合で減少し、五七〇〇年ほど経つと半減していきます。この法則を生かした自然科学的手法による年代測定の方法です。

国立歴史民俗博物館は、測定結果にもとづき箸墓古墳の築造年代を西暦二四〇—二六〇年と考えました。そうとなれば、あらためて二四七、八年ごろに亡くなったとみられる倭の女王、卑弥呼が被葬者の最有力候補としてクローズアップされました。そこで俄然《がぜん》、纏向遺跡が邪馬台国に決定という意見が強まっています。

これまで説明したように、さまざまな要素から箸墓古墳が本格的な最古式の前方後円墳であることに異論はありません。ですが、それを三世紀中葉の二四〇—二六〇年に限定して本当にいいのでしょうか。自然科学の年代決定法は、近年は精度も上がっていると聞きます。ただ、それは示された年代幅に入る確率が高いというものであり、絶対的な年代ではありません。

なにより、すでに指摘されていることですが、測定に使われた試料が付いた土器は、箸墓古墳の被葬者の埋葬時期を直接示す土器ではありません。土器は箸墓古墳の築造工事が始まってから持ち込まれたとも考えられます。測定された年代を含むとはいえ、おもにはそれ以降に築造が完了し、埋葬が行われたと考えるほうがふつうではないでしょうか。

箸墓古墳が古墳時代の本格的開始を告げる前方後円墳であることはいうまでもありませんが、実年代や被葬者は、まだ決めることができない。今も思案中というのが私の立場です。

⑥「ハシ」がつく名 由来は——箸墓古墳❺

どうして、箸墓古墳という名前がついているのでしょう。実は古墳のなかで、今の呼び名が古典にほぼそのまま出てくる例はまれですが、箸墓古墳は『日本書紀』に二度も登場します。

最初は、『日本書紀』崇神天皇十年九月条に出てきます。大物主神の妻となった倭迹迹日百襲姫が、朝に櫛笥《くしげ》（櫛を入れる小箱）に入った小蛇《こをろち》となった神の姿に驚き、叫んでしまいます。恥をかき、怒った神は御諸山《みもろのやま》（三輪山）に還ってしまいます。ヒメは姿を見ても驚かないと前の夜に約束していたのです。後悔したヒメは山を仰いで急に坐った途端、箸がホト（性器）に撞《つ》き刺さって死んでしまいます。やがて「大市《おおいち》」に葬られます。時の人は、その墓を号《なづ》けて「箸墓《はしのはか》」といったとあります。

次いで天武《てんむ》天皇元年（六七二）七月条には、壬申《じんしん》の乱（皇位をめぐって争った内乱）の一場面として、大海人《おおあま》方の三輪君高市麻呂《みわのきみたけちまろ》と置始連菟《おきそめのむらじうさぎ》が「上道《かみのみち》」にあって、「箸陵《はしのはか》」のもとに近江の軍勢と戦ったとあります。

箸墓古墳の後円部の外側には、今も南北の道が通じています。これが上ツ道です。北側の発掘調査では、道路沿いに整地した土砂の確認もなされていて、人工的に整備された可能性があります。『日本書紀』が編纂《へんさん》された七—八世紀代の人々は、この巨大な前方後円墳の被葬者を、神と婚姻した女性の墓として認識しており、その名を食事に使う「箸」にちなんでよんでいたことは確実でしょう。

カミとの別れ、ヒメの死の場面に出てきた箸ですが、これが問題です。古墳時代の箸の存在が、はっ

箸墓古墳と三輪山（写真・著者）

きりしません。奈良・平安時代になってようやく出土資料として見られるようになります。

そこで箸墓古墳の名に、食事の箸を当てたというのは後付けで、本来は土師《はじ》氏が関係した墓ではなかったかと国文学からの説があります。古代豪族の土師氏が、埴輪製作や古墳造営といった葬送に関わったことは知られていますが、この地でも活躍した証しとして名前が残ったというわけです。

でも、土師氏にゆかりのある土地は、百舌鳥《もず》（大阪府堺市）や古市《ふるいち》（大阪府羽曳野市・藤井寺市）、佐紀《さき》（奈良市）といった古墳時代中期の超大型前方後円墳を含んだ大古墳群が所在する周辺にあり、今のところ箸墓古墳がある奈良盆地東南部の磯城地域には見当たりません。

私は、違うことを考えています。ハシを語源とする橋や箸、また柱、あるいは梯子《はしご》はどれも異なる二点をつなぐ媒介の意味があります。

たとえば、島根県の出雲大社の千家《せんげ》国造家《こくそうけ》が所蔵

平安時代の出雲大社本殿の10分の１模型（写真・島根県立古代出雲歴史博物館）

する「金輪御《かなわのご》造営差図《ぞうえいさしず》」は、かつての本殿の平面設計に関連する図として有名ですが、出雲大社本殿と地上との階段《きざはし》として「引橋《ひきはし》長一町」が記されています。一町は長さ一〇九メートルほどでしょう。神がすまう聖空間への奉仕に向かう神官は、この橋を登ります。つまり、異空間をつなぐ言葉にハシが使われています。

「箸墓伝承」は、大物主神の倭迹迹日百襲姫への通いですが、神と人との婚姻です。伝承にもとづき、異質のものとのつながりを語るハシが、三輪山の側にあるこの巨大な前方後円墳の名にこそふさわしいと、古代の人々がとらえていたというように、考えてみてはどうでしょうか。

⑦ 全周を囲んだ？ 円筒埴輪——西殿塚古墳❶

四〇年ばかり、奈良県で考古学の仕事をしてきたおかげで、さまざまな発掘調査の現場に接してきました。これまで現地見学したなかで驚いたことが幾度かあります。一九九三年一―四月に行われた天理市教育委員会による西殿塚《にしとのづか》古墳の発掘調査もそのひとつです。

西殿塚古墳は天理市萱生《かよう》町、中山町にまたがる天皇陵古墳です。墳長二三五メートルの古墳時代前期前葉（三世紀末―四世紀初め）の大型前方後円墳です。墳長は、南側にあたる前方部の端っこ（前方部前面）を、どこと見るかで変わります。ここに示した二三五メートルより、発掘調査すれば小さくなる可能性もあります。

東側に聳《そび》える龍王山《りゅうおうざん》（標高五八六メートル）から延びてきた尾根を利用して、それに直交する南北方向を主軸に造られています。ヲホド王（継体《けいたい》天皇）の大后《おおきさき》、タシラカ王女（手白香《たしらか》皇女）の「衾田　陵《ふすまだのみささぎ》」に定められ、宮内庁が管理しています。

周辺には古墳が数多くあり、大和《おおやまと》古墳群とよばれることが一般的です。そのなかで、西殿塚古墳は最大です。採集資料には特殊器台があり、箸墓古墳につづいて築かれたと考えられています。前方部の平面形は、やや曲線をなす撥形です。

測量図からは尾根を利用して築いたために、墳丘の東西で一〇メートルほどの高低差が生じていることがわかります。低い西側を四段、高い東側を三段とすることで、段築の上位三段分が同一の高さにな

西殿塚古墳 西上空から（写真・朝日新聞社）

るように調整しています。足された西側の最下段を付帯部とよんで段築と区別する研究者もいます。後円部頂上と前方部頂上には、一辺二〇―三〇メートルの方形壇《ほうけいだん》があります。埋葬施設を密封した後に土を盛り上げて造られたのでしょう。方形壇は、他の古墳でも確認できますが、西殿塚古墳はその初期の事例です。

さて、天理市教育委員会の発掘調査ですが、東側のくびれ部と前方部に接した農耕地に調査区が設けられました。その結果、基盤となる地面（地山《じやま》）を少し掘り下げた周濠相当の落ち込みと、墳丘裾を示す葺石、それから大量の円筒埴輪が見つかりました。

円筒埴輪のなかには口縁部《こうえんぶ》の直径五〇―七〇センチの大型品もあります。口縁部の外面に鋸歯文《きょしもん》の線刻がなされたものもあります。鋸歯文とは、ノコギリの歯のように連続した三角の文様です。口縁部は下顎《したあご》が突き出たような受口《うけぐち》状です。これは埴輪のルーツの器台本来の形状の名残です。

円筒埴輪は、上から転落してきたものに間違いあり

1993年の天理市教育委員会による調査で見つかった西殿塚古墳の前方部東側の基底部。生垣の奥は宮内庁が管理する（写真・天理市教育委員会）

ません。つまり、元は東側段築の第一段（一番下の段）にありました。出土量の多さからみると、立て並べられていたものでしょう。先にも記しましたが、かねてから特殊器台の存在が知られていましたが、初期の円筒埴輪も備わることが、この調査で初めて明らかになりました。もっとも、以前に採集された破片のなかに、突帯（タガともいいます）をはさんで文様のないものがあり、もしかすると円筒埴輪があるかもしれないとは思っていましたが、それが現実となりました。

また、調査地点は山側にあたる東側で、集落の反対側にあります。古墳時代でも同様だったことでしょう。西殿塚古墳の東側墳丘は、人々からはよく見えない場所です。「少々、手を抜いて並べればいいのに」と思うのは、現代的感覚かもしれません。つまり、円筒埴輪は墳丘の全周を回る状態で立て並べられていたと考えられます。それが、転落した状態で目の前に現れたのです。これには、驚きました。

もう一点、宮内庁が管理する陵墓の裾より外側に、本物の墳丘裾が出てきました。明治政府が発掘調査にもとづいて墳丘の範囲を確定させた上で、陵墓に定めた（治定《じじょう》）わけではありません。当然のことですが、これにも驚きました。地方自治体が学術調査で、天皇陵古墳本来の墳丘裾が、現在の陵墓の域外に及ぶことを示した初めての事例になったのではないでしょうか。

⑧ 時代にずれ 被葬者は別――西殿塚古墳❷

中国や朝鮮の王墓や貴族墓と異なり、墓の中に被葬者の名前や事績を記した墓誌《ぼし》を納めたり、墓前に墓碑《ぼひ》を立てる習慣がなかった日本列島の古墳文化では、大型前方後円墳といえども、被葬者の特定は難しいところです。

もちろん、天皇陵古墳も例外ではありません。被葬者を特定するための前提となる条件が、適当でないまま今日を迎えている天皇陵古墳のひとつが、西殿塚古墳です。『日本書紀』や『古事記』『風土記』『延喜式』など文献史料に書かれた記事内容の検討と考古学成果にもとづく評価、時には自然科学分析など他の学問分野の協力も得て、総合的に導かなくてはなりません。

西殿塚古墳が陵墓となるのは、国立公文書館が所蔵する『陵墓録《りょうぼろく》』によれば、一八七六年（明治九）九月のことです。歴史学や考古学が発達する前のことで、伝承や地名考証を重んじた当時の学問水準による決定です。今の時代から見て、不合理なところがあるのは避けられません。

二〇一三年二月には、歴史・考古学系の一六学会の代表が宮内庁の許可を得て、西殿塚古墳に立ち入り、観察が行われました。その日は午前中に箸墓古墳、午後に西殿塚古墳に入るという段取りでした。午後から私は、墳丘へ入らず、観察が順調に進行するようにサポート役になりました。

さて、墳丘のなかの様子ですが、前方部から後円部に向かう段築が同じ高さではなく、くびれ部で段差が生まれていることや、墳丘全体がおびただしい量の葺石で覆われていると報告されました。たしかに墳丘裾の生垣の外からでも、両手で抱えるほどの大きさの石材がゴロゴロとあるのが見えます。

西殿塚古墳が古墳時代前期前葉（三世紀後半―四世紀初め）の特徴をもつことが改めて確認されたのです。

それにもかかわらず、現在、西殿塚古墳はタシラカ王女（「手白香皇女」）の「衾田陵」となっています。

タシラカ王女とはどのような人物でしょうか。文献史料では仁賢天皇の王女で、ヲホド王（「継体天

上　西殿塚古墳（左上）北上空から。その右手前は西山塚古墳（写真・梅原章一）
下　「衾田陵」の拝所（写真・著者）

皇」）即位後に大后となります。それは五〇七年のことだとされています。ヲホド王は武烈《ぶれつ》天皇で王統が途絶えたとき「応神天皇五世孫」を名乗り、越前から登場して大王位に就く人物です。

河内の政権の王女との婚姻が新政権にプラスに働いたといわれています。ヲホド王と同時代の人物、すなわち六世紀前半に生きた王女です。西殿塚古墳が造られた年代はそれよりはるか以前ですから、「衾田陵」とする前提にはかないません。

西山塚古墳の後円部近景（写真・著者）

そこで、タシラカ王女の古墳として候補にあがるのが、西殿塚古墳の西北、至近距離にある西山塚《にしやまづか》古墳（天理市萱生町）です。墳長一一四メートル、後円部を南側に向け、六世紀代の特徴をもつ円筒埴輪が出土しています。航空写真で見るとよくわかりますが、西山塚古墳だけが、西殿塚古墳などと異なり北側に前方部を向けています。

現在、水をたたえた盾《たて》形周濠がめぐります。盾形周濠は後円部側が円く、前方部側に向かっては両手を広げたような形に開きます。周濠は、時期が新しくなるほど開く傾向にあります。墳形、出土埴輪、周濠の形状から六世紀前半に造られたという前提は、この西山塚古墳の方に備わります。

当たり前のことですが、タシラカ王女がこの世に生まれる約二〇〇年も前から、その人の墓が造られたというようなことはあろうはずがありません。西殿塚古墳の築造時期とタシラカ王女の生存時期にはあまりにも時期にずれがあります。西殿塚古墳の被葬者は箸墓古墳の後を継いだヤマト政権の王とみなすのが、妥当であると考えます。

一方、西山塚古墳は、東海道自然歩道の傍らにある中規模の前方後円墳で、天理市教育委員会が立てた解説看板によって、その場所を知ることができます。今は果樹園となっていますが、前期古墳で構成された大和古墳群のなかでは、異彩を放つ後期古墳です。西山塚古墳をタシラカ王女の真陵（本当の陵墓）と考える人が増えてきました。

⑨「王者」周辺 中小の「お付き」――行燈山古墳❶

古墳が弥生時代の王墓と違うところは、「大きさです」と簡単にいい切ることはできません。岡山県倉敷市の楯築《たてつき》墳丘墓は弥生時代最大の王墓です。墳長は八〇メートル前後、高さ五メートル。中央の楕円形の墳丘から二方向に突出部が付いた双方中円形です。

中円部の頂上には、五個の立石《りっせき》がめぐっています。現状が当初の状態という確証はないのですが、立石は大きなもので高さ二、三メートルもあります。周辺からもよく見えたことでしょう。王墓の在りかが、後世の人々にもわかるという点では古墳と変わりません。

でも、古墳と弥生王墓には根本的に違う点があります。

ひとつは東北南部から九州の大隅半島、壱岐《いき》や隠岐《おき》といった島嶼《とうしょ》に及ぶまで、日本列島の津々浦々に前方後円形という共通したかたちの王墓が営まれていることです。それを為政者間のパートナーシップの証しだという研究者もいます。とはいえ、それが築かれた地域のなかの一時的な出来事なのか、世代を越えて継続した出来事なのかは、ていねいに見て、評価しないといけません。

もうひとつの特徴は、大古墳群の特徴ともいえる大きさの異なる古墳が、近くに次々と築かれたことです。つまり古墳群をかたちづくるということです。墳丘の大きさによる「目で見る格差」が表されたものといえるでしょう。

それを端的に示すのが、現在、宮内庁が第一〇代の崇神天皇陵として管理する行燈山《あんどんやま》古墳と、その周

行燈山古墳 北東上空から（写真・朝日新聞社）

辺にある三基の前方後円墳です。行燈山古墳は墳長二四〇メートル、天理市柳本町にあります。JR桜井線の柳本駅からまっすぐに東に向かって歩くと、高まりのある前方部外堤が見えてきます。

　古墳の墳丘のかたちを墳形といいますが、以前に解説したように時代による変化があります。その様子や埴輪の種類や形状、後円部東側の外堤にある葺石に密着して出土した布留式土器などから、古墳時代前期後葉に造られたとみられます。ちなみに出土した埴輪のなかには盾形埴輪や家形埴輪など物のかたちをかたどった形象《けいしょう》埴輪が含まれています。山辺・磯城地域では、箸墓古墳、西殿塚古墳に次いで造られた大型前方後円墳です。

　訪れた人は、気づくと思いますが、行燈山古墳の前方部の西側には、アンド山古墳、南アンド山古墳の二基の前方後円墳と、大和天

行燈山古墳を北西から見る（写真・著者）

神山古墳を間近に臨むことができます。この大和天神山古墳は陵墓とはならず、墳丘は伊邪那岐《いざなぎ》神社の境内地になっています。一九六〇年の県道拡張建設時の発掘調査で朱（赤色顔料）が約四一キロ、銅鏡が二三面も出土した中規模の前方後円墳です。

規模をみると、アンド山古墳は墳長一二〇メートル、南アンド山古墳は墳長六六メートル、天神山古墳は墳長一一三メートルですから、墳長二四〇メートルの行燈山古墳との格差は歴然です。

なお、古墳名として出てくる「アンド山」は行燈山と同義で、前方後円形を照明具の行灯《あんどん》に見立てたことから生まれた通り名ではないかと思います。

これら三基が、行燈山古墳と同時期に築かれたものかどうかは、それぞれの出土品の時期や墳形の比較検討が必要です。現状では、アンド山古墳、南アンド山古墳の調査はなく十分に説明ができないところがもどかしいのですが、いわば「お付き」のように見えるかたちで中・小型の前方後円墳を周辺に配置したことに、およそ三世紀後半から七世紀初めまで「王者」が三〇〇年以上に及び、前方後円墳を造り続けた意図が見えると私はにらんでいます。

⑩ 不思議な銅板いずこへ――行燈山古墳❷

行燈山古墳からは不思議な銅板《どうばん》が出土しています。それは江戸幕府のもとでの最後の修陵《しゅうりょう》（陵墓を定め、修理すること）となる文久修陵が行われた時のことです。そもそも歴代陵墓についての社会の関心は、江戸時代中期の元禄年間以降になると次第に高まります。幕末に向かっては勤皇思想の高揚や皇女和宮《かずのみや》の将軍家茂《いえもち》への降嫁《こうか》が有名ですが、公武合体論にもとづく政策もあって、陵墓に対する保護、顕彰が盛んになります。幕府も民間も一緒になって、所在不明となった陵墓を探し出し、大切にすることに熱心になります。その時代の波が大和国の式上郡柳本村にもやって来ました。

幕末の行燈山古墳については、地域社会での伝承はありませんでしたが、幕府は、行燈山古墳を景行天皇陵と定めて文久修陵を迎えます。京都で禁門（蛤《はまぐりご》御門《もん》）の変が起きた二ヶ月後にあたる元治《げんじ》元年（一八六四）九月、行燈山古墳では、幕府の意向を受けた地元の柳本藩が前方部前面に石垣を積み、周濠を拡張する修陵事業に乗り出しました。ただ、景行天皇陵の決定については、その後に議論が起きて崇神天皇陵に改められ、現在に至っています。

さて、柳本藩の修陵事業の現地工事が終わりに近づいた元治二年四月三日に大きな銅板が出土しました。縦五三・九センチ、横七〇・六センチ、厚さ一・〇六センチの大きさで両面に文様があります。真ん中に四葉形、その外は六花文、さらに二重の円形、四隅にはL字形および逆L字形が表されています。

もう片面は、四分割した長方形区画をさらに二重の長方形で囲み、なかに二重の円形を表します。不思議な意匠の銅板です。

そうとはいえ、六花文のある円形といえば、内行花文鏡《ないこうかもん》とよばれる銅鏡です。もとは中国の殷《いん》代の銅器にある星形文様をモチーフにした銅鏡で、中国では円弧が連なった文様を特徴とすることから連弧文鏡とよばれています。博物館に展示されているのを見られたことがあるかもしれません。日本考古学では円弧を花文と見立て内側に向かうので内行花文鏡とよび慣わしてきました。宇宙の星雲や日光を表現

行燈山古墳 西上空から（写真・朝日新聞社）

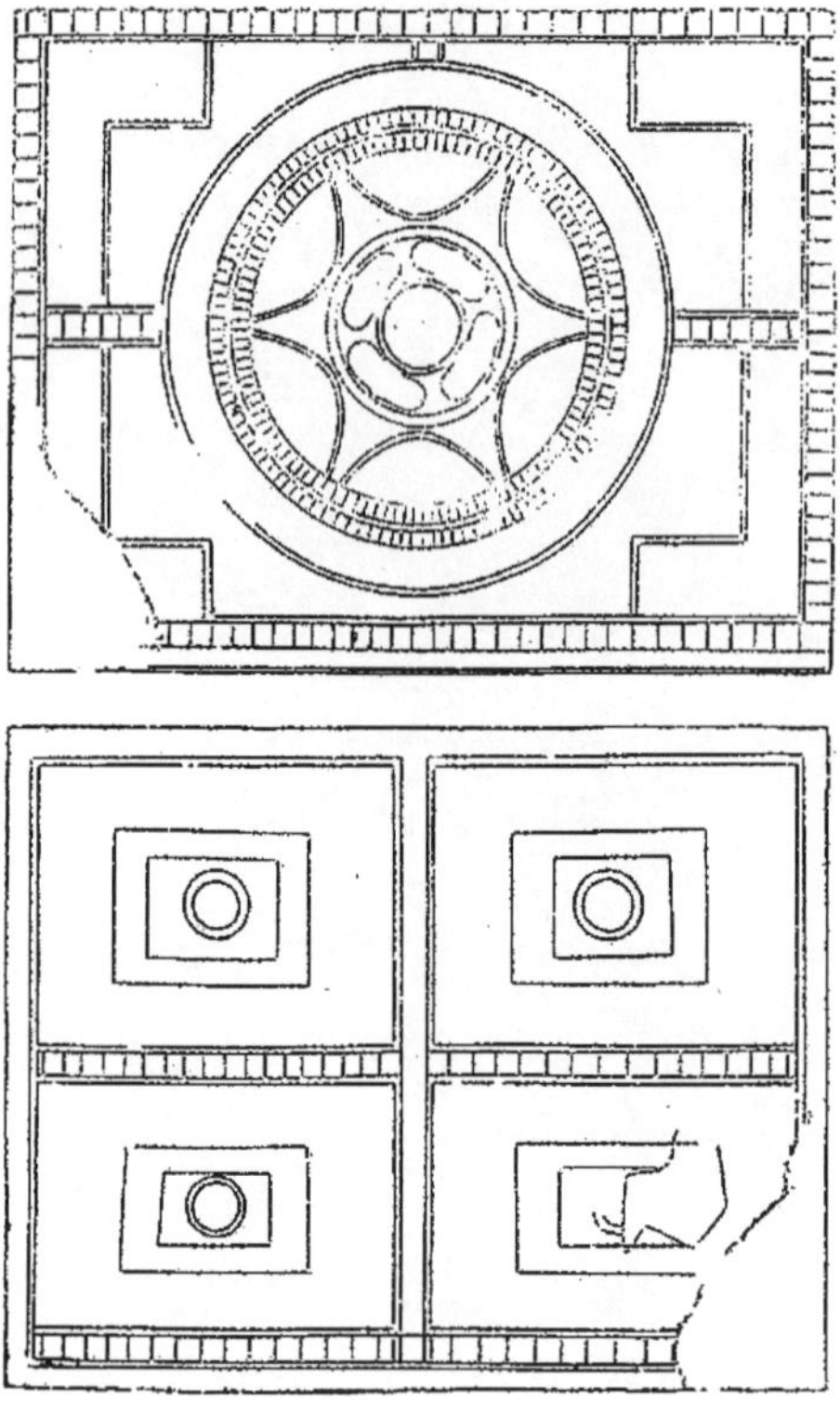

行燈山古墳の銅板レプリカ拓本（著者提供）

した図形とする説があります。

行燈山古墳の北一キロには、前方後方墳の下池山《しもいけやま》古墳（墳長一二五メートル）があります。その後方部頂上の竪穴式石槨の横にある小さな石組み施設からは、織物の袋に入れられた大型仿製《ぼうせい》内行花文鏡一面が見つかりました。面径三七・六センチの大きな銅鏡です。奈良県立橿原考古学研究所附属博物館で常設展示されています。

文様がデザインされているのは、顔を映す側の鏡面《きょうめん》ではなく、その裏側です。鏡背《きょうはい》とよんでいます。

下池山古墳出土大型仿製内行花文鏡
（写真・奈良県立橿原考古学研究所）

それにしてもこの銅板は両面に文様がありますから銅鏡そのものではありません。

さて、見慣れない漢字で表記する仿製鏡の「仿」は模倣の意味で、ここでは中国鏡などをまねて日本列島で作られた鏡のことです。そのうちで大型内行花文鏡となれば、福岡県糸島市にある弥生時代後期の王墓の平原《ひらばる》一号墓や古墳時代前期前葉の桜井茶臼山古墳からも出土しています。

行燈山古墳出土の銅板の片面の主文様が、大型仿製内行花文鏡に関係したことは確かだとみられますが、円形文様の直径は四三・七センチもあります。古墳出土最大の大型仿製鏡は、山口県の柳井《やない》茶臼山《ちゃうすやま》古墳から出土したもので面径四四・五センチです。それより大きな銅板ですから、当時、倭《わ》とよばれた古墳時代の日本列島で製作された銅鏡に関係した遺物という意味では、隠れたナンバーワンといえるでしょう。

銅板はなんのために作られたのか。文様の各部のサイズが、大型仿製鏡の面径に近いという事実があります。大型仿製鏡の生産に関連し、大きさの規範となる「原器」のようなものであったかもしれません。

それにつけてもこの銅板は、出土後に写し取られた拓本を残すばかりで、実物は所在不明になっています。いずこにあるのか、現存するのならあらためて面《おもて》に出てきてほしいものです。

⑪ 立ち入り観察 さまざまな気づき——行燈山古墳❸

行燈山古墳は、龍王山から延びる尾根を利用して後円部を東側の高い方、前方部を西側の低い方に設けた前方後円墳です。⑩に記したように、地元の柳本藩の文久修陵で、周濠を深くして低い方の堤を嵩《かさ》上《あ》げして貯水量を増すようにしました。墳丘の南北側は谷地形ですから、前方部前端側を堰《せ》き止めて、周濠を灌漑《かんがい》用のため池にしたというわけです。

西側の参道から拝所へ上がるには、外堤に設けられた急な石段を登ることになります。二〇一七年二月二四日は、第一〇回の陵墓立ち入り観察でした。次ページの上の写真は宮内庁書陵部畝傍陵墓監区の山辺部事務所の前を通り、拝所に向かう学会関係者です。外堤と拝所、その奥に行燈山古墳の前方部が見えます。

当日は、拝所の南側から外堤上に付けられた道をそのまま通ることができました。普段は、通れないはずです。初めて見る角度で、南アンド山古墳の写真を慌てて撮りました。前方部が手前にあり、墳丘に樹木が少ないので、墳丘の裾もくびれ部もはっきりとわかります。築かれてから一六〇〇年ほど経ちます。元のままはありえないと思いながらも、よく残っていることに感動すら覚えました。

行燈山古墳の墳丘へは、後円部南側の渡土堤から立ち入りました。反時計回りの一周です。墳丘の最下段と段築の様子、葺石や円筒埴輪列の状態、中・近世や幕末の修陵による墳丘の改変を見ることが観察の主眼でした。

内部に入ると、第一段平坦面（巡回路）に誘導されました。後円部南東側に入ると、測量図にも表現された「えぐれ部分」が見えてきました。第二段の墳丘斜面裾に当たります。付近では直径二〇―三〇センチのやや角張った石が散乱しています。葺石が元の位置から落ちてきたものでしょうか。えぐれ部分の断面の地肌を観察します。赤黄色の均質な土質が露わです。

立ち入り観察が終了すると、学会関係者の検討会があるのですがそこでは、これは地山が見えているのではないかという意見が出されました。そのとおりだとすると、行燈山古墳の墳丘第一段は地山のか

上　2017年２月。行燈山古墳の立ち入り観察に向かう学会関係者
下　行燈山古墳前方部外堤から見た南アンド山古墳（ともに写真・著者）

たちを整えて造られたことになります。えぐれ部分の標高は一一〇メートルほど、周濠を隔てた対岸の後円部東側外堤（櫛山古墳側に当たる）とほぼ同じ高さです。東から西へと傾斜のある丘陵に前方後円墳を築くに当たり第一段は地山を整形、第二段より上位は盛土によると計画したのでしょうか。

後円部北側へ回り込み、くびれ部へ向かいます。用意してもらった動線をたどります。五メートルばかりの急な下降となり、観察の高低上の目安としていた現況第一段平坦面がわからなくなり、位置感覚を喪失してしまいました。

上　行燈山古墳後円部墳丘の「えぐれ部分」土層の様子
下　前方部前端の平坦面（ともに写真・著者）

前方部前面での現況最下段は、広く平らです。幅一〇メートル、東西九〇メートルほどになります。前面に、このような平坦部分が付設することは考えられないので、後世に元の墳丘を削って、裾を平らにしてしまった可能性があります。それは文久修築時のことでしょうか。作業ヤードの確保や周濠の築堤に要する土砂が必要とされ、墳丘を削り込んでしまったのでしょうか。

それに、石材が全体にバラバラと散布していることは観察できましたが、埴輪や土器が落ちている様子はありませんでした。あるはずの円筒埴輪列も観察できません。

検討会では、文久修陵以前の鳥瞰図に仕上げた山陵絵図と現況観察との比較が試みられました。「ずいぶんと違うな」。前方部側面の数段の石垣が絵図には描写されていますが、当日見た限りでは石垣も見えなかったのです。行燈山古墳では文久修陵で石垣を解体してしまった可能性があります。

観察はあくまでも現況把握でしかありません。それでも、さまざまな歴史が行燈山古墳に加えられてきたことを気づくことのできる陵墓立ち入り観察でした。

⑫ 用水確保と古墳保全と――渋谷向山古墳❶

渋谷向山古墳は、古墳時代前期後葉から末葉（四世紀半ば以降）に築かれた超大型前方後円墳です。墳長三〇〇メートル、古墳時代前期では日本列島でも最大規模の前方後円墳です。

行燈山古墳からは、広い谷を隔てた南側の天理市渋谷町にあります。宮内庁では、第一二代の景行天皇の「山辺道上陵」として管理していますが、⑩で触れたとおり幕末の文久修築事業中に急遽、崇神天皇陵から景行天皇陵に治定変更されました。

周濠は墳丘に渡る土堤（渡土堤《わたりどてい》）で、細かく仕切られ、山側に当たる東から西へ階段式にだんだんと水量を調節しながら、水が導かれています。かつては、同一の水面でめぐる周濠が新しく、渋谷向山古墳のように階段式の周濠はより古い時期になると考えられたこともありましたが、その後、円筒埴輪の型式学的検討による編年作業が進むなかで、そうとはいえなくなっています。

また、宮内庁書陵部により渡土堤の調査が進められ、周濠は築造当初の姿そのままとはいえなくなってきました。ほかの古墳でも灌漑用水を確保するため、近世に周濠のかたちが変えられたケースが多いことがわかってきました。

これまで、桜井市の箸墓古墳（現、倭迹迹日百襲姫命墓、②―⑥）や天理市の西殿塚古墳（現、手白香皇女陵、⑦⑧）で解説したように、天皇陵古墳の墳丘そのものや本来の周濠が、宮内庁が管理する陵墓の外側で確かめられる例があります。それらは陵墓地の外側を、埋蔵文化財包蔵地《まいぞうぶんかざいほうぞうち》（いわゆる「周知の遺跡」として遺跡地図など台帳に登載される）として地方自治体が発掘調査して明らかになりました。

渋谷向山古墳の周濠も、とくに南側では現在の外堤の外側にはっきりと地割《じわり》の痕跡が残されていて、現在は水田になっています。まだ調査されたことはありませんが、多くの考古学情報が眠っているはず

上　渋谷向山古墳 北西上空から（写真・朝日新聞社）
下　2016年２月、歴史・考古学系16学会の代表らが立ち入り観察した（写真・著者）

です。

こういった実態に即すと、宮内庁の陵墓と天皇陵古墳として考古学が認識する範囲が、必ずしも同じでないことがおわかりでしょう。だからこそ、管理の目的は異なっても、関係者が協議して一体性のある保全が求められます。

ところで、宮内庁書陵部では周濠の維持管理のために護岸整備工事をしていますが、その前に発掘調査をすることがあります。工事で墳丘を損傷しないためのデータを得るためだと説明しています。

一九七七年には渋谷向山古墳の後円部東側の現況の裾部分で事前調査がありました。このとき、後円部の墳丘第一段の平坦面にめぐらされた円筒埴輪列のうち五本分が確認されています。墳丘の復元の手掛かりとなる重要な成果です。

渋谷向山古墳の円筒埴輪列の出土位置（蓋石の下）。2016年の立ち入り観察で確認（写真・著者）

調査後、円筒埴輪五本をそのまま出土位置に残して整備工事が行われました。必要最低限の図面を取り、そのまま埋め戻すのは遺構保存のひとつの見識です。しかし、工事の後に再び周濠に水が入ると、円筒埴輪列の見つかった部分は水没してしまうことになります。

二〇一六年二月に、学会から要望して立ち入り観察が許可されました。現地を見ると、約四〇年前の発掘調査で見つかった円筒埴輪を覆う蓋石《ふたいし》が並んでいました。その当時は円筒埴輪列を保護するための処置だったと思うのですが、水位はその上まで及ぶようです。水による浸食は大丈夫でしょうか。周濠にためられた水は灌漑に供され、水田を潤すことになります。江戸時代から、大和は恒常的な水不足にありました。

地元では用水の確保も重要ですし、天皇陵古墳の恒久的な保全も大事です。どうすればいいのか。あらためて広く知恵を募る時期に来ているのではないかと感じています。

⑬ 町有文書に歴史の「証言」——渋谷向山古墳❷

渋谷向山古墳の文久修陵の在地での様子がわかる史料が、天理市の渋谷町《しぶたにちょう》有文書《ゆうもんじょ》として地元に保管されています。二〇一六年三月、天理大学が調査して、報告書にまとめました。

大正末に発刊された陵墓参拝の解説書である上野竹次郎『山陵』（一九二五年刊）には、渋谷向山古墳に対する修陵工事は「元治元年十月修補ス明年二月功成ナル」と記されていますが、準備はそれ以前に始まっていたようです。渋谷町有文書によると、元治元年（一八六四）一〇月より前の文久二年（一八六二）一二月二七日付の「御請書《おうけがき》」にそれをうかがうことができます。

当時の渋谷村の村方《むらかた》（庄屋《しょうや》・年寄《としより》）から奈良奉行所《ぶぎょうしょ》（「ご番所様」）宛に提出された文書があります。修陵する際に差し支えがないように、山陵（古墳）頂上に植えられた作物を早速に取り払いますという内容です。

また、山陵（⑩⑫で述べたように、この時点で、幕府は崇神天皇の「山辺道勾岡上陵《やまのべのみちのまがりのおかのえのみささぎ》」に定めていた）の兆域（範囲）が決まると、そのなかに含まれる山藪《さんそう》（草山と藪）と田畑は買い上げられて、潰地《つぶれち》となります。潰地となった内訳を示した元治二年三月の文書も残されています。田畑は一町五反《たん》八畝《せ》二八歩《ほ》、三八筆《ひつ》の耕地に及んだことがわかります。

当時の山陵絵図（「景行帝御陵図」）と照合すると買い上げられた田畑は、現在の周濠部分に当たっています。つまり、修陵事業は貯水量を増やして、地域一帯の水不足を解消する事業でもあったわけです。

渋谷向山古墳に関係して、注目される考古資料があります。関西大学博物館に所蔵される重要文化財の石枕《いしまくら》です。長さ三一・八センチ、幅三一・八センチ、高さ一三・一センチ、蛇紋岩《じゃもんがん》製（深緑色で緻密な岩石）の枕で、棺に横たわる被葬者の頭をのせたものです。中央はオーム記号（Ω）のようなかたち

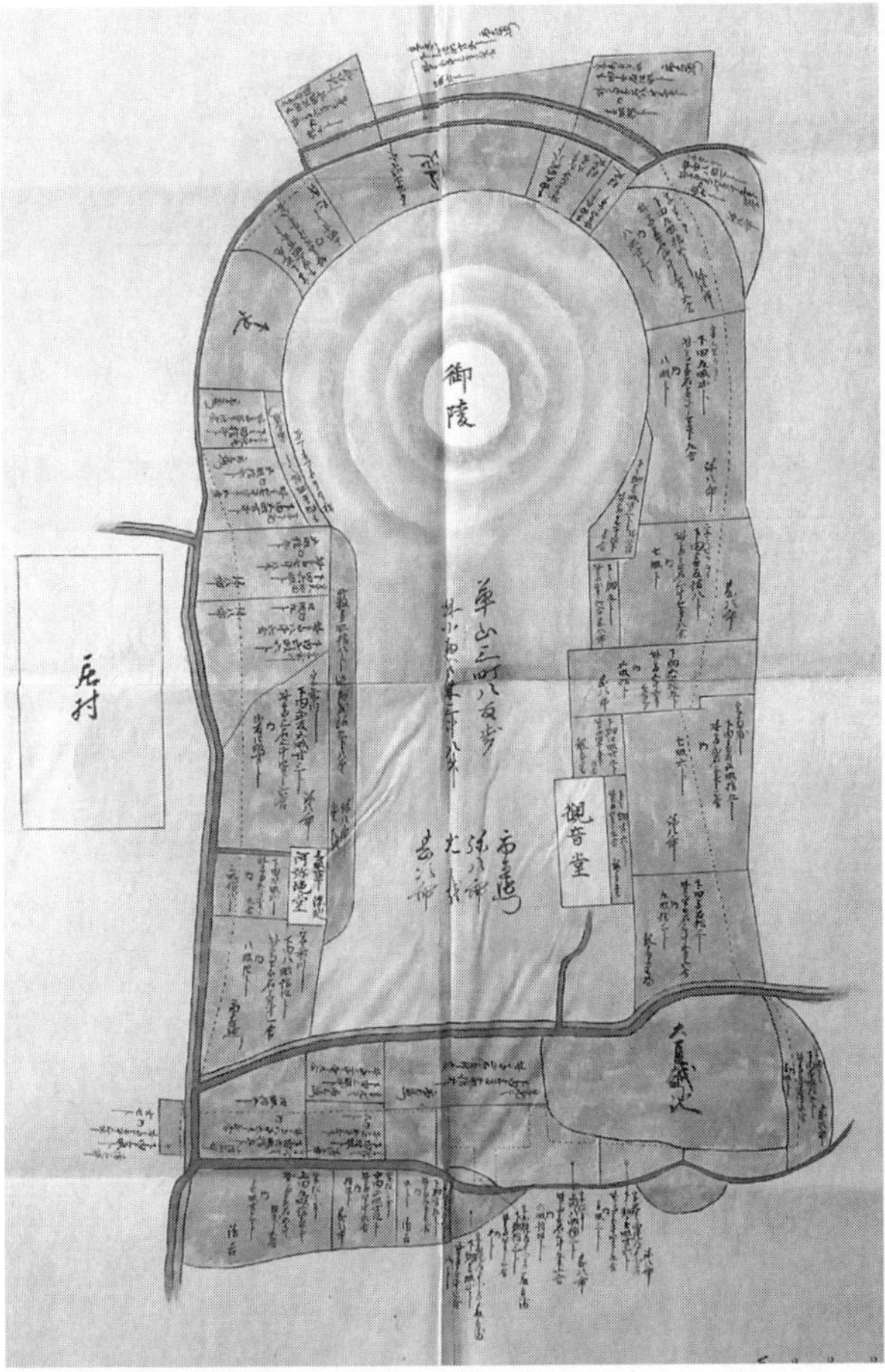

修陵前の渋谷向山古墳を描いた絵図。墳丘が草山、周濠が水田になる（渋谷町有文書）

に窪んでいます。この石枕は「元治元年六月十一日大和国式上郡渋谷村ノ田地ヨリ堀出シタリト云伝フル石器ナリ」と、一八八六年（明治一九）の『東京人類学会報告』という学術雑誌で初めて紹介されました。

「渋谷村」に出土したと伝えられる資料ですが、渋谷向山古墳出土とは確定できません。二つの疑いがありました。まずは出土月日が工事開始より四ヶ月ばかり溯ること、さらに田地から出土したとあり、記されたままだと出土場所が古墳とは思われないことです。

でも、今回の町有文書の調査報告で明らかになったことは、村で修陵の準備が前年に始まっており、修陵以前は古墳の周濠部分が田畑として耕作されていたことです。つまり、石枕出土の言い伝えが虚言ではなく、真実と考えてよい環境が幕末の渋谷村に起きていたということです。

蛇紋岩製の石枕（写真・関西大学博物館）

天皇陵古墳に限らず、遺跡には造られてから現在に至るまでの歴史が刻まれています。その土地との関わりの歴史を知る方法は、考古学だけでは限界があります。民俗学も含めた歴史学が総ぐるみで取り組むものだということにあらためて気づかされました。

先祖代々の文書を大切に保管されてきた住民の方々には、文書からもたらされた「学恩」に浴する者としてありがたい気持ちでいっぱいです。

⑭　最初の大古墳群　古代史の宝庫——山辺・磯城古墳群

奈良盆地東南部にある龍王山（標高五八六メートル）から三輪山（標高四六七メートル）にかけての山麓一帯は、前期古墳の宝庫のような場所です。

三世紀半ばから後半、②—⑥で歩いた箸墓古墳（現、倭迹迹日百襲姫命墓）が築かれました。つづいて⑦⑧の西殿塚古墳（現、手白香皇女陵）、ほぼ同じころに南七・五キロ離れた寺川支流となる粟原川《おうばらがわ》左岸に桜井茶臼山古墳が出現します。墳長二〇〇メートルの大型前方後円墳で、八一面以上の銅鏡片が出土しました。後円部の方形壇《ほうけいだん》施設には二重口縁壺が使われています。でも、円筒埴輪の使用はありません。

西殿塚古墳につづく古墳時代前期後葉（四世紀前半）には、⑨—⑪で歩いた行燈山古墳が築かれます。ほぼ同じころには南七・八キロ離れた寺川上流左岸に、メスリ山古墳が出現します。墳長二二四メートルの大型前方後円墳です。高さ二四〇センチを越える大型円筒埴輪の出土で知られています。竪穴式石槨にならぶ副槨からは、鉄製弓や二〇〇本以上の鉄製ヤリが出土しています。㉝で解説しますが、大量の鉄をもつことは古墳時代の「王者の証し」です。

山辺・磯城古墳群で最後となる巨大前方後円墳（本書では、便宜的に大型は墳長一九〇メートル以上、超大型は墳長二九〇メートル以上とする。大型と超大型を併称する場合は、巨大前方後円墳と記した）は、渋谷向山古墳です。古墳時代前期後葉から末葉（四世紀後半）です。もう、このころには次々ページの表

山辺・磯城古墳群のなかの大支群（柳本古墳群）全景　南上空から
（写真・梅原章一）

大支群	小支群	構成するおもな古墳
大和古墳群	萱生小支群	ヒエ塚古墳・ノムギ古墳・馬口山古墳・下池山古墳
	中山小支群	西殿塚古墳・中山大塚古墳・東殿塚古墳
柳本古墳群	柳本小支群	行燈山古墳・黒塚古墳・大和天神山古墳
	渋谷小支群	渋谷向山古墳・上ノ山古墳
	石名塚小支群	石名塚古墳・ノベラ古墳
纏向古墳群	東田小支群	石塚古墳・勝山古墳・矢塚古墳・東田大塚古墳
	箸中小支群	箸墓古墳・ホケノ山古墳・茅原《ちはら》大墓・箸中イツカ古墳
単独的	桜井茶臼山古墳	
	メスリ山古墳	
	磐余池ノ内古墳群	

山辺・磯城古墳群の構成（著者作成）

「五大古墳群の展開と消長」に示したように佐紀御陵山古《さきみささぎやま》墳や佐紀石塚山古墳、築山《つきやま》古墳、可能性としては大阪府の古市古墳群の津堂城山《つどうしろやま》古墳も造られていたかもしれません。

古墳時代前期を考える上で、山辺・磯城古墳群が重要な点は、巨大な墳丘の出現や目を奪われる副葬品の数々があるということだけではありません。大型前方後円墳を中心にいくつかのグループが分かれて存在する点です。

上の表「山辺・磯城古墳群の構成」にあげたように北から大和《おおやまと》古墳群、柳本古墳群、纏向古墳群に分けられます。私は、これらを大古墳群の山辺・磯城古墳群を構成する大支群と考えています。大支群はさらに、地形や古墳分布の様子から小支群に分けることができます。

大和古墳群は、扇状地上に散らばって分布する萱生小支群（七基の前方後円墳、六基の前方後方墳、三基ほどの大型円墳で構成）と狭い丘陵上に裾を接するかのように分布する中山小支群（六基の前方後円墳）からなります。前方後方墳は萱生小支群に集中します。

柳本古墳群は、柳本小支群（六基の前方後円墳）と渋谷《しぶたに》

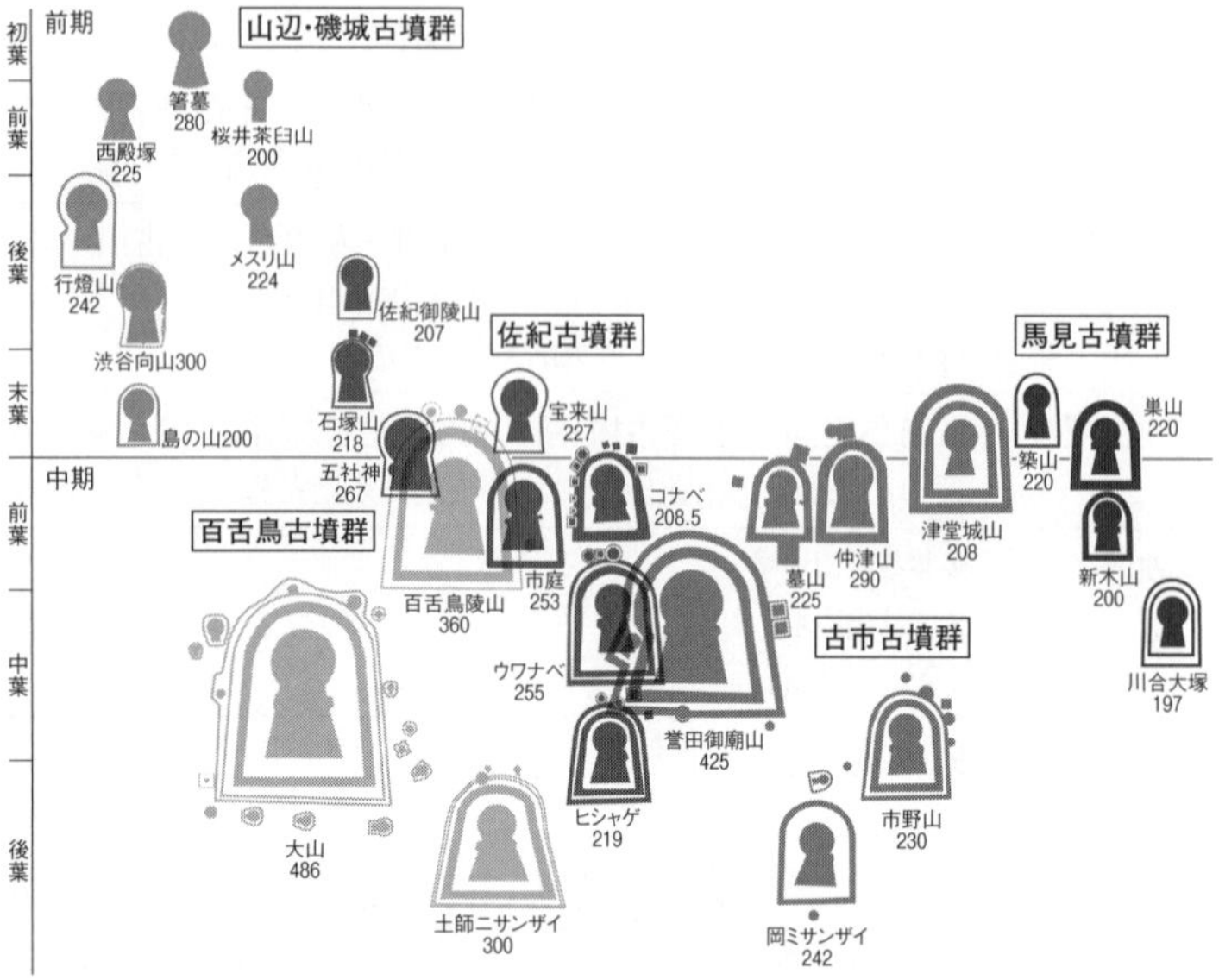

五大古墳群　（山辺・磯城古墳群、佐紀古墳群、馬見古墳群、百舌鳥古墳群、古市古墳群）の展開と消長（数字は墳長）（著者作成）

小支群（二基の前方後円墳）、石名塚《いしなづか》小支群（三基の前方後円墳）からなります。⑨㉓で解説しましたが、柳本小支群と渋谷小支群では、主墳となる大型前方後円墳に従うかのように配置された中・小型前方後円墳を見ることができます。

　纒向古墳群は、東田《ひがいだ》小支群（四基の前方後円墳）と箸中《はしなか》小支群（四基の前方後円墳）に分かれます。

　さらには単独的営みを示す桜井南部の古墳（桜井茶臼山古墳・メスリ山古墳）があります。もっとも、西側に少し離れては磐余池ノ《いわれのいけの》内《うち》古墳群があります。古墳時代前期の小さな円墳ですが、豊かな副葬品を持っています。

　山辺・磯城古墳群は、まるで銀河系宇宙のように数グループにまとまる古墳群が集まってひとつになり、さらにより大きなまとまりになっているのです。

私は、この大古墳群の元となる地域は、奈良盆地の中央に向かって初瀬《はせ》川と寺川が育んだ沖積地にあると見ています。弥生時代を通じて盆地最大の集落であった田原本町唐古・鍵遺跡や古墳時代前期初葉の桜井市纒向遺跡が営まれています。三輪山付近からならば、北西方向に約一二キロ、飛鳥川を経て、曽我川あたりまでの南北方向に約八キロをひとまとまりの地域と考えます。

その奥となる盆地東南部の山麓に、山辺・磯城古墳群が営まれました。古墳群の分析には、これから先も長い時間がかかるでしょうが、日本列島で古墳時代を生みだした政権中枢の場所として、まさに古代史の宝庫です。

第2章

佐紀古墳群

（奈良盆地北部）

五社神古墳への立ち入り観察（2008年2月）著者提供

⑮ 物資の集散地 継続する造営――佐紀古墳群❶

青山四方《あおやまよも》にめぐれる奈良盆地の山々のなかでも、北側の丘陵はなだらかです。標高一〇〇メートル前後で、東側を佐保《さほ》丘陵、西側を佐紀《さき》丘陵、総じて平城山《ならやま》丘陵（表記は那羅山など多数）とよばれてきました。この章では、佐紀丘陵に営まれた大古墳群、佐紀古墳群（佐紀盾列《さきたたなみ》古墳群ともよぶ）の天皇陵古墳を歩きます。

次ページの平城山丘陵の南側上空からの写真を見て下さい。手前が平城宮、まっすぐに北へ延びるのが「歌姫《うたひめ》越え」です。下《しも》ツ道の北延長の道路ということになります。東端のウワナベ古墳の東側を抜けるのが「ウワナベ越え」です。今は途中まで国道24号バイパスに重複しています。その先が山城国《やましろのくに》（今の京都府南東部）です。かなたに東西に流れるのが木津川、木津川が笠置《かさぎ》の山間から南山城盆地に出たあたり、古代には「泉津《いずみのつ》」とよばれた港がありました。京都府木津川市の上津《こうづ》遺跡として、その一端が発掘調査で判明しています。

泉津に山から伐り出された木材が到着します。出土した木簡からわかることですが、奈良時代には泉津であげられた荷物が都へ運ばれていきました。泉津は、平城京の外港の役割をもっていました。数年前、ウワナベ越えを歩いたことがあります。高低差が少ない平らな道でした。山城から平城京へ荷車で運ぶには、最適の道だと実感しました。

古墳時代にも、これらのルートを使って奈良盆地に物資がもたらされたことでしょう。木津川を東に

奈良盆地北部の佐紀古墳群 南上空から（写真・奈良県立橿原考古学研究所）

遡ると名張《なばり》盆地、北流すると巨椋池《おぐらいけ》（京都府南部にかつて存在した湖。一九三〇年代の干拓工事で大半が農地になった）、さらに北へ遡れば宇治川を経て琵琶湖、その先は北陸、日本海です。西へ下れば河内潟《かわちがた》（大阪平野の一画にあった湖）・淀川を経て大阪湾、そして瀬戸内海へとつながります。

このように佐紀古墳群が営まれた奈良盆地北部は、多方面に開かれるという地理的条件が備わります。情報と物資の集散地だったわけです。この点が奈良盆地東南部の山辺《やまのべ》・磯城《しき》地域とは異なり、四世紀中ごろから五世紀後半まで約一五〇年間にわたり、前方後円墳が二〇基以上、大型円墳が三基以上、また方墳などを造り続けることができた理由ではないかと思います。

佐紀古墳群には、墳長二〇〇メートルを越える大型前方後円墳が八基、存在します。佐紀《さき》御陵山《みささぎやま》（陵山の表記も。現、日葉《ひば》酢媛命《すひめのみこと》陵）、佐紀石塚山古墳（現、成務《せいむ》天皇陵）、五社神《ごさし》古墳（現、神功《じんぐう》皇后陵）、宝《ほう》来山《らいさん》古墳（現、垂仁《すいにん》天皇陵）、コナベ古墳（陵墓参考地）、市庭《いちにわ》古墳（後円部側のみ平城《へいぜい》天皇陵）、ウワナベ古墳（陵墓参考地）、ヒシャゲ古墳（現、磐之媛命《いわのひめのみこと》陵）で、すべて天皇陵古墳です。それ以外に中型前方後円墳として佐紀高塚古墳（現、称徳《しょうとく》天皇陵）、大和一五号墳や陪塚《ばいづか》となる円墳、兵庫山古墳といった天皇陵古墳があります。

『古事記』や『日本書紀』によるならば「皇后たち」の奥津城《おくつき》（墓所）が多く含まれています。伝説の魅力に引き込まれて古墳の被葬者に対して、先入観をもって接することには注意が必要です。だからといって、最初から史実のかけらもないと断定することも禁物です。被葬者の名前が記された墓誌や墓碑などがないなか、当時の動向をどうやって知ることができるか。そんな時こそ、考古学の出番です。

⑯ 集落の存在 諸王の割拠――佐紀古墳群❷

佐紀古墳群の特徴は、大阪府の百舌鳥《もず》・古市《ふるいち》古墳群に見られる墳長二九〇メートル以上の超大型前方後円墳に準じる規模の古墳が、次々に造られたことです。

五世紀の倭《わ》国王が中国南朝の皇帝に叙正《じょせい》（官爵の正式な授与）を求めて、中国大陸に使者を派遣した「倭の五王」の時代に、佐紀古墳群の被葬者たちは活躍しました。私は「ヤマト政権の一大勢力」として、大王に次ぐ職位にあった人物たちが造りあげた大古墳群だと考えています。

でも、三―四世紀代の古墳時代前期となると少し様相が違います。三世紀の奈良盆地東南部では、纏《まき》向《むく》遺跡（桜井市）が発展を重ね、その南端に箸墓《はしはか》古墳が出現します。次いで纏向遺跡の周辺地域となる龍《りゅう》王山麓《おうさんろく》に西殿塚古墳、栗原川《おうばらがわ》（寺川支流）左岸に桜井茶臼山《さくらいちゃうすやま》古墳がほぼ同時期に築かれます。さらに行燈山《あんどんやま》古墳、寺川左岸にメスリ山古墳、そして四世紀後半の渋谷向《しぶたにむこうやま》山古墳へと山辺・磯城古墳群はつづきます。纏向遺跡以外の集落もあります。天理市乙木《おとぎ》・佐保庄《さほのしょう》遺跡、成願寺《じょうがんじ》遺跡、柳本《やなぎもと》遺跡、桜井市城島《しきしま》遺跡、脇本《わきもと》遺跡などです。これらは古墳群と共にあった集落です。

一方、佐紀古墳群を造る基盤と考えられる集落はあったのでしょうか。もっとも、その前に触れておくことがあります。「大王」の古墳の造営地のみが山辺・磯城から佐紀に移動したという考え方についてです。つまり、為政者のお墓だけが動いたというわけです。

大型前方後円墳が造られる順番から見て、山辺・磯城地域の大型前方後円墳では、渋谷向山古墳が最

佐紀御陵山古墳（手前右）南上空から。佐紀石塚山古墳（同左）、奥に見えるのが五社神古墳（写真・朝日新聞社）

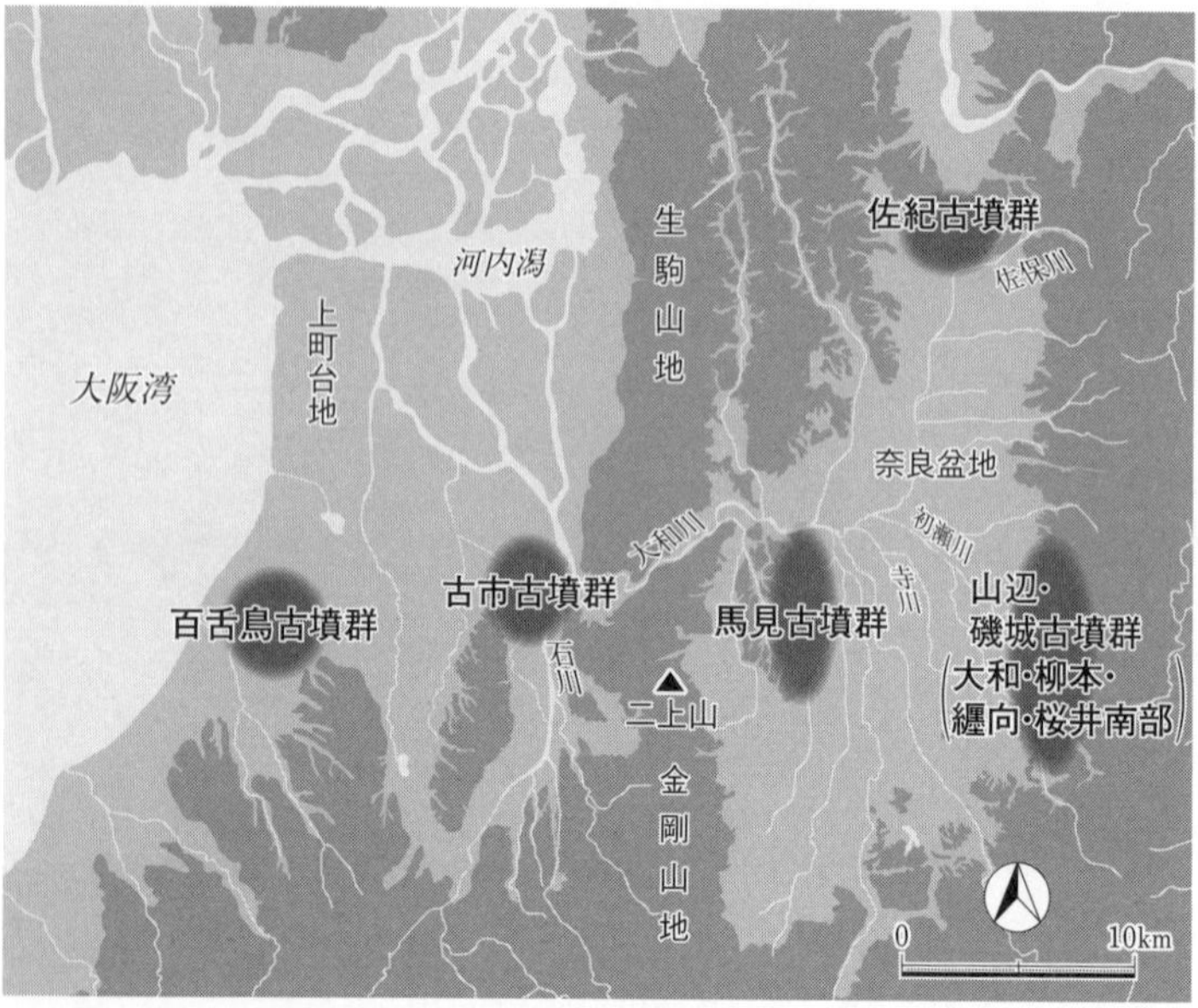

近畿の大古墳群分布図

後で、それに続くのが佐紀古墳群の五社神古墳という編年観です。また『古事記』『日本書紀』に記された歴代天皇・皇后の陵墓は、佐紀に遷《うつ》っていきます。

しかし、政権中枢の所在地については考えが分かれます。①そのまま纒向遺跡の周辺にあり「大王」の古墳だけが佐紀に営まれた、②替わって奈良盆地北部の勢力の代表者が「大王」の位に就いた——という見解です。②は、政権が交替し、それにともない大王墓となる古墳が移動したとする考え方で、五世紀には大阪平野の勢力が政権中枢を担うという「河内政権論」につながります。大王墓が築かれた場所が政権所在地だというわけです。

近年の調査成果と編年研究から、佐紀古墳群で最古とみられていた五社神古墳の築造時期が新しくなる可能性が出てきました。

また、従来は前後関係でとらえていた山辺・磯城古墳群を構成する天理市の渋谷向山古墳と佐紀御陵山古墳、佐紀石塚山古墳の築造時期に明確な差を認めることが難しくなっています。

つまり、古墳時代前期後葉から末葉（四世紀中ごろから後半）に、両方の地域で併行して大型前方後円墳の造営が進められたということです。実際には多少の時間差はあるのでしょうが、世代の幅という物差しで見れば、ほぼ同時期に重なるということです。さらには、墳丘の上に立てられた円筒埴輪《はにわ》の時期などから見て、大和高田市の築山《つきやま》古墳も加えて考える必要があります。

こうなると奈良盆地東南部の初瀬川、寺川流域の山辺・磯城古墳群、盆地北部の佐保川、秋篠川《あきしのがわ》流域の佐紀古墳群の地域、盆地西南部の曽我川・高田川流域の馬見《うまみ》古墳群の三つの地域で、同時並行的に墳長一九〇メートル以上の大型前方後円墳の造営事業が進められていた可能性が出てきました。

次に、同時期の集落について考えてみましょう。佐紀地域では、従来から平城宮に重複する佐紀池遺跡（奈良市佐紀町）の存在が知られていましたが、新たに菅原東遺跡（奈良市横領町、菅原町一帯）の様子がわかってきました。一辺五〇メートルの方形区画や集落の南側の外郭に相当する溝と考えられる長さ一二〇メートル以上の直線の溝などが見つかっています。一帯は「王」が居住したり政務、祭祀《さいし》を行ったりした四世紀の「首長居館」と考えられます。

首長居館をともなう大集落の存在は、「大王」の古墳だけが遷ったという考え方に再考を促すものとなるでしょう。山辺・磯城地域の勢力と佐紀地域の勢力、さらに馬見地域の勢力は連携しながらも、個別であったからこそ、その後の古墳の営みが異なるものになったのではないでしょうか。私は、こうした古墳時代前期の政権における諸勢力の存在を認め、これを「諸王の割拠」と表現しています。

⑰ 盗掘で判明 石槨のなか――佐紀御陵山古墳❶

佐紀古墳群で最初に築かれたとみられる大型前方後円墳は、佐紀御陵山古墳です。古墳時代前期後葉（四世紀中ごろ）のことだと考えます。佐紀丘陵西側の奈良市山陵《みささぎ》町にあります。墳長二〇七メートル、やや短めの前方部を南に向け、周囲には盾《たて》形の周濠《しゅうごう》がめぐります。

近鉄大和西大寺駅から東に秋篠川を越えて、奈良市佐紀町から続く家並みが途切れた丘陵先端にあります。宮内庁は、垂仁天皇の皇后となる日葉酢媛命の「狭木之寺間陵《さきのてらまのみささぎ》」として管理しています。

その陵墓の名前は平安時代の陵墓リストが載る『延喜式』にはなく、『古事記』だけにあります。明治政府による陵墓決定の年月を示した『陵墓録』（国立公文書館所蔵）には、一八七五（明治八）年一一月に決定したとあります。どうして『延喜式』のリストから漏れたのか、問題を残します。

このような事情とも関係することだと思いますが、一八七五年の決定前は、神功皇后陵として地域の信仰を集めていました。江戸時代中期の元禄年間以降、数多く作られた「神功皇后山陵」の絵図を見ますと、今とは反対に北側を正面に鳥居が建てられています。後円部の頂上に向かう参道があり、その上に建物が設けられています。参道の両側には、段築《だんちく》ごとに石燈籠がならぶ情景が描かれています。

今日でも付近には白い小石が落ちているそうです。小石を家に持ち帰れば、子どもが安らかに生まれるという安産祈願の護符《ごふ》になったようです。安産の由来は、神功皇后が懐妊したまま戦いに出て、帰還後に海辺で無事に、のちに応神《おうじん》天皇となる男児を産んだという伝説にちなんでのことでしょう。しかし、

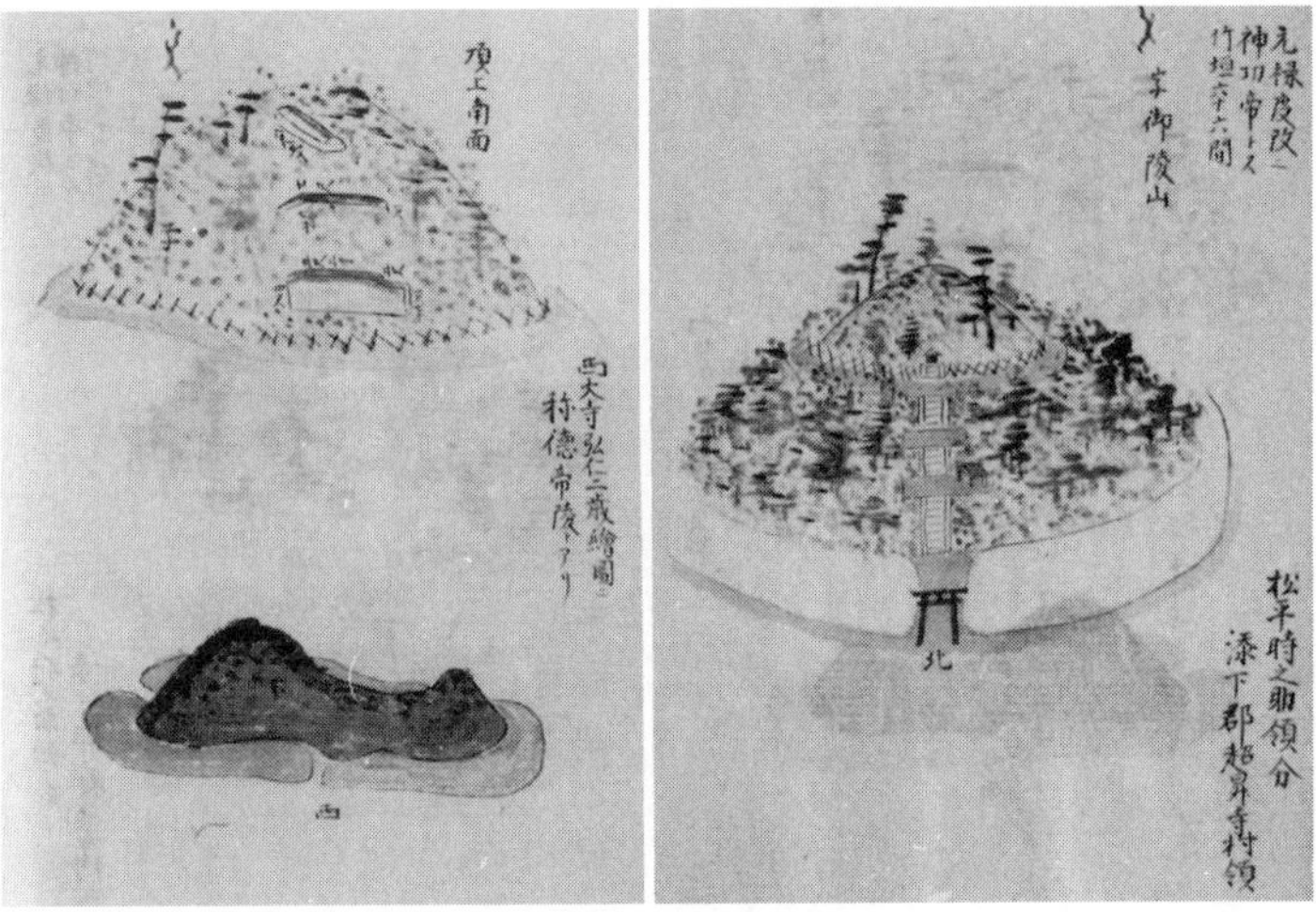

江戸時代の「大和国帝陵図」の佐紀御陵山古墳。右側の絵図には石段、左側の絵図の頂上に屋根形石が描かれている（写真・著者提供）

地域信仰があったのにもかかわらず幕末になって神功皇后陵は北に位置する五社神古墳に変更されてしまいます。もちろん、これにも根拠があります。それは、㉔に紹介します。

江戸時代には地域信仰の場として、また里山として利用されることがふつうであった天皇陵古墳ですが、近代には厳重に国家管理されることになります。

ところが、あろうことか、一九一六年（大正五）に佐紀御陵山古墳では、後円部の埋葬施設が盗掘されました。皮肉なことに、その復旧作業の過程で作られた実測図や復元図面からわかることが数多くあります。

図面を見ると、後円部の頂上には一辺一六メートルの方形壇があります。古墳時代で最大級の規模となる竪穴式石槨《たてあなしきせっかく》が墳丘の主軸に平行する南北方向に設けられていました。石槨を覆《おお》い、密封するための天井石《てんじょうせき》が五、六枚あります。縄掛突起《なわかけとっき》とよぶ出っぱりが天井石の短側部分に造り出されています。石

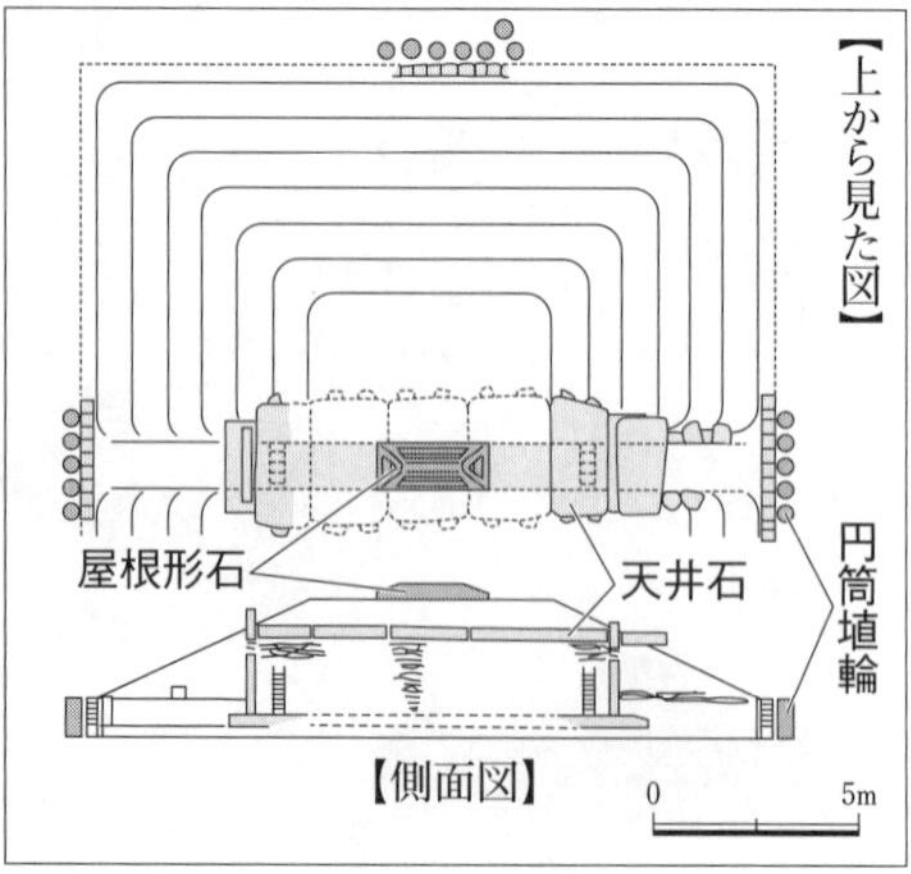

佐紀御陵山古墳の墳頂部の復元図（『書陵部紀要』19号をもとに著者作成）

槨の大きさは長さ八・五五メートル、幅一・〇九メートル、高さ一・四八メートルと注記されています。

さらに「屋根形石」と称された石材もあります。長さ二・六メートル、幅一メートル、高さ四五センチ、棺《ひつぎ》だとすると、大きな石槨の間尺に合わないことになります。小さめの埋葬施設が他にあるのでしょうか。

今のところ謎ですが、形状は刳抜《くりぬき》式の舟形石棺《ふながたせっかん》の蓋《ふた》石《いし》のようです。舟形石棺の早い例が讃岐（今の香川県）や肥後（今の熊本県）にあります。私は阿蘇山の溶岩を加工した石棺で、瀬戸内海をはるばる九州から船で運ばれてきたのではないかと想像しています。

なお、盗掘後の処置ですが、翌年には石槨は埋め戻されて、副葬品も再埋納されました。

⑱ 銅鏡に古代中国の宇宙観——佐紀御陵山古墳❷

一九世紀末に日本の近代考古学は始まりますが、天皇陵古墳の埋葬施設の調査は、わずかな例を除くと実施されていません。そのため、内部の様子は江戸時代の史料や絵図に手掛かりを求めることになります。

歴代陵墓として厳重に国家管理されているので、ふつうは起きないことですが、長い歴史のなかで不測の事態が生じることがあります。それが⑰で述べた一九一六年（大正五）に起きた佐紀御陵山古墳の盗掘事件です。それまで閉ざされていた内容を知ることになりました。

竪穴式石槨の存在のほか、埴輪、多くの副葬品の内容も明らかとなりました。銅鏡五面、腕輪形石製品（車輪石三点、鍬形石《くわがたいし》三点、石釧《いしくしろ》一点）、管玉《くだたま》一点、石製模造品（刀子《とうす》三点、斧頭《おのがしら》一点、高杯《たかつき》二点）、石製合子《ごうす》蓋《ふた》一点、石製臼《うす》一点、椅子形石製品一点、貝殻形石製品一点、琴柱《ことじ》形《がた》石製品二点、不明二点が回収されました。翌年の復旧工事で、コンクリート箱に入れて再埋納されたということですから、現物を確かめることはできませんが、石膏《せっこう》模型と一部の写真、実測図が残されています。

これらの副葬品のうち、銅鏡について紹介しましょう。

鏡は、材質、製作地、大きさ、使用方法、流通方法のほか、ものが映る鏡面の反対側に当たる鏡背《きょうはい》に表現された図像や文様でも種類分けをしています。出土した五面の内訳は、方格規矩鏡《ほうかくきく》二面、変形内行《ないこう》花文鏡《かもん》、四獣鏡、不明が各一面とされました。

佐紀御陵山古墳　南西上空から（写真・朝日新聞社）

出土の四獣鏡は中国の後漢《ごかん》（二五—二二〇）で製作されたものとみられ、舶載《はくさい》鏡として日本列島へもたらされました。一方、方格規矩鏡と変形内行花文鏡は、中国鏡などを模倣して日本列島で作られた仿製《ぼうせい》鏡で、直径が三〇センチを越える大型品です。

方格規矩鏡は、古代中国の人々が考えた宇宙観を示した鏡だといわれています。その宇宙観とは、真ん中にあるひもを通すための鈕《ちゅう》を四角く囲む「方格」が大地を意味します。方格の四辺から出るT字形は水平の梁《はり》となる「極《きょく》」と「柱《ちゅう》」。これが天を支えると考えられています。四つあるのは東西南北の四極を示します。

このT字形に対向するL字形は真南北（子午）、真東西（卯酉）が「縄《じょう》」とよばれ、直線を引くための墨壺《すみつぼ》の形状のL字形を表したとされます。そして、方格の四隅に対向する位置にデザインされたV字形は、大地と円形の天をつなぎ止める意味をもつ「鉤《こう》」と解く説が有力です。

仿製鏡となる佐紀御陵山古墳の方格規矩鏡にもこういった表現があります。一方、異なる点もあります。中国鏡では、方格内に十二支の銘文が刻まれ、方格外側の内区の主文様として四神《しじん》（青龍・白虎・

朱雀・玄武）が配置されることが多いのですが、佐紀御陵山古墳で出土した鏡には銘文がなく、四神の区別がない、間延びした同じ形の獣文がくりかえし配置されます。この変化は、日本列島の鏡の工房のなかで独自に発展したものです。よく似た図像をもつ大型仿製方格規矩鏡は、奈良盆地西南部の馬見古墳群の新山《しんやま》古墳（北葛城郡広陵町）や佐味田《さみた》宝塚古墳（北葛城郡河合町）からも出土しています。

ところで、三角縁《さんかくぶち（えん）》神獣鏡《しんじゅうきょう》が含まれていないことにお気づきですか。この鏡を「魏志倭人伝《ぎしわじんでん》」に記された、卑弥呼《ひみこ》による朝貢《ちょうこう》のお返しに、魏《ぎ》の皇帝が下賜《かし》した「銅鏡百枚」にあてる説があります。もちろん、日本列島で製作したとする説も有力です。

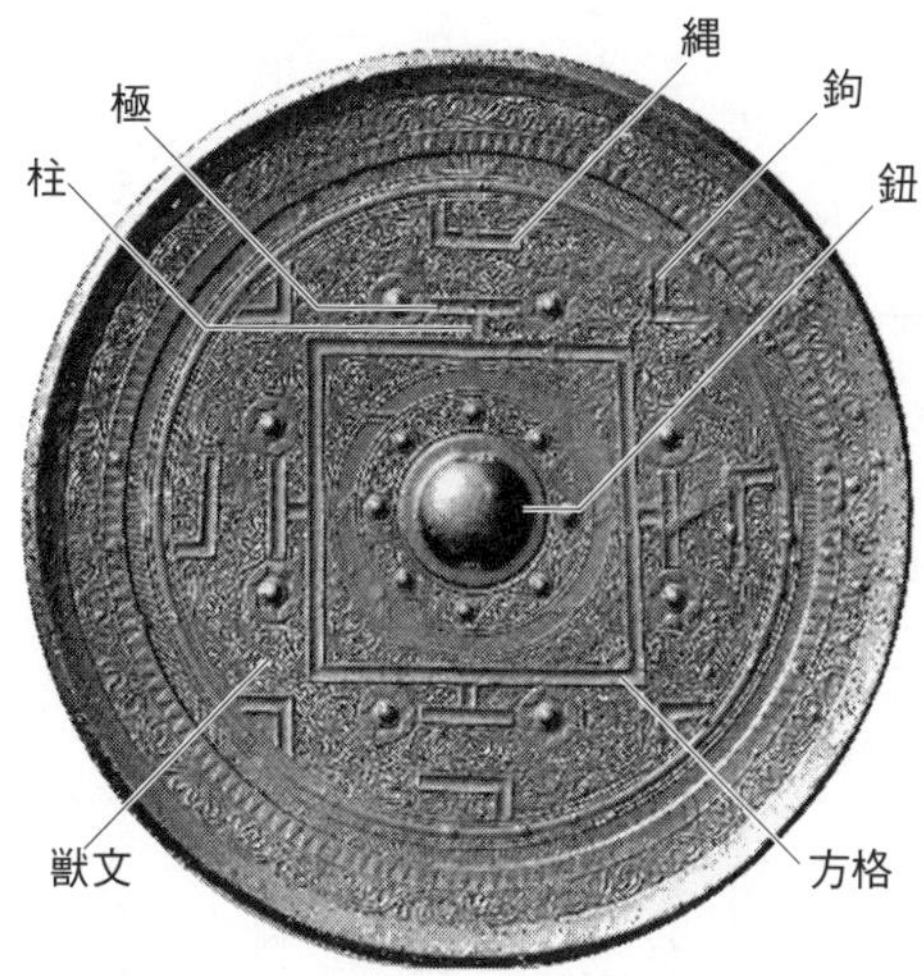

佐紀御陵山古墳から出土した大型仿製方格規矩鏡（写真・宮内庁、宮内庁書陵部陵墓課編『古鏡集成』より）

今のところ、佐紀古墳群全体でも三角縁神獣鏡が出土したという確かな情報がありません。埋まっていそうな気もしますが、佐紀古墳群の被葬者たちは、三角縁神獣鏡をもたなかったか。三角縁神獣鏡よりも大型仿製鏡の所有と副葬に古墳時代前期後葉のトップクラスの王者たちの関心が移ってしまったと解くのも一案ですが、断定は禁物です。なにせ、私たちは、佐紀御陵山古墳について盗掘のあとの余滴ともいえる資料しか知ることができません。ゆっくりと考えたいと思います。

⑲　そもそも前方後円形はどこからきたか——佐紀御陵山古墳❸

墳丘の全長が一九〇メートルを越える大型前方後円墳は、奈良県と大阪府で三六基あります。墳長が二〇七メートルの佐紀御陵山古墳は全国で第二五位前後の大きさです。前方後円墳を形づくる諸要素が備わっています。そこで、今回は「前方後円墳」という言葉について解説しましょう。

前方後円墳については、これまで「鍵穴」の形をした墓という意味で、Keyhole-shaped tomb と英訳されることが多いのですが、これでは不十分でしょう。

このごろ奈良にも英語圏の外国人観光客が増えています。まず形状を説明しなくては外国人には伝わりませんが、当然のことながら、前方後円墳は西洋の扉の鍵穴を模したものではありません。

そもそもかたちの起源はなんでしょうか。多くの仮説が出されています。丘陵の尾根先端を切断したかたち、埋葬施設がある墳丘への墓道《ぼどう》（通路）が発達したかたち、埋葬された円丘を祭る場所として方丘を付けた前方部祭壇説、中国皇帝が天を祭った施設である天壇《てんだん》（円丘）と、大地の神を祭った施設である地壇《ちだん》（方丘）を、現地で見た倭の使者が合体するように考案したという説、酒や収穫物を入れた壺のかたち、司祭となる女性の姿を写したかたちといった説もあります。

「前方後円墳」という言葉は、江戸時代後期の尊王論者で、荒廃した各地の山陵を踏査して文化五年（一八〇八）に歴代山陵の変遷を説いた『山陵志』を刊行した山陵家の蒲生君平《がもうくんぺい》（一七六六―一八一三）の解釈にもとづきます。蒲生は世直しを訴えた経世論者の林子平《はやししへい》、行動する尊王論者の高山彦九郎と共

宮車の各部の名称（守口市指定有形文化財「佐太天神宮　紙本著色天神縁起絵巻」より「薨去埋葬」の場面）①屋形　②轅　③軛　④輪

に「寛政の三奇人」とよばれた人物です。

『山陵志』は、前方後円墳の解釈について「その制をなすや必ず宮車《きゅうしゃ》を象《かたど》りて前方後円とならしめ」と記します。

宮車とは身分が高い人が屋形に乗り、牛馬がひいた車のことです。蒲生は、前方後円墳の円丘部を人が乗る屋形部分、方丘部を車と牛馬をつなぐ二本の棒の轅《ながえ》とその先で牛馬の首にかける軛《くびき》に見立てました。さらに造り出しを両輪の形状を模したものと考えました。そして、車が進む方向に合わせて方丘部を「前方」、円丘部を「後円」としたのです。つまり「宮車模倣説」です。

さて、考古資料として、馬車の部品は弥生時代の遺跡から見つかっていますが、副葬品として部品だけが中国・朝鮮からもたらされたのではないかと考えられています。少なくとも、古墳時代に牛馬が牽《けん》引《いん》する宮車が一般的に使われていたとは考えられません。蒲生の宮車模倣説は認められないまま、前方と後円の言葉だけが定着してしまいました。

それにしても、形は鍵穴形ではありません。周濠を横切り外堤と墳丘をつなぐ渡土堤《わたりどてい》、くびれ部付近の造り出し、それに島状施設があります。馬見古墳群のなかの大型前方後円墳となる北葛城郡広陵町の巣山古墳（四世紀末葉から五世紀初葉）では、前方部西側の墳丘下部から周濠に向かって陸橋が延び、

上　佐紀御陵山古墳西側 島状施設のさきがけか。手前に突き出る（写真・著者）
下　有年原田中一号墓。溝が途切れたところに墓への通路となる陸橋、反対側に突出部（写真・赤穂市教育委員会）

その先に四角く出島施設が見つかっています。ここには水鳥形埴輪が立てられていました。また周濠のなかでは、ひょうたん形の島状施設が見つかっています。

佐紀御陵山古墳では一九九〇年の宮内庁の調査で、くびれ部西側の周濠に東西八メートル、南北四メートルの範囲で底からの高さ一・五メートルになるように地山を削り出した部分の存在がわかりました。この部分には、板状に割れる石材と白い小石がたくさんあるようです。島状施設のさきがけと考えてよいでしょう。

桜井市の箸墓古墳（三世紀中ごろから後半）の後円部側の周濠には、墳丘と外をつなぐ渡土堤があります。箸墓古墳より古い兵庫県赤穂市の有年原《うねはら》田中一号墓（弥生時代後期）では円丘部への通路である陸橋と、その反対側には突出部が備わります。

この事例は、前方後円墳のかたちの起源を解く鍵は、やはり弥生時代の墓のかたちにあり、そこから取り組むべきだと教えてくれているのではないでしょうか。日本人であれ、外国人であれ、初めて前方後円墳を知ろうとする人に誤解なく伝えるには難しそうですが、ていねいに現状の研究の到達点を語るに尽きます。

⑳ 盾形埴輪 実物に忠実――佐紀御陵山古墳❹

埴輪に親しみを覚えますか、癒やされますか。馬形の埴輪は、たてがみが表され、耳はまっすぐに立ち、目元はキリッと開いています。人を表した埴輪には、ふんどしを締めた力士がいたり、甲冑《かっちゅう》をまとった武人がいたりとにぎやかです。博物館に行けば、さまざまな埴輪が出迎えてくれます。円筒埴輪や朝顔形埴輪《あさがおがた》（上部は朝顔のようにラッパ形に開く壺型土器の口縁部から肩部まで、下部は器台となる円筒埴輪を写す）に対して、これらを形象埴輪とよんでいます。四世紀の古墳時代前期後半ごろに現れました。高杯や武具や家、中期になると人物や動物などの埴輪が登場します。

佐紀御陵山古墳にも、形象埴輪が備わります。⑰に記した一九一六年（大正五）の盗掘後の復旧工事で多くの情報を知ることになりました。そのなかに高さ一〇八センチ、最大幅八〇センチの盾形埴輪（左ページの写真）があります。盾形埴輪とは、円筒部分の側面に盾を貼り付けたかたちをしています。

出土後は、宮内省諸陵寮（当時）に保管されていましたが、一九二三年（大正一二）の関東大震災で現物は失われたといわれています。幸いにも実物大の石膏模型が残っており、東京国立博物館の所蔵品になっています。そのほかに高さ一一八センチ、最大幅八七センチのものもありましたが、こちらは図のみが残っています。

盾形埴輪の盾面は長方形で、厚みのある外縁で縁取られ、盾面のなかは横に三分割されます。漢字の「目」の字のかたちになります。外縁には直弧文《ちょっこもん》（直線と弧を組み合わせた文様）が施されます。実際の盾も同様の文様で飾られていたことでしょう。

　横側から見た断面に注目です。上端は少し前傾し、下端は緩《ゆる》く曲がっています。その分、中央は膨らみます。まるでスルメイカをあぶったように、盾面は弓なりに反《そ》っています。盾形部分はひと言でいえば「ぺらぺら」な印象です。

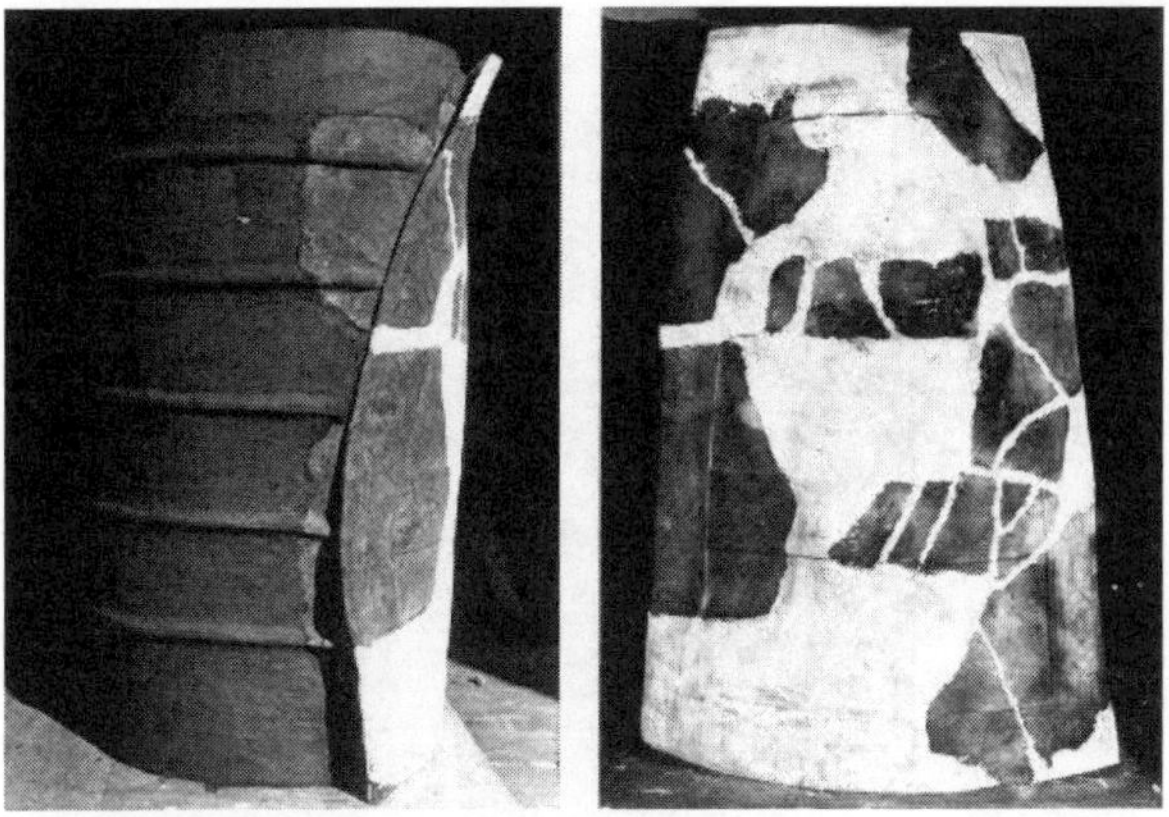
佐紀御陵山古墳出土の盾形埴輪（正面・横から）（写真・宮内庁、宮内庁書陵部陵墓課編『陵墓関係論文集』より）

　古墳時代の盾には、材質の違いで木製と革《かわ》製、鉄製の三種類があります。用途で分けると、身体の前に置いて弓矢からの防護に用いる置盾《おきたて》と、手で持ちヤリや矛、また刀剣の攻撃から身を守る持盾《もちたて》の二つがあります。発掘調査で出土する革製や木製の盾は、表面に刺し縫いで文様が刺繡《ししゅう》され、漆が塗られています。そのため本体が腐って消失しても、残った漆部分から形状や文様をたどることができます。
　以前に私は高市郡高取町市尾今田古墳群で漆塗り盾を発掘したことがありますが、脆弱《ぜいじゃく》な盾の検出には根気と「我慢」を要した思い出があります。
　佐紀御陵山古墳の盾形埴輪は、置盾をリアルに写したものでしょう。曲線で構成された断面形の表現からすると、モデルとなった盾の本体は木枠に皮革を貼ったもの

佐紀御陵山古墳出土の蓋形埴輪のレプリカ（写真・奈良県立橿原考古学研究所附属博物館）

だったのではないでしょうか。

盾形埴輪は、時代が新しくなるほどに、文様の細かな表現は省略され、断面も平板に変わります。こういう時代変化の方向性から見れば、忠実に実物の盾を写そうとした佐紀御陵山古墳の盾形埴輪は、その出現初期の事例と考えていいでしょう。

さて、後円部の埋葬施設の直上にある方形壇に、埴輪が立てられた様子を表した復元図面が作成されています。直径約二メートル、両手をいっぱいに広げても届かないほど大きな蓋《きぬがさ》形埴輪が七、八点あります。蓋とは、高位の人物に差し掛ける傘のことです。これも実物は関東大震災でなくなったといわれています。図を元にしたレプリカが、奈良県立橿原考古学研究所附属博物館（橿原市畝傍町）で常設展示されています。一度、ご覧になって下さい。その大きさが実感できます。

㉑ 新たな埴輪、陪塚の登場——佐紀石塚山古墳❶

佐紀御陵山古墳の西側に並んでいるのが、佐紀石塚山古墳です。

次ページの航空写真をよく見ると、佐紀石塚山古墳の周濠は東側が狭くなっています。先人に「遠慮」したのでしょうか。すでに築かれていた佐紀御陵山古墳の周濠のために十分なスペースが取れなかったと考えられます。ともに佐紀古墳群の西群を構成します。

佐紀石塚山古墳は、宮内庁が成務天皇の「狭城盾列池後陵《さきのたたなみのいけじりのみささぎ》」として管理する天皇陵古墳です。墳長二一八メートル、佐紀御陵山古墳に続く古墳時代前期末葉（四世紀中ごろから後半）に造られました。宮内庁書陵部の一九九五年の発掘調査で、北側にある渡土堤が後円部の墳丘に取りつくところに、変わった埴輪が並んでいることがわかりました。三角形の突起を上端にもつ柵形《さくがた》埴輪と、底径一五センチ前後の小型円筒埴輪、ほかに家形、蓋形埴輪の出土もありました。

奈良盆地東南部の山辺・磯城地域でも、真ん中の円丘から二方向に方丘が延びる双方中円墳《そうほうちゆうえんぷん》として有名な櫛山《くしやま》古墳に、この柵形埴輪の早い例があります。柵形埴輪とはその名のとおり、ある範囲を区画して周囲から遮蔽《しやへい》する施設をかたどった埴輪です。現代風にいえばパーティションの埴輪でしょうか。

六世紀初めに活躍するヲホド王（継体大王《けいたい》）の奥津城とみられる大阪府高槻市の今城塚《いましろづか》古墳は、墳長一八一メートルの古墳時代後期前葉（六世紀前葉）の前方後円墳です。高槻市教育委員会の発掘調査でその内堤上では、さまざまな形象埴輪が立てられ、重要儀礼を幾つかの場面に分けて表現していたことがわかりました。ここでも、場面を区切る役目の埴輪がありました。横断面は隅丸長方形で、複数の個体をつなぐ埴輪です。調査者はとくに塀形《へいがた》埴輪と名付けました。そして、全体を「埴輪祭祀場」とよび、大王の葬儀の宮殿（殯宮《もがりのみや》）で行われた儀礼を埴輪で再現したのではないかと考えています。

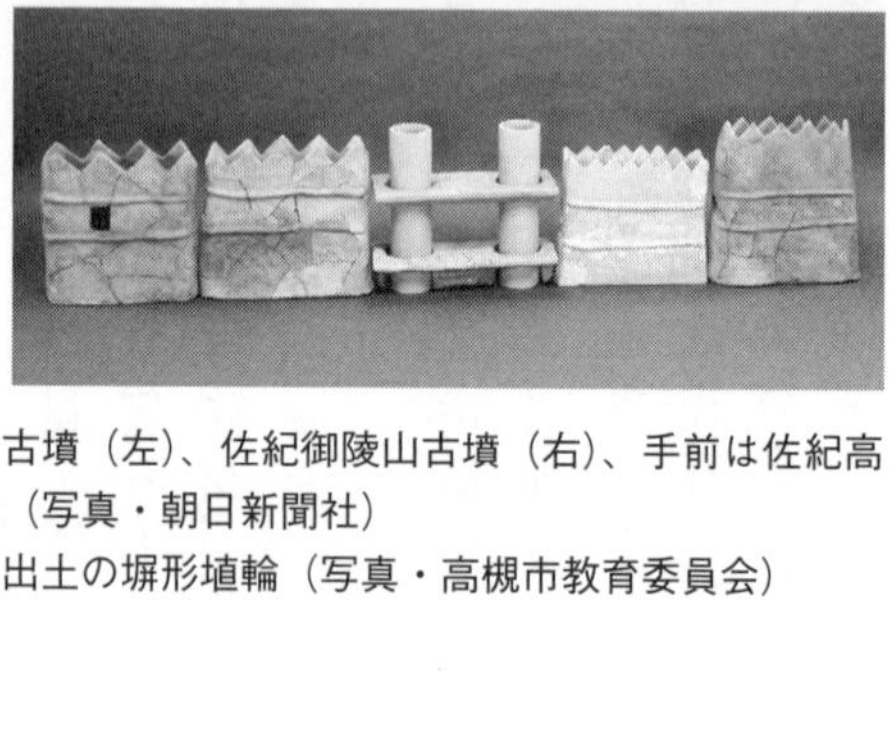

上　佐紀石塚山古墳（左）、佐紀御陵山古墳（右）、手前は佐紀高塚古墳。上が北（写真・朝日新聞社）
下　今城塚古墳出土の塀形埴輪（写真・高槻市教育委員会）

埴輪を並べて、どのような儀礼を表現したものか、他にも多くの仮説があり、定まってはいませんが、少なくとも、こういった遮蔽施設をかたどる埴輪の存在は、実際に王のもとで行われた幾つかの儀礼があったことを暗示しているのではないでしょうか。それが埴輪として表されたということです。

出土した柵形埴輪も破片であり、小型円筒埴輪の上部も不明で、どのような場面を写したものかわかりませんが、その早い例が、佐紀石塚山古墳で見つかったということです。

重要なことは、ほかにもあります。佐紀石塚山古墳と佐紀御陵山古墳の間の散策路を北へ向かって歩くと、佐紀石塚山古墳の後円部に沿って道が曲がります。道が外堤そのものなのです。その道沿いに三基の方墳が見えてきます。宮内庁はそのうちの一基を飛地い号（一辺三五メートル）、そのほかの東西二基を飛地ろ号として管理しています。それで、飛地ろ号東側（一辺三〇メートル）、飛地ろ号西側（一辺三〇メートル）と、ここでは区別しておきます。これらは、佐紀石塚山古墳の陪塚とみていいでしょう。

佐紀石塚山古墳の外堤（左側）に接して陪塚が並ぶ（写真・著者）

陪塚の出現は古墳時代中期の特徴です。佐紀石塚山古墳はその初期の例として注目できます。いずれも調査されていないため内容は不明ですが、「お供」となる小規模な古墳が存在するということは明らかです。ただ、別の古墳の陪塚では、副葬品の埋納だけで人体埋葬がない場合もあるので、「主人」に対する「家来」の墓という意味だけにはとどまりません。

なお、第一三代に数えられる成務天皇ですが『古事記』『日本書紀』には、在位中に行った業績の具体的記述に乏しいことや、死後に贈られる美称である和風諡号《わふうしごう》の「ワカタラシヒコ」が、大きく時代が下る飛鳥時代の舒明《じょめい》大王（天皇）の「オキナガタラシヒロヌカ」、皇極《こうぎょく》大王（天皇）の「アメノトヨタカライカシヒタラシヒメ」にある「タラシ」に由来するという推定から非実在説があります。

つまり、皇統譜を整えるために、後から歴代に加えられた「天皇」ではないかという論です。とはいえ、律令国家は「成務天皇陵」への祭祀と管理を行っています。このことは、以降㉔であらためて触れましょう。

㉒ 王者の棺、長持形石棺の登場――佐紀石塚山古墳❷

「タンス、長持ち、どの子が欲しい」などと歌われる童謡「花いちもんめ」の歌詞に出てくる「長持ち」ですが、もはや使われなくなって久しいものでしょう。また、かつて花嫁行列には「長持ち唄」が歌われ、各地に伝わっています。衣類や調度品を入れた蓋付きの長方形の箱であるこの「長持ち」のかたちのようだというので名付けられた石棺があります。それが長持形《ながもちがた》石棺です。

ここで棺《ひつぎ》について少し説明すると、奈良盆地東南部に築かれた古墳時代前期の大型前方後円墳には、木棺《もっかん》が使われていました。たとえば、前期前葉（三世紀末から四世紀初め）の桜井市外山《とび》の桜井茶臼山古墳では直径一メートル以上に復元できるコウヤマキの大木をくり抜いた木棺が、竪穴式石槨のなかに据えられていました。

九州や山陰などの墓では弥生時代から石棺は使われていますが、古墳時代前期後葉（四世紀中ごろ）になると、奈良や大阪の古墳にも石棺が使われ出します。木棺でも、石棺でも製作に大きな労力を割くことになりますが、ここに出現した石棺は遠くからわざわざ運んできたものです。これが、王者の新たな力の見せどころになったのでしょう。

佐紀石塚山古墳の被葬者の棺は、長持形石棺です。そんなことが、どうしてわかるのか。江戸時代の終わりも近い天保《てんぽう》一五年（一八四四）九月のこと、墓盗人が侵入します。地表下九〇センチから石棺を掘り出し、勾玉《まがたま》五〇個を取り出します。次いで嘉永《かえい》元年（一八四八）九月にも朱（赤色顔料）四・五キ

上　佐紀石塚山古墳を描いた幕末の山陵絵図。後円部頂上に６枚の石材が描かれる（写真・著者提供）
下　葛城市歴史博物館に展示される屋敷山古墳（古墳時代中期・５世紀）の長持形石棺（写真・著者）

ロ、管玉《くだたま》数十個を取り出したと、捕まったのちに奈良奉行所の取り調べに対して供述しています。
石棺のかたちは「覆ハ亀之形ニ相成」と奉行所の取調を記した、「帝陵発掘一件」に見えます。屋根形でもなく、箱形でもない、亀の甲羅のようなかたちということならば、掘り出された石棺は長持形石棺の可能性が大きいということです。寸法を換算すると、棺身《かんしん》の大きさは全長二・一メートル、幅一・二メートル、高さ一・二メートル、棺蓋《かんぶた》は全長二・四メートル、幅一・五メートルになります。

江戸時代に描かれた山陵絵図では、しばしば六枚分の石材が後円部頂上に描かれています。江戸後期の文化年間作成の絵図にも登場していますから、嘉永年間の盗掘以前から埋葬施設が大きく損壊していたことがわかります。六枚の石材は幕末の文久・慶応年間に作成された絵図にも描かれています。茶色に着色されています。いくつかの絵図にあたりますと、石材は最長のもので一・八メートル、嘉永年間に盗掘された石棺は別物だと考えられます。

六枚分の石材が描かれているという情報も重要です。なぜなら、長持形石棺は一つの石の内部を刳《く》り抜いて棺身とする石棺ではなく、底石、左右の長側石、「小口板《こぐちいた》」ともよばれる前後の短側石、蓋石の六つの部分からなる組合式《くみあわせしき》の石棺だからです。どうやら、佐紀石塚山古墳には長持形石棺が二基以上、備わっていたらしいというのが、私の推測です。佐紀石塚山古墳の長持形石棺は、古墳が築かれた時期（前期末葉）からみてその初期の事例になると思います。

長持形石棺の多くは、兵庫県の加古川流域で採取される「竜山石《たつやまいし》」と呼ばれる凝灰岩《ぎょうかいがん》製です。古墳時代中期（四世紀末から五世紀）の巨大前方後円墳によく採用されたことから「大王の棺」と形容されることもあります。実際、堺市の大山《だいせん》古墳（現、仁徳《にんとく》天皇陵）は最大の前方後円墳として有名ですが、一八七二年（明治五）九月に現れた前方部の埋葬施設に置かれていたのは、全長二・四―二・七メートル、幅一・四メートルの長持形石棺でした。大きさは佐紀石塚山古墳の嘉永元年に盗掘された石棺とほぼ同じ大きさです。前期古墳から中期古墳への移行期にも造営が続く佐紀古墳群の歴史性を、よく示す資料だと思います。

㉓　称徳（孝謙）天皇陵の謎を解く――佐紀高塚古墳

空から見ると東に佐紀御陵山古墳、北に佐紀石塚山古墳があり、窮屈そうな墳長一二七メートルの中型前方後円墳が奈良市山陵《みささぎ》町にあります。佐紀高塚《たかつか》古墳です。水がたまっていない空濠の状態ですが、盾形の周濠が備わります。

宮内庁は、奈良時代後期の女性天皇で第四八代となる称徳（先に第四六代の孝謙《こうけん》天皇として即位、のちに重祚《ちょうそ》〈一度退位した天皇が再び皇位に就くこと〉）天皇の「高野陵《たかののみささぎ》」に治定《じじょう》しています。埴輪があると記されることもありますが、考古学調査もなく、具体的な情報はほとんどありません。

佐紀古墳群の前方後円墳の多くは、丘陵先端にあたる南側に前方部を向けています。しかし、佐紀高塚古墳は東西方向に主軸があり、前方部は西向きです。つまり、南北方向に主軸をもつ佐紀御陵山古墳や佐紀石塚山古墳に対して直交します。さらに、佐紀御陵山古墳の前方部前端の西延長線上に佐紀高塚古墳の主軸がそろいます。また、佐紀石塚山古墳の周濠を含めた東西の幅に、佐紀高塚古墳の墳丘が収まるように見えます。

窮屈そうに見えるのにも意味があると思います。佐紀御陵山古墳と佐紀高塚古墳のあいだで、築造にあたり決められた計画があったのではないでしょうか。佐紀石塚山古墳が北にずれるのも、すでに存在した佐紀高塚古墳を避けたためであるならば、合点がいきます。

奈良盆地東南部の天理市にある渋谷向山古墳と上《うえ》ノ山《やま》古墳（前方後円墳、墳長一四四メートル）、また

佐紀高塚古墳 西上空から（写真・朝日新聞社）

行燈山古墳の周囲のアンド山古墳、南アンド山古墳、大和天神山古墳も主軸が直交する位置に造られています。

こういった大型前方後円墳に付く中・小型前方後円墳の配置には、約束ごとがあったものと考えます。これを、王と臣下の宮殿内での座る位置関係が反映したとでも解けば面白いのですが、想像が過ぎるかもしれません。

それにしても、古墳時代に造られたはずの前方後円墳が、どうして奈良時代の天皇陵とされたのでしょうか。

孝謙（称徳）天皇は、聖武《しょうむ》天皇と光明《こうみょう》皇后の皇女（阿倍《あべ》内親王）で、女性で初めての皇太子となり、天平勝宝元年（七四九）七月に即位します。そして、宝亀元年（七七〇）八月四日に平城宮の西宮《さいくう》に崩御して、「大和国添下《そふのしも》郡佐貴《さき》郷高野山陵」に葬られたと『続日本紀』には記されます。天皇の寵愛を受けた道鏡《どうきょう》は、山陵の傍らに庵《いおり》を構えて奉仕したとあり

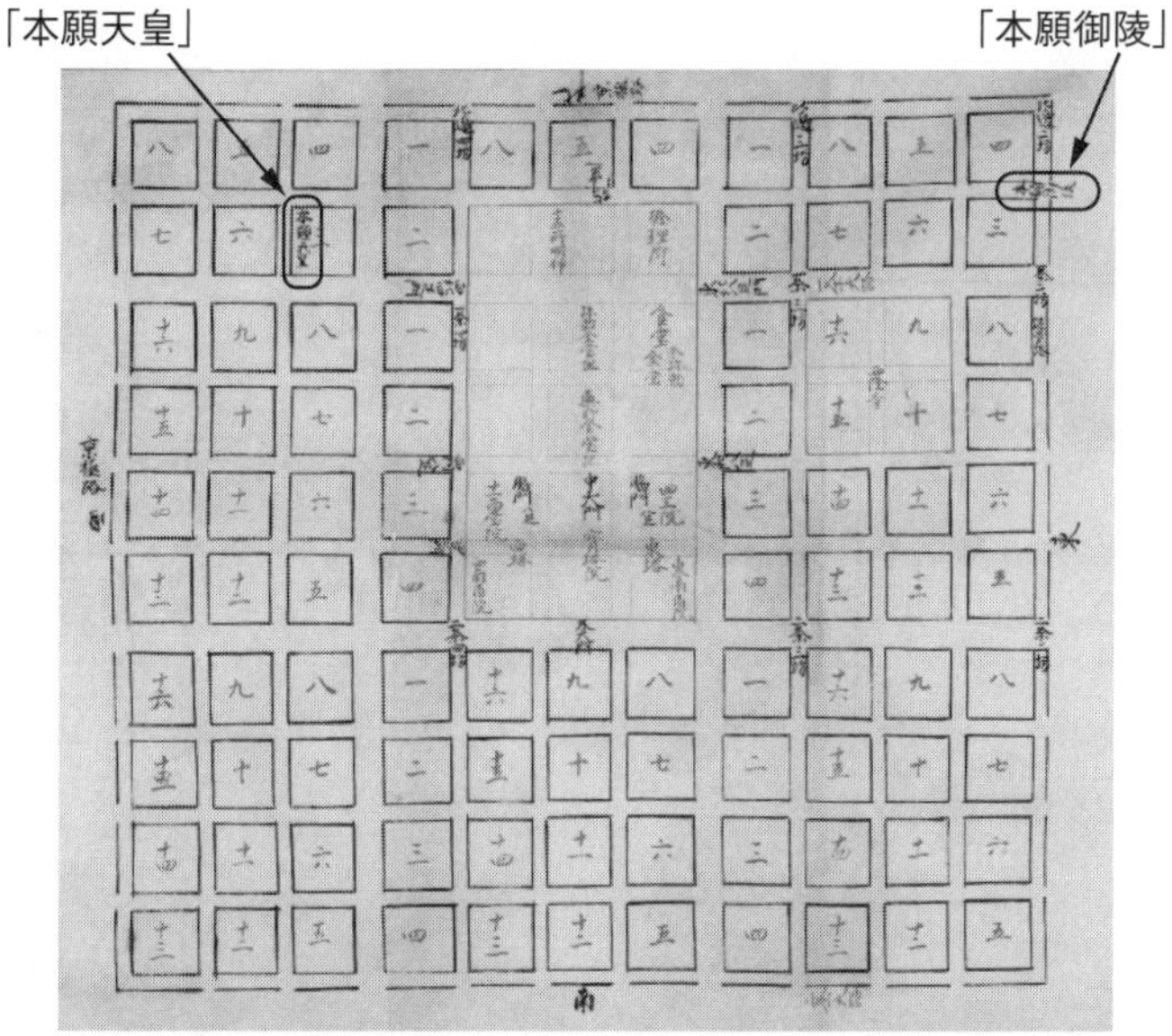

「大和国西大寺往古敷地図」。上部中央の西大寺主要伽藍の東方に「本願御陵」の墨書がある（写真・東京大学史料編纂所所蔵模写）

ます。

　西大寺《さいだいじ》の資産を記した宝亀一一年（七八〇）の『西大寺資《し》財《ざい》流《る》記帳《きちょう》』には、寺域の西限を「京極路」（平城京右京四坊大路のこと）とした上で、「除山陵八町」の注記があります。このことから、山陵は西大寺の西方の京極路近くに設けられたことがわかります。

　ところが、鎌倉時代の「大和国西大寺往古敷地図」では、西大寺の東方の平城京北辺坊から東にかかる位置に「本願御陵《ほんがんごりょう》」の墨書があり、そこが佐紀高塚古墳の位置に合致します。また、北辺坊西寄りに「本願天皇」とあります。「本願天皇」とは、天平宝字八年（七六四）九月に西大寺創建のもととなる四天王像を発願した孝謙上皇（当時）のことです。翌月、淳仁天皇は廃されて淡路に幽閉されます。

図からは、本来の高野山陵に対する国家による祭祀や管理が破綻《はたん》していたという側面が読み取れます。それと同時に、鎌倉時代に西大寺による寺辺一円の拡充の意図にもとづき、東方にある佐紀高塚古墳が本願天皇の称徳（孝謙）天皇の山陵に見立てられたという歴史背景が読み解けるのではないでしょうか。なお、佐紀高塚古墳が称徳（孝謙）天皇陵になるのは幕末です。もちろんこの図が参考にされたことでしょう。

㉔ 発掘・研究で築造時期見直し――五社神古墳❶

佐紀御陵山古墳と佐紀石塚山古墳のあいだから北に向かい、近鉄京都線平城《へいじょう》駅東側の踏切を越えて、丘陵の裾《すそ》を回り込むとひときわ大きな前方後円墳が見えてきます。奈良市山陵町にある、五社神古墳です。墳長二六七メートル、鍵穴形の周濠が備わります。現在は宮内庁によって神功《じんごう》皇后の「狭城盾列池上陵」として管理されています。

江戸時代には称徳（孝謙）天皇陵説もありましたが、文久三年（一八六三）に神功皇后陵に決定しました。「神功皇后山陵」に寄進された石灯籠《いしどうろう》八基が、拝所の西端に一列に並んでいます。それまで神功皇后陵とされていた佐紀御陵山古墳から移築したものです。

陵墓としての変更は幕末のことでしたが、ここ一〇年ばかりの間に、考古学上の検討から古墳の造られた順番、すなわち編年上の位置づけが変更した古墳の代表がこの五社神古墳です。築造時期の見直しは、㉕で見るように、宮内庁の発掘調査で新たな資料が得られたこと、埴輪や墳丘形態の型式学研究が進んだことによります。

五社神古墳の特徴として、まず佐紀丘陵西端の一群（西支群）のなかの奥まった北端の位置にあることがあげられます。測量図を見ると前方部の側面の等高線が少し弧状を示しながら開いていき、周濠に段差があるのも特徴です。さらに器壁が薄く、突出度のある突帯（タガ）をもつ円筒埴輪が備わります。

これらの特徴から、五社神古墳を佐紀古墳群のなかでも最初に築かれた古墳時代前期後葉（四世紀前半から中ごろ）の大型前方後円墳と考えてきました。つまり、山辺・磯城古墳群の行燈山古墳（天理市）などの特徴を引き継いだ大型前方後円墳だと考えられてきました。

見直しの結果、今は佐紀御陵山古墳━佐紀石塚山古墳━五社神古墳の順番で築かれたと考えられます。大阪平野では、藤井寺市の津堂城山古墳《つどうしろやま》（墳長二〇八メートル）が築かれたころでしょうか。前期末葉から中期初葉（四世紀中ごろから末）に築かれた最大の前方後円墳だといってもいいでしょう。

さて、神功皇后といえば『日本書紀』では、お腹に子どもを宿したまま朝鮮に出兵した後に、筑紫《つくし》で出産したと記された人物です。この子がホムタワケノミコ、のちの応神天皇です。もっとも、記事をそ

上　五社神古墳 南東上空から（写真・朝日新聞社）
下　拝所西側に移築された石灯籠（写真・著者）

のまま史実とするには無理があると私は考えています。

また、神功皇后の夫の仲哀《ちゆうあい》天皇の陵は、河内の「長野陵《ながののみささぎ》」だとされますが、皇統譜の上でも、陵墓所在地の上でも、妻と夫とされる神功皇后と仲哀天皇が「河内」と「大和」をつなぐ糸のような二人の人物として史料上に記されています。歴史事実が反映したものか、創作か、古墳時代中期の政権の中心を大阪に求める「河内政権論」にも関わります。

考古学の立場からの河内政権論は、大型前方後円墳が大阪府の百舌鳥・古市古墳群に存在する説明として、大和から河内へ政権の中心地が移動したと考えるものです。さらに、ここに政権交替があったと考える論です。これは、大型前方後円墳の分布状況と古墳の編年を根拠にしています。文献史学の史料批判と考古学成果の双方から、今後もその成否について議論しなくてはなりません。

なお、幕末の神功皇后陵への変更は「大和国添下郡京北班田図《やまとのくにそうのしもぐんけいほくはんでんず》」(京北一条と二条の原図は、延暦年間〈七八二—八〇六〉以降の作成か)の京北一条二里楯烈里《たてなみのさと》の欄外に「神功(天)皇后山陵敷地」の書き込みがあることによっています。この場所が五社神古墳に相当します。同じく京北一条一里楯烈里の欄外には「成務天皇山陵敷地」とあり、佐紀石塚山古墳に当たります。

文久の修陵にあたり、古代の班田図が参考にされました。古代の律令国家は、史実性の有無にかかわらず二つの大型前方後円墳を「陵墓」として国家管理していたとみてよいでしょう。

㉕ 忘れられない 初の立ち入り――五社神古墳❷

もう、この日だけは忘れることができません。二〇〇八年二月二二日、初めて天皇陵古墳への立ち入り観察が認められました。二〇〇五年に宮内庁書陵部長に宛てて提出した一五学・協会（日本考古学協会をはじめとする陵墓の公開や保全を求める歴史・考古学の複数の団体からなる学会や協会。現在は一六団体）の要望に応えたものと理解しています。序章に示しましたが、宮内庁が内部規則を変更したのです。五社神古墳は、天皇陵古墳への立ち入り観察の第一回となりました。

許可人数には制限があり、また墳丘を自由に歩き回れるわけではありません。立ち入りは墳丘の最下段に設けられた宮内庁職員の巡回路までに限られます。計測や埴輪などの表面採集はできません。墳丘の裾回りを歩いたぐらいでは、十分な成果は期待できないという懸念もありました。立ち入りに、抗議された方もいました。発掘調査が始まると誤解されたのでしょう。

私は、国民感情への配慮のない学問至上主義は厳《げん》に慎むべきものだと思っています。なにより、陵墓は国有財産とはいえ、皇室用財産ですから広範な国民の理解がなければ、安易な方針転換は将来に悔いを残すことになるでしょう。それでも、今よりはもう少し開かれて、陵墓に備わる歴史的、文化的価値を多くの人が享受できる日が来ないものかと願っています。

五社神古墳への立ち入りは、大勢の報道陣と学会関係者、市民が注視するなかを拝所脇の細い渡土堤を通って墳丘内部へと進みました。下草はていねいに刈られ、樹木の下枝も払われていて、とても見通

2008年２月、五社神古墳の立ち入り観察の様子（写真・著者提供）

しがよいものでした。陵墓における静謐《せいひつ》と安寧《あんねい》の維持が原則非公開の理由とされますが、宮内庁による維持管理の実際を見ることができました。

前方部西側から時計回りに、宮内庁職員の先導で歩きます。二〇〇三年の墳丘裾護岸工事にともなう宮内庁の発掘調査では、葺石や基底部の石列、当初の平坦面の一部が見つかりました。つなぐと、「みかけ」よりも西側へ前方部が張り出すことになり、造り出しの存在が指摘されています。

前方部からくびれ部にかけての造り出しとみられる広い平坦面では、過去に笊形《ざるがた》土器やミニチュア土器が採集されています。儀礼行為の存在を思わせる遺物が出土しており、それを催すのに十分な広さとなっています。造り出し、ミニチュア土器ともに中期古墳に顕著となる特徴です。立ち入りによる現地観察で、造り出しがあったのではないかとの指摘に妥当とする見解がもてるようになりました。

後円部北側に回り込むと間近に丘陵が迫ってきます。墳丘下半が正円形でどこまで仕上げられたのか。これは一度の観察では解決されません。

くびれ部東側では周濠底に円筒埴輪列の思わぬ確認がありました。多くの目で見ると、今まで知られていなかった新事実がわかります。円筒埴輪列はみかけの墳丘裾の外側にありました。普段は、周濠内には水がためられていますから、その水面をつい本来の墳丘裾だと思ってしまうのです。東側にも造り出しがあるのか、あるいはここが本来の墳丘最下段平坦面だとすると、前方部裾は従来の認識よりもさらに開く形状になるのか、課題が出てきました。
㉔で説明したように、五社神古墳は古墳時代前期後葉に造られたと考えられてきましたが、前期末葉から中期初葉（四世紀中ごろから末）の古墳となる条件が整ってきました。立ち入り観察をすることで、ようやく、それを実感することができました。

㉖ 周濠の貯水 後世の改変か――宝来山古墳❶

近鉄橿原線を走る電車の車窓いっぱいに見える前方後円墳があります。奈良市尼辻西町の宝来山古墳《ほうらいさん》です。第一一代、垂仁天皇の「菅原伏見東陵《すがわらのふしみのひがしのみささぎ》」として、宮内庁が管理しています。風景をやり過ごし、大和西大寺駅で近鉄奈良線に乗り換えて奈良へ向かうと、電車は平城宮跡を横切って進みます。時に解説のアナウンスが入ります。歴史環境に恵まれた土地柄だと実感できる瞬間です。

宝来山古墳の最寄り駅は、近鉄橿原線の尼ヶ辻駅ですが、駅舎の北側の東西道路が平城京の三条大路です。東に向かえば、JR奈良駅の北側を通り、興福寺五十二段から春日大社の一の鳥居前に至ります。西に向かえば、宝来山古墳を南に眺め、宝来、平松の家並みに沿って追分、やがて暗峠《くらがりとうげ》から生駒山《いこまやま》を越えて河内に至ります。奈良の市街地開発が進むとはいえ、「古代」を彷彿《ほうふつ》とさせる風景が残っています。

佐紀丘陵西側からは、南西へ二キロばかり離れた西の京丘陵に宝来山古墳を中心とした古墳の営みがあります。私は佐紀古墳群の南支群と理解しています。宝来山古墳は、墳長二二七メートルの大型前方後円墳で、周囲には幅五五メートルに及ぶ広い盾形周濠がめぐります。宮内庁は、周辺六ヶ所を垂仁天皇の「飛地《とびち》」(陪冢《ばいちょう》や付属地など)として併せて管理しています。

宝来山古墳でも嘉永年間(一八四八―五四)に盗掘がありました。㉑㉒で紹介した佐紀石塚山古墳に長持形石棺が埋まっていたことを明らかにした一連の盗掘事件です。被害は当時、「称徳陵」とされて

上　宝来山古墳 南上空から（写真・朝日新聞社）
下　「垂仁天皇 菅原伏見東陵」の制札（写真・著者）

いた五社神古墳や宝来山古墳にも及びました。犯人が捕まった後の取調書によれば、ここにも後円部に棺蓋の長さ一・八メートル、幅九〇センチの長持形石棺があったようです。

また、地面に穴を掘っただけの簡単な野焼きの方法で焼かれた円筒埴輪のほか、盾形、家形、靭《ゆき》形（矢を入れる道具）などの形象埴輪が、墳丘表面から採集されています。佐紀古墳群西支群の五社神古墳に前後する古墳時代前期末葉（四世紀中ごろ後半）に造られたとみられますが、墳丘や周濠に対する発掘調査がなされていないので、考古学情報に乏しく確定的ではありません。

外堤に沿って歩きましょう。周濠は水面が同じ高さで一周しています。おそらく中世に整備されたものだと思いますが、周濠には西方の宝来城（現、安康《あんこう》天皇陵）あたりからの導水と、秋篠《あきしの》川からの導水が入ってきます。貯水されたのちは、前方部側周濠の東南方向から出て、周辺の水田へと配られた流れの末は、再び秋篠川に落ちます。

今は周濠に水を満々とたたえていますが、これは本来の姿ではないと思います。一帯では、興福寺の勢力下の在地土豪の宝来氏が、室町から戦国時代に活躍します。灌漑《かんがい》事業は彼らが行ったのではないでしょうか。

すでに紹介した天理市の行燈山古墳や渋谷向山古墳では幕末の修陵事業として周濠の大規模整備がなされ、貯水機能を得ることになりました。

天皇陵古墳の周濠について過去には、古墳時代の王者による勧農《かんのう》政策（農業振興策のこと）のもと灌漑用のため池としての機能が、築造当初から備わっていたと考えられたこともありました。しかし、最近では、周濠の貯水量を高めるよう後世に改変されたとする調査成果が増えています。

㉗ 呼び名に変化、二陵の謎——宝来山古墳❷

垂仁天皇陵として宮内庁が管理する宝来山古墳には、周辺六ヶ所の飛地と、周濠のなかに一ヶ所の湟《こう》域内《いきない》陪冢が設けられています。設けられた場所や状態から判断すると、そのうちの三ヶ所ほどが古墳かと思います。

宝来山古墳の西北二〇〇メートルに存在する「飛地い号」は、民家の屋根の合間に見え隠れする直径四〇メートル、高さ八メートルの小山です。南側は、平城京三条大路に面しています。ここは、江戸時代には「兵庫山《ひょうごやま》」とよばれ、牛頭天王社《ごずてんのうしゃ》が設けられていました。

江戸幕府による元禄一〇年（一六九七）に始まる修陵事業では、安康天皇陵に定められます。過去の調査はありませんが、外からの観察では大型円墳になる可能性が高く、考古学では兵庫山古墳と名付けています。

垂仁天皇陵と安康天皇陵の関係をめぐっては、解けないことがあります。二陵の名前（陵名）を次々ページに表にしました。『日本書紀』では、「菅原伏見陵」と同名でよばれています。つまり、ともに「菅原《すがはら》」という範囲のなかの「伏見」に設けられた陵墓だということです。時代が降る平安時代の『延喜式』では、二陵を東西関係で表記しています。これは、二陵が同じ地域に近接していたため、混乱しないようにと区別したのでしょう。

上　宝来山古墳 東上空から。右奥に兵庫山古墳。その前を三条大路が通る（写真・朝日新聞社）
下　兵庫山古墳近景（写真・著者）

	『古事記』	『日本書紀』	『続日本紀』	『延喜式』
垂仁天皇陵	菅原《すがはら》之《の》御《み》立野中《たちののなか》	菅原伏見陵《すがはらのふしみのみささぎ》	櫛見山陵《くしみのみささぎ》	菅原伏見東陵《すがはらのふしみのひがしのみささぎ》
安康天皇陵	菅原《すがはら》之《の》伏見岡《ふしみのおか》	菅原伏見陵《すがはらのふしみのみささぎ》	伏見山陵《ふしみのみささぎ》	菅原伏見西陵《すがはらのふしみのにしのみささぎ》

二陵の名称の比較

『続日本紀』には、平城遷都後の霊亀元年（七一五）四月九日条に「櫛見《くしみの》山陵」（垂仁天皇陵）に「守陵」三戸、「伏見山陵」（安康天皇陵）に四戸を置いたとあります。陵墓を管理する要員を充当したという内容です。安康天皇陵はここでも伏見に由来した陵名になっています。

ところが、いちばん古い『古事記』では、垂仁天皇陵を菅原の「御立野中」、安康天皇陵を菅原の「伏見岡に在り」と記します。「野」と「岡」では陵墓のある地形環境が違うのではないかという疑問が湧いてきませんか。二陵の位置が今と異なっていた可能性があるのではないでしょうか。

参考としたい記録が『続日本紀』にあります。平城遷都に先立つ和銅元年（七〇八）十一月七日のこと、菅原の地の民《たみ》九十余家を遷し、布と穀《もみ》を支給したというのです。これは平城宮の建設にともない宮域に入る土地にあった民家を事前に移転した事を示したものだと考えられています。菅原の地名の範囲は、平城宮域にも及んでいたようです。

「安康天皇」といえば、四六二年に中国の宋に使いを送った「倭の五王」のひとりとなる「興《こう》」にも比定される大王です。安康天皇陵が前方後円墳ではなく、比較的大きいとはいえ円墳の兵庫山古墳では、不自然ではないでしょうか。一方、現在の奈良市菅原町や宝来の範囲にある大型前方後円墳は、宝来山古墳のただ一基しかありません。定められた二陵のうちのどちらかが、平城宮の建設にともない西方へ遷ったと考えると、先に疑問とした地形環境の違う点や墳形や規模においての不自然さが解消されます。

江戸時代以来、垂仁天皇陵を宝来山古墳に固定しているという点を重んじるならば、定め替えたのは安康天皇陵ということになります。一方で、伏見の地名が一貫して安康天皇の陵名に付くことからすれば、遷ったのは垂仁天皇陵とも考えられます。

「まさか、陵墓も動いた」。つまり、⑩でも説明した治定替え（陵墓を定め替える）が、古代にも起きていたかもしれません。平城宮の造営では、墳長二五〇メートルを越える大型前方後円墳の市庭古墳の前方部が削られ平らにされ、宮殿の施設に変えられてしまいました。古墳時代から飛鳥時代を経て奈良時代へと移るなか、時代が変われば何が起きるか、わかりません。大変なことになってきました。

㉘ 平城宮造営で濠が庭園に——市庭古墳❶

古墳の数は、全国で一五万基とも、二〇万基ともいわれています。なかには、長い年月のうちに墳丘が削られたり、埋まったりして地上からの姿が見えなくなった古墳もあります。発掘調査で周濠の跡や埴輪が見つかり、その場所がかつて古墳だったことがわかるのです。いわば、古墳の「復活」です。適当な用語がないので、埋没古墳とよんでいます。

佐紀古墳群にも埋没した古墳があります。奈良市佐紀町にある市庭古墳です。八世紀初めの平城宮が造られる直前まで、西側の佐紀池、東側の水上池《みなかみいけ》がある谷に、はさまれた丘陵上には、周濠を備えた大きな前方後円墳の姿があったはずです。

平城宮の建設で前方部は削られ、周濠は埋められましたが、後円部は地上に残されました。現在、その部分が、宮内庁が管理する平安時代初めの第五一代、平城天皇の「楊梅陵《やまもものみささぎ》」になっています。ただ平城天皇陵とされたのは、意外に新しく幕末のことです。

一九六〇年代の奈良国立文化財研究所（当時）による発掘調査で、前方部の存在がわかるまでは、日本列島最大の直径一〇〇メートルを超える大円墳だと思われていました。調査の結果、墳長二五三メートル、前方部幅一六四メートル、後円部直径一四七メートルの古墳時代中期中葉（五世紀前半）の大型前方後円墳の復活となりました。

市庭古墳の南側には、中型前方後円墳の神明野《しめの》古墳や小さな円墳や方墳がつづきます。埋没古墳です

後円部のみが残る市庭古墳 上空から。上が北。墳丘が地上表示されている（写真・梅原章一）

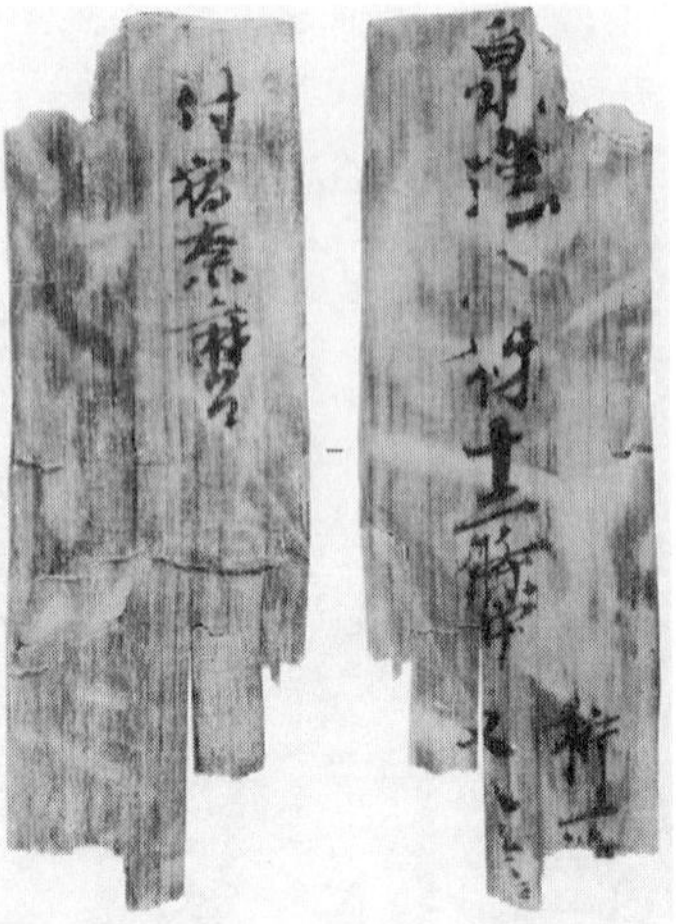

平城宮内の内裏北外郭官衙から出土した木簡。「泉津」から、宮殿を造るための資材が運ばれたことを示す（写真・奈良文化財研究所）

が、一つのグループをなしていました。これが、佐紀古墳群の中央群です。今では想像ができないかもしれませんが、一帯は平城宮の建設で大きく姿を変えたのです。

一九八〇年の市庭古墳の後円部西側の発掘調査では、周濠幅二九・五メートル、深さ四・五メートル、さらに外側には、幅九・七メートルの外濠（「外周溝」とよぶ人もいる）が備わっていたことが明らかになりました。

驚く人がいるかもしれませんが、奈良時代にはその部分が庭園に変えられました。外堤の法面《のりめん》（斜面）の葺石を粘土で覆い、上に新たに玉石《たまいし》を敷いて水辺の趣をデザインした庭園です。外側から後円部を借景に鑑賞したのではないかと考えられています。

では、平らにされた前方部は何になったかといえば、平城宮内の役所の施設になります。今は「内裏《だいり》北外郭官衙《きたがいかくかんが》」とよばれており、三つのブロック（北西・北・北東）に分かれます。史跡整備された現地に立つと、低く丸く刈られた木で建物の柱位置が表示されています。

内裏北外郭官衙の北部分の土坑《どこう》（土を掘り込んだ穴）から出土した木簡のなかに「泉」（現在の京都府木津川《きづがわ》市木津《きづ》）から平城山《ならやま》丘陵を越えて宮殿を造るための資材が運ばれてきたことを示すものがありました。写真右は、「泉進、□（上カ）材十二条中／桁一条／又八条□」、写真左は「付宿奈麻呂」と書かれています。「泉」は泉津のことで泉川、すなわち木津川に設けられた津（船着き場）のことです。建設作業を行う部門があったのでしょう。⑮の空中写真に示した泉津からウワナベ越えの道を通って来たのか、はたまた少し坂が急ですが歌姫越えが使われたのか、興味が湧いてきます。また、門の警備や食料に関わる木簡の出土もありました。それぞれ「左兵衛府《さひょうえふ》」（宮殿の最も内側の門である閤門《こうもん》を警備する役所）や「内膳司《ないぜんし》」（天皇の料理番となる役所）に関わる施設があったのではないかと推定されています。

市庭古墳は、大阪府の百舌鳥・古市古墳群の超大型前方後円墳に次ぐ規模を備えた古墳として築かれましたが、奈良時代には、姿形が変えられました。平城京の人々はもはや、墓とは思わなかったことでしょう。

㉙ 平城遷都 陵墓も動いた？——市庭古墳❷

平城宮の中心部分は、中央区と東区に分かれます。中央区の正面には朱雀門が復元されています。そこから北へ朝堂院《ちょうどういん》を経て、大極殿がはるか向こうに見えます。朱雀門は一九九七年、中央区大極殿は二〇一〇年に復元されたものです。東区は壬生門《みぶもん》から北に朝集殿院《ちょうしゅうでんいん》、十二堂からなる朝堂院、第二次大極殿、内裏がならび、その中軸線の北延長上に市庭古墳の後円部分（現・平城天皇陵）があります。

広い土地とはいえ、大きな建物が並んでいた奈良時代には、そのまま見通せたわけではないでしょうが、市庭古墳を人々は、どのように思い、何と呼んだのでしょうか。㉘に記しましたが、前方部は平らにされて役所の施設となり、後円部側は庭園と化しました。別のものに造り替えられたわけですから、もはや「古墳」とは意識されていなかったことでしょう。

もし、平安時代のように貴族の日記文学が成立していたならば、庭園の借景の「山」となった市庭古墳を採り上げた人物がいたかもしれません。でも、今のところは史料に記されていないようです。何より葬られていた人物は、どのようになったのでしょう。

『続日本紀』和銅二年（七〇九）一〇月条には、造平城京司（京を造るための役所）に対して、「都づくりで墳墓を発掘したならば、放置することなく、埋め戻しなさい。そして、その時には、酒を土地に注いで魂を慰めなさい」といった内容の命令が出されます。律令国家が、都市開発を進める時に、すでに築かれていた古墳をどのように扱うかを考えていたことがわかります。平城宮内にかかる市庭古墳への

上　佐紀丘陵の先端にある市庭古墳。平城宮の造営にともない、前方部が削られ、役所の施設となった（写真・朝日新聞社）
下　復元された平城宮中央区の大極殿。右奥は市庭古墳（写真・著者）

対処も事前に行われたことでしょう。なにせ、墳長二五〇メートルに及ぶ大型前方後円墳です。

ここからは、私の憶測です。㉗で取りあげたふたつの菅原伏見陵（垂仁天皇陵と安康天皇陵）ですが、「菅原」の地名が、もとは平城宮域に及んでいたとする説を紹介しました。それなら、市庭古墳が築かれた場所もこの菅原に含まれていた可能性があるのではないでしょうか。

奈良国立文化財研究所（当時）による一九六四年の朱雀門北側の発掘調査で、平城宮の造営にともない埋め戻された下ツ道の西側溝が見つかり、そこから「大野里《おおののさと》」の名を記した木簡が出土しました。また、時代が溯る藤原宮跡（橿原市）からは「所布評《そふのこおり》 大野里」と記した木簡も見つかっています。所布評は、大宝令のもと下ツ道を境に東側が添上郡、西側が添下郡に分かれます。八世紀初めの大野里がどちらの郡にあったかは不明だとされていますが、平城宮に重なったために、「大野」の地名は、遷都後に消滅したと考えられています。

『続日本紀』の記述内容から菅原の地名が平城宮の建設予定地にまで及んでいたとすれば、その名が史料にあがるわけだから大野よりも広い範囲を指す地名だったと考えます。つまり、菅原は大野の上位に当たる地名になるでしょう。菅原の大野というわけです。

大野里が、佐紀丘陵の先端の地形の特徴にちなむ名付けであったとすれば、『古事記』が記す「垂仁天皇陵」の場所、「菅原之御立野中」の御立野もまた佐紀丘陵の先端の「野」であり、広域には菅原に含まれたが、平城遷都後には地名が消滅したと考えてみてはどうでしょうか。つまり、律令国家は当初、市庭古墳を「垂仁天皇陵」に比定していたが、奈良時代になって秋篠川西方の同規模の前方後円墳、宝来山古墳に比定を替えたという憶測です。

『古事記』編纂の最中のことであり、元の陵名が「垂仁記」に残ったと考えてはどうでしょうか。対して『日本書紀』の方は、平城遷都にともない宝来山古墳へ変更後の陵名が採用されたというわけです。宮殿の土地利用上、墳丘を削る必要が生じたことに加え、宮殿の近くに墓を設けないという判断が働いたのでしょう。だから平城遷都で陵墓も動いた。

このようなことが本当に起きたのか。未来永劫《えいごう》にわたり解けない謎だとは思いません。平城宮跡には未発掘の膨大な量の木簡が眠っており、粘り強い調査研究が進められているからです。

㉚ ずれる埴輪列、新たに発掘――コナベ古墳❶

市庭古墳の東に、水上池があります。池の南側堤上の市道をさらに東に向かって歩くと、コナベ古墳の周濠の南西角に出ます。コナベ古墳は奈良県法華寺町にある古墳時代中期前葉（およそ五世紀前葉）の前方後円墳です。墳長二〇八・五メートル、前方部を南に向け、幅四〇メートルの盾形周濠が備わります。両側には、大きな造り出しがあります。宮内庁は特定の天皇・皇族の陵墓には当てていませんが、墳丘部分を「小奈辺《こなべ》陵墓参考地」として陵墓に準じた管理をしています。

北西を見ると民家の合間に樹木が茂る場所が点在しています。コナベ古墳の陪塚です。外堤に接して一〇基以上の陪塚があります。築造当初は、壮観な風景が望めたことでしょう。大阪府堺市の大山《だいせん》古墳（現、仁徳天皇陵）では、十数基の陪塚が周囲を取り巻きます。主墳となるコナベ古墳はそれに大差がないばかりか、築かれた時期が先行します。

水上池は佐紀丘陵の谷間にあります。そこから東へは丘陵が高まり、ヒシャゲ古墳、コナベ古墳、ウワナベ古墳が立地します。南に向かって先端には、奈良時代寺院の海竜王寺《かいりゅうおうじ》と法華寺《ほっけじ》があります。コナベ古墳の東に、肩を並べるかのようにウワナベ古墳、さらに北西にヒシャゲ古墳が築かれましたが、いずれも大型前方後円墳です。加えて、すでに墳丘が削られて、平らになった埋没古墳もあり、一群を佐紀古墳群の東群とよんでいます。

西群は前期古墳、東群は中期古墳が主ですから、佐紀古墳群の大型前方後円墳の営みは、時代と共に

コナベ古墳（手前左）とウワナベ古墳（手前右）。左奥はヒシャゲ古墳（写真・朝日新聞社）

およそ西から東へと移っていきました。そして、東群の大型前方後円墳で最初に築かれたのが、コナベ古墳です。

宮内庁の管理地外にあたる墳丘の外側で、奈良県立橿原考古学研究所や奈良市教育委員会による発掘調査が行われていいます。外堤の幅は一五―二〇メートル、外堤の内側と外側の肩部分に円筒埴輪列が見つかっています。外堤外側法肩《のりかた》の埴輪列では、底部の直径四〇センチの円筒埴輪を八・七メートル間隔に、対照的に内側では、五〇センチ間隔で密に並べます。

外堤の外側裾には、幅三―四メートル、深さ三〇―四〇センチの溝がめぐります。周濠と比べると狭く、浅く、規模が格段に違うので「外周溝」などとよばれています。陪塚はそれに接して設けられました。もっとも、陪塚それぞれにも周濠がともなうようです。

陪塚や周濠、外周溝がなお埋没している可能性が高いだけに、コナベ古墳とウワナベ古墳の二基の距離は、航空写真や地図から受ける印象よりも、本当はより近いものだったことでしょう。二基のあいだは、現在、航空自

コナベ古墳造り出しの埴輪列。途中で列がずれて「ぐいち」ができている（写真・宮内庁）

衛隊の奈良基地となっていますが、南側のゲートあたりでは外堤、外周溝がほとんど接したものであったはずです。

　コナベ古墳の墳丘本体については、二〇〇九年に宮内庁による発掘調査が行われています。周濠の護岸工事の基礎資料を得ることが目的で墳丘の裾部分で実施されました。大型円筒埴輪の上に載せられた蓋形埴輪や壺形、家形、柵形埴輪、笊形土器の出土がありました。

　なかでも注目されたのは、くびれ部から前方部にかけての西側造り出し上部の調査です。内部を区画するためでしょうか、東西方向に横切る円筒埴輪列がありました。埴輪列は直線ではなく途中で切れ、列がずれて「ぐいち」で並んでいました。さらに、その部分から南側は段差となります。つまり、南側が高低差七〇センチの差で高くなります。

　造り出しの上面は、ただ平坦な広場だと思ってきましたが、意外でした。埴輪列のずれのすきまは四〇センチほどです。これは墳丘第一段平坦面への出入り口を象徴化したものでしょうか。造り出しの上段と下段のステージの違いは何を表現したものでしょうか。

　発掘調査は新たな情報をもたらします。同時に、容易に解けない課題も生み出します。

㉛ 墳丘改変「墓」から「山」へ――コナベ古墳❷

佐紀古墳群の中央群の市庭古墳と東群のコナベ古墳は、同じころに奈良盆地北部に現れました。円筒埴輪の特徴から市庭古墳の方が、やや新しい時期に築かれたとみられています。

⑯で、佐紀古墳群を「ヤマト政権の一大勢力」と評価しましたが、その勢力の内部が、古墳時代中期前半（五世紀前半）にはふたつに分かれていたことを示しているのかもしれません。それに関係するかどうかはわかりませんが、市庭古墳にともなう陪塚は未確認です。対照的に、東群のコナベ古墳には数多くの陪塚がともないます。

コナベ古墳の陪塚は奈良時代には庭園に変えられました。西側の陪塚のうち、南端の大和二六号墳（小奈辺陵墓参考地の飛地と号）では、宮内庁管理地に接して過去に二度、県立橿原考古学研究所による発掘調査がありました。

二〇〇八年の調査では、コナベ古墳西側の外周溝が埋められ、大和二六号墳の周囲ではゆるやかに西側に傾斜した石敷きが見つかりました。

二〇一一年の調査では、直線構成でかぎの手状に折れ曲がり、南に広がる石敷きが検出できました。ここからは、奈良時代初めの須恵器《すえき》・土師器《はじき》、平瓦《ひらがわら》、鬼瓦《おにがわら》が出土しています。さらに、コナベ古墳の外堤上では東西、南北の方位をそろえた掘立柱建物が二棟分、見つかっています。大和二六号墳の墳丘を「借景」や「築山《つきやま》」のように見立てたのでしょう。建物はそれを眺めるための施設かもしれません。

2011年、奈良県立橿原考古学研究所の調査で大和二六号墳（正面）の周辺から石敷きが見つかった（写真・著者）

東側の大和二〇号墳（飛地い号）でも同様の例が確かめられています。一九九七年の発掘調査で、大和二〇号墳の周濠を利用して、墳丘側の裾ぎわに丸い石が敷かれていることがわかりました。奈良時代前半の多量の瓦や塼《せん》、凝灰岩などを埋めた穴も見つかっています。付近に大規模な奈良時代の建物があったと考えられています。

平城宮の北方域には、『続日本紀』天平元年（七二九）をはじめとして何度も記事に出る松林苑《しょうりんえん》とよばれた苑池存在が想定されています。苑内では、聖武天皇の出御《しゅつぎょ》のもと宮廷の年中行事に当たる正月一七日の大射、三月三日の曲水宴、五月五日の騎射が催されました。コナベ古墳周辺も苑内に取り込まれていたとみる説があります。

また別に、法華寺の庭園、嶋院《しまのいん》に関係づける考えがあります。法華寺には、庭園として嶋院・中嶋院・外嶋院の三つの嶋院があり、これらの施設で大規模な写経《しゃきょう》事業が行われたことが正倉院文書からわかっています。コナベ古墳が近世まで法華寺領であったこと、大和二〇号墳の南側に法華寺の墓地があること、その北側の調査で法華寺の創建瓦が出土したことを理由とします。

さらには、法華寺や海竜王寺の前身が藤原不比等《ふひと》邸であったといわれており、庭園の元は不比等邸など貴族の邸宅に関係した可能性も考えておきたいと思います。

どうやら、平城宮の周辺に存在した古墳を奈良時代に庭園施設としたことは、特異なことではないようです。発掘調査で確かめられている例に限ってみても、塩塚《しおづか》古墳の前方部、猫塚《ねこづか》古墳の周濠、市庭古墳の後円部、コナベ古墳の陪塚（大和二〇号墳、二六号墳）の周濠、平塚二号墳の周濠をあげることができます。分布範囲は松林苑推定域にとどまりません。

コナベ古墳と陪塚の大和二〇号墳、二六号墳
（写真・朝日新聞社）

奈良時代の人々は、都づくりで古墳の墳丘を残す場合、庭園の借景や築山に改変することで「墓」ではなく「山」としての意味に、転化させたのではないかと私は考えています。

㉜ 道路の下に円筒埴輪列——ウワナベ古墳❶

車で奈良から京都へ向かう国道24号（奈良バイパス）を、多くの人が利用しています。奈良市立一条高校がある交差点を越えて北に走ります。交通量も多く、街路樹も高く密生しているので、ほどなく西側に見えてくる巨大な前方後円墳の姿に気づくことは、ないかもしれません。ましてや、通過する道路の下が、その古墳の外堤であって、かつて円筒埴輪が隙間なく立て並べられていたことを知る人は、よほどの「事情通」でしょう。㉝の写真のように空から見れば一目瞭然、古墳の外堤が道路になっています。

佐紀古墳群を代表するウワナベ古墳です。コナベ古墳、市庭古墳につづき、古墳時代中期中葉（五世紀中ごろ）に築かれました。前方部を丘陵の先端に当たる南側に向けています。奈良市法華寺町にあり、墳長二五五メートル、後円部直径一三〇メートル、西側に造り出しをもち、盾形周濠がめぐります。前方部南側での周濠幅は六〇メートルもあります。

長めの前方部と同一の水面でめぐる幅の広い周濠が、特徴です。外堤の外側には外周溝が備わります。宮内庁は、特定の人物の陵墓とは決めず、「宇和奈辺《うわなべ》陵墓参考地」として、墳丘部分を管理しています。造り出しからは、須恵器に加えて土師器の小形高杯・鉢・笊形土器、魚形土製品・棒状土製品・杓子《しゃくし》形土製品が採集されています。食物を用いた祭祀に関係した品々だと思います。

古代には、王者や神に食物を捧げる儀礼がありました。『古事記』『日本書紀』『風土記』には、地方豪族が服属の証しに食物を献上した記事が出てきます。平城宮に届けられた贄《にえ》（天皇の食物として貢《みつ》がれた山海の珍味）も、こういった儀礼に起源があるとされています。造り出しに儀礼を行う場所としての機能があったのでしょうか。でも、事は簡単ではありません。古墳での出土は、王の宮殿など別の場所で行われた祭祀を、ミニチュア土器や土製品による仮器《かき》で再現しただけかもしれません。

さて、はじめにふれたバイパス道路とウワナベ古墳の関係ですが、建設にともなう奈良国立文化財研究所（当時）による事前の発掘調査が一九六九、七〇年に行われています。調査区の東南隅での東側外

上　ウワナベ古墳の外堤上を通る国道24号（写真・著者）
下　ウワナベ古墳外堤の円筒埴輪列（写真・奈良文化財研究所）

堤の上面幅は三〇メートル、外周溝の幅一〇メートル、西北で確かめられた上面幅は二四メートルですから、南北で幅が異なるようです。

前ページ下の写真は、外堤の外側斜面（法面）の肩に並べられた円筒埴輪列です。さらに、外堤の内側斜面の肩にも円筒埴輪列があったことが確かめられています。つまり、外堤上には内側と外側に二重の円筒埴輪列があります。総じて内側二四八四本、外側二八七三本が立てられたと推計されています。

ウワナベ古墳の東側外堤がバイパス道路に変じたのには、一九六〇年代後半の高度経済成長と急激な車社会の到来という社会情勢が背景にありました。奈良にも時代の波が押し寄せたのです。当初の計画ルートは、ウワナベ古墳の西方を通る予定でしたが、平城宮東院庭園（現在、国特別名勝）などの新たな発見が相次ぎました。そのため有識者の反対を招き、やがて国会の採りあげるところとなり、ついに一九六八年四月に保利茂建設大臣はルート変更を表明します。そして、新ルートがウワナベ古墳東側外堤を通ることになりました。

「あちらを立てれば、こちらが立たず」の典型のような話です。この先、現在の道路を見直してウワナベ古墳東側外堤を「復活」させるような知恵が出ないものかと私は思います。

㉝ 渡来の鉄 王者の証し――ウワナベ古墳❷

延《の》べ板というと「金」の、と付けたくなりますが、古墳の出土品には鉄の延べ板があります。両端を撥《ばち》形に広げた薄い板で、鉄鋌《てってい》とよんでいます。一般的には、鉄製品をつくるための地金《じがね》だと考えられています。

ウワナベ古墳の北側にある陪塚のひとつ、直径二五メートルの円墳の大和六号墳（旧陪冢ろ号）では、鉄鋌が埋納されたままの状態で見つかりました。近畿中部の古墳時代中期の大型前方後円墳の陪塚には、時折、人体埋葬がなく、副葬遺物だけの大量出土が見られます。大和六号墳の場合は、鉄鋌がその中心でした。

それというのも、日本列島では弥生時代後期ごろから道具の鉄器化が進みますが、砂鉄や鉄鉱石から鉄を生み出す技術は、六世紀ごろまでもてなかったようです。それまでは、おもに朝鮮半島南部の地域との交渉によって、鉄を得なければならなかったと考えられています。

鉄は農具や開墾用具の刃先となりますから、農業生産や土地開発には欠かせません。もちろん、刀剣やヤリ・矛《ほこ》・甲冑といった武器、武具にもなります。古墳時代の王者にとって鉄の確保は、力の見せどころであったに違いありません。

大和六号墳の発掘調査は、敗戦からまだ半年も経たない一九四五年一二月二六日から四六年一月八日の間のことでした。コナベ古墳とウワナベ古墳の北方は、今は航空自衛隊奈良基地となっていますが、当時は占領米軍のキャンプでした。もともと軍用地だったところに米軍がやってきて大和六号墳を削って施設を建設しようというのです。

調査者のひとりに、のちに同志社大学で考古学を教えることになる森浩一がいました。著書に当時の様子を次のように記しています。

「先輩たちは米軍に気をつかって、写真もとらず図面作りもしないという。戦争中、陸海軍の要塞など軍の施設で写真をとるなど考えられないことで、その延長として配慮してのことであろう。だがせめて

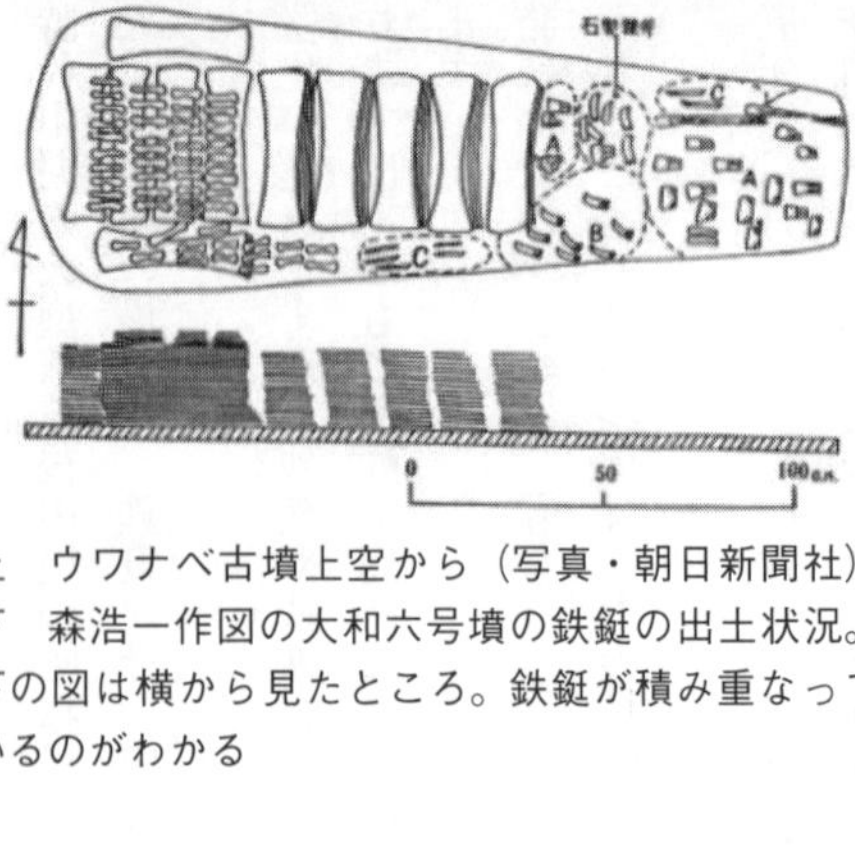

上　ウワナベ古墳上空から（写真・朝日新聞社）
下　森浩一作図の大和六号墳の鉄鋌の出土状況。下の図は横から見たところ。鉄鋌が積み重なっているのがわかる

図面はとりたい。僕は自力で実測図のもとになるようにスケッチを描きだした。ブルドーザが作業を始めてもスケッチをつづけたら、兵士は埋納箇所をあとにして古墳のはしから取りこわしをしてくれた」

墳丘頂上部中央の表土直下で、大形鉄鋌（長さ三〇―四八センチ、幅五―一〇センチ）二八二枚、小形鉄鋌（長さ八―一八センチ、幅一―二・五センチ）五九〇枚が出土しました。大形鉄鋌は紐で束ねられて、積み上げられていました。総重量は一四〇キロ、日本列島で最大の出土数量です

図に見るように、朝鮮半島南部の新羅《しらぎ》や加耶《かや》地域の古墳からも鉄鋌は出土しています。鉄生産の本場

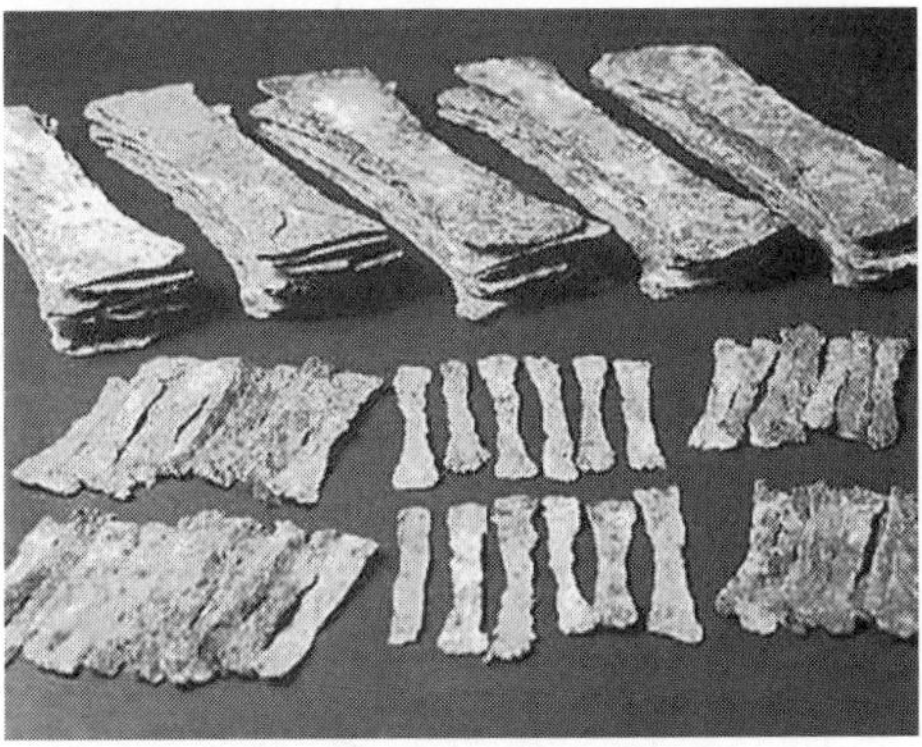

上　鉄鋌の出土状況図。朝鮮半島南部と日本列島の遺跡から同じ形状の鉄鋌が出土（東潮『古代東アジアの鉄と倭』をもとに作成）
下　大和六号墳の鉄鋌（写真・宮内庁）

での多さには圧倒されます。新羅の都、慶州にある皇南大塚南墳の一三三二枚が最大ですが、大和六号墳の鉄鋌は、形態的な類似性から洛東江《らくとうこう》下流域の加耶諸国にあたる釜山・金海の地から供給されたという考え方が有力です。

大和六号墳は地上から姿を消しましたが、アメリカ占領下の切迫した状況のなかで記録が取られ、回収された大和六号墳の鉄鋌は、「倭の五王」の時代となる五世紀中葉のヤマト政権と加耶との交流、それがもたらした鉄の安定供給の証拠ともいえる資料となりました。

㉞ 立派な二重の盾形周濠――ヒシャゲ古墳❶

ヒシャゲないしはヒシヤゲという名の前方後円墳があります。コナベ古墳とウワナベ古墳の北西にあり、佐紀古墳群で最後に造られた古墳時代中期後葉（五世紀後半）の大型前方後円墳です。奈良市佐紀町に所在します。

江戸時代中期の幕府による元禄修陵では、平城天皇の「楊梅陵」とされましたが、一八七五年（明治八）一一月に仁徳天皇の皇后で『日本書紀』に「乃羅山《ならやま》」に葬られたと記された磐之媛命《いわのひめのみこと》の「平城《なら》坂《さかの》上陵《えのみささぎ》」となりました。

ヒシャゲとは、なんとも不思議な名です。日本の古墳の名付けはさまざまで、江戸時代やそれ以前から、その土地の人々がよんできた名前があります。

大きさから大塚と称す場合や、その形状から瓢簞山《ひょうたん》、茶臼《ちゃうす》塚、鑵子《かんす》塚、行燈山とする場合、狐や猫のねぐらとなっていたのでしょうか、狐塚、猫塚もあります。そういえば、蛇塚、狼塚もありました。被葬者の位のことを思ったのか、王塚、将軍塚、侍塚もあります。和歌山県の岩橋《いわせ》千塚古墳群には、知事塚、郡長塚もあります。次のような場合もあります。

天理市の渋谷向山古墳は単に、「山」とのみ、地元の渋谷で保管されてきた区有文書に記されていました。向山という名もとくに古墳に由来したものでもなさそうです。まして、陵墓に関連した名でもないでしょう。

名付けの由来はさまざまですが、考古学による遺跡の命名は地元の伝統ある呼称を第一としてきました。

ヒシャゲは、池となった古墳の周濠から菱《ひし》の実が採れることを「ひし」の「あがり」と形容して〝ひ

上　ヒシャゲ古墳 南上空から（写真・朝日新聞社）
下　ヒシャゲ古墳内堤の一部が公園となっており、複製の円筒埴輪が立つ（写真・著者）

しあげ〟とよんだものが転じてヒシャゲになったものと、かつて私は勝手に思い込んでおりました。ですが、おそらくは前方後円の形状を柄杓《ひしやく》と見立てたことに発する呼び名ではないかと今では思っています。いずれにせよ、名付けは昔の人が、村の傍らにある古墳をどのように思っていたのかを知る手掛かりですから、歴史資料として大切です。

さて、ヒシャゲ古墳ですが北から延びる丘陵を利用して南向きに墳丘を築いています。墳長二一九メートル、後円部直径一二五メートルに対して前方部幅一四五メートルと、前方部は開き気味です。段築は三段で造られたようですが、陵墓地形図を見ると等高線に乱れがあって不明瞭です。東側のくびれ部には造り出しがあります。陪塚として北側に円墳二基、北東側に方墳二基がともないます。

周濠は二重です。水が入っていますので、二重の盾形周濠の様子がよくわかります。前方部中央付近南側で内濠幅三〇メートル、内堤幅二〇メートル、外濠幅二〇メートル、外堤幅一二メートルになります。

市庭古墳、コナベ古墳、ウワナベ古墳の周濠の二重目は内濠よりも規模が浅く小さいものです。そのまま外濠とはよばないで、外堤を画する溝という意味で外周溝とよぶこともあります。それらに比べて、ヒシャゲ古墳の二重目の規模は立派です。外濠と解釈しても、よいでしょう。

文化五年（一八〇八）に完成した文化山陵絵図の『廟陵記《びょうりょうき》』には、前方部側が二重周濠に描かれ、「池廻リ土砂為シ壺伏セ」と添えられています。これは堤上の埴輪列のことでしょう。

一九九三年には、奈良県立橿原考古学研究所の発掘調査が、後円部東側くびれ部あたりの内堤部分で行われました。円筒埴輪が列をなして見つかっています。また、外濠を横断する渡土堤の存在も確認されました。

調査地は、県の風致保全整備事業の公園となり、一部は遺構復元がなされ、複製の円筒埴輪が立っています。静かな住宅地の一角にあります。説明板も備えられています。是非とも訪れてみて下さい。古代との対話の回路が通じるかもしれません。

㉟ 近畿の大古墳群の終焉――ヒシャゲ古墳❷

ヒシャゲ古墳出土の円筒埴輪は、丘陵の斜面をトンネル状に掘り、温度を高くした窯（窖窯《あながま》）で焼かれたものです。これで規格のそろった埴輪が、大量に生産されるようになりました。須恵器作りの工人の技術が背景にあったと考えられています。古墳時代中期中葉（五世紀中ごろ）以降に多く用いられました。

奈良盆地北部では奈良市の菅原東《すがはらひがし》遺跡埴輪窯が知られています。ただし、操業は古墳時代前期に始まりますが、その中心は古墳時代後期（六世紀代）です。ヒシャゲ古墳が造られた中期後葉（五世紀なかば以降）とは時期差があります。どこか別の場所だとすれば佐紀丘陵北方が製作地の候補地ですが、まだよくわかっていません。

ヒシャゲ古墳の円筒埴輪は、大阪府藤井寺市にある墳長二三〇メートルの市野山《いちのやま》古墳（現、允恭《いんぎょう》天皇陵）の外堤出土の円筒埴輪と共通点が多いといわれています。市野山古墳は古市古墳群を構成する大型前方後円墳のひとつです。

標準となる市野山古墳の円筒埴輪は、底部の直径三八センチ、高さ七〇センチ、口縁部はバケツの口のようにまっすぐ上に開きます。途中に段となる粘土の帯が貼り付けられています。これをタガ（箍《たが》）または突帯（凸帯）とよんでいます。底から数えると七段の規格品です。

埴輪の整形の最終段階に、外側の表面を薄板の木口《こぐち》部分を使って横方向に埴輪から離さず、整えていくB種ヨコハケと名付けられた技法で仕上げています。次ページの写真にこの技法で仕上げた大阪府羽

中期後葉の前方後円墳の比較

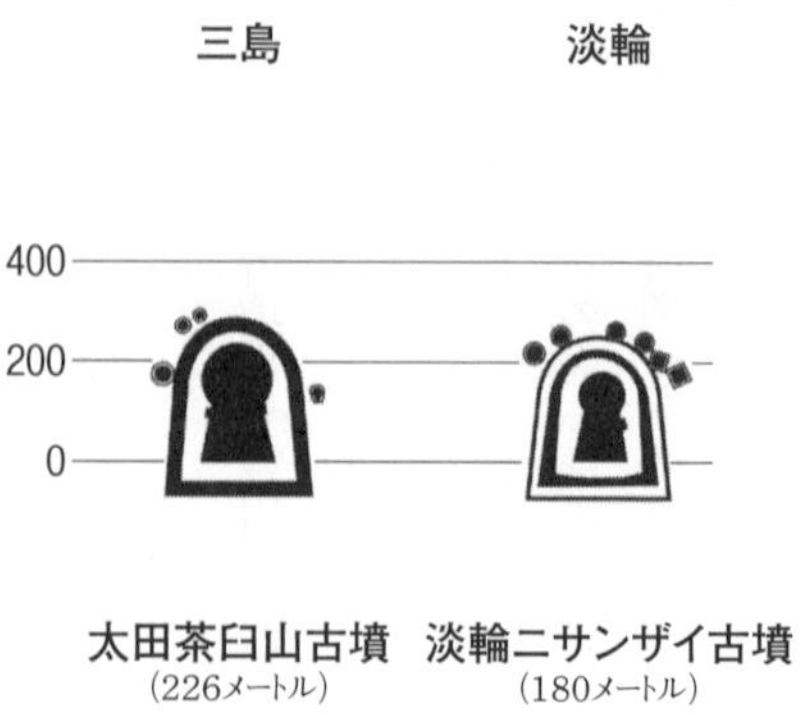

大阪府羽曳野市の誉田御廟山古墳（現、応神天皇陵）の円筒埴輪（写真・大阪府教育委員会）

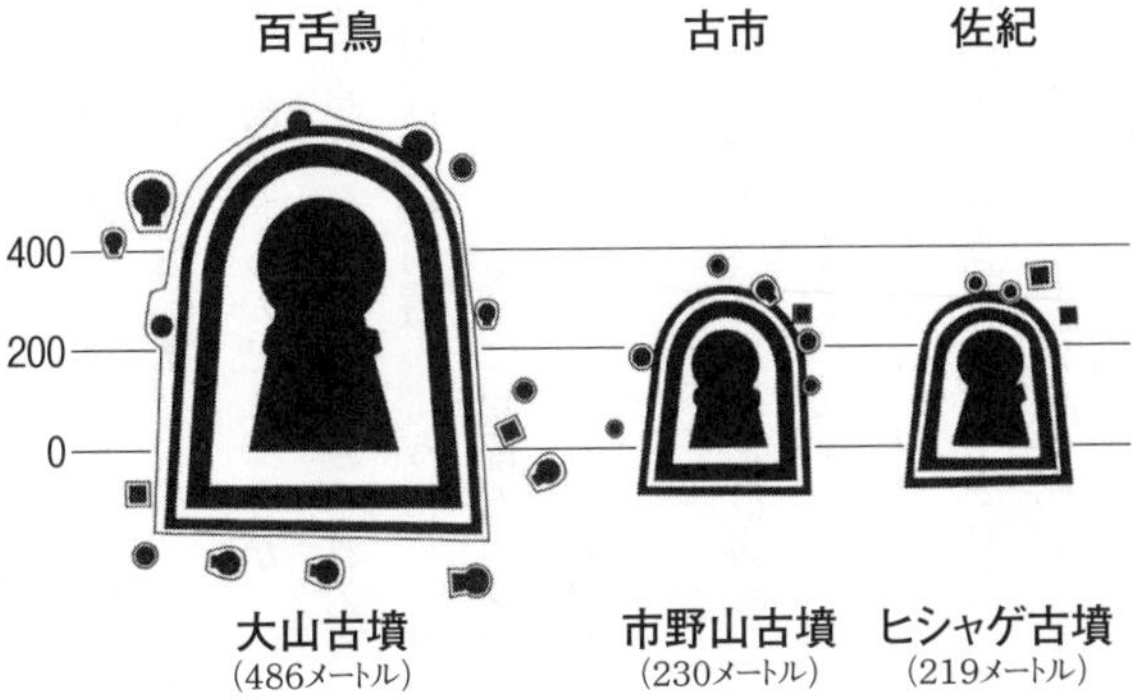

曳野市の誉田御廟山古墳《こんだごびょうやま》（現、応神天皇陵）の円筒埴輪を示しました。円筒埴輪の型式学研究はかたちの変化もポイントですが、このような技法上の変化にも重点が置かれます。

ヒシャゲ古墳と市野山古墳は、ほぼ同じころに築かれました。その後に古市古墳群では、墳長二四二メートルの大阪府藤井寺市の岡ミサンザイ古墳（現、仲哀天皇陵）が築かれます。さらに後期の前方後円墳がつづきますが、規模は小さくなります。百舌鳥古墳群でも、墳長四八六メートルの堺市の大山古墳《だいせん》（現、仁徳天皇陵）の築造が終わると、次は墳長三〇〇メートルの堺市の土師《はぜ》ニサンザイ古墳（東百舌鳥陵墓参考地）で、大型前方後円墳の造営は終わります。

範囲を広げると、市野山古墳が造られた時期に淀川北岸の三島《みしま》地域では、墳長二二六メートルの茨木市の太田《おおだ》茶臼山古墳（現、継体天皇陵）が築かれます。直後につづく大型前方後円墳はありませんが、六世紀前半に北東に約一キロ離れて、真のヲホド王（継体大王）の墓とされる大阪府高槻市の今城塚《いましろづか》古墳が築かれます。大阪南西端、紀淡《きたん》海峡を臨んだ岬《みさき》町の丘陵上には、墳長二一〇メートルの西陵《さいりょう》古墳が築かれます。つづいて墳長一八〇メートトルの淡輪ニサンザイ古墳（現、五十瓊敷入彦命墓《いにしきいりひこ》）が築かれます。

あらためて、ヒシャゲ古墳が築かれた前後を見ると、大山古墳の墳丘規模が断トツの大きさです。それに次ぐのが市野山古墳、太田茶臼山古墳、ヒシャゲ古墳、淡輪ニサンザイ古墳です。古墳編年上は多少、前後するのでしょうが、いずれも墳長が二〇〇メートル前後、ほぼ似た規模で築かれます。これらより早く築かれたとみられるウワナベ古墳は、墳長二五五メートルとはいえ、百舌鳥・古市古墳群の超大型前方後円墳のように、二九〇メートルを越すことはありません。

つまり、これは政権内ナンバー2が近畿中部の要所に複数、存在したということを表しているのではないでしょうか。それぞれ職務を分担して、中央政権の運営にたずさわったことを示すのではないでしょうか。

それにしても古墳時代前期と異なり、百舌鳥・古市古墳群の超大型前方後円墳は圧倒的に巨大な規模で築かれました。それらの古墳に眠る被葬者が際立つ権力を掌中に収めていたのでしょう。

中国文献である『宋書』には、倭国から四四三年に中国南朝の宋に使いを出して官爵《かんしゃく》として安東将軍倭国王に任命（除正）された「済《せい》」、四六二年に安東将軍倭国王に任命された「興」といった「倭の五王」後半の大王が記されています。ヒシャゲ古墳の被葬者は、同時代を生きた市野山古墳や太田茶臼山古墳の被葬者と共に大王の部下として、古墳時代中期後半のヤマト政権を中枢で支えた人物のひとりではなかったかと、私は推定します。

第3章

佐保・春日ほか (奈良盆地北部)
生駒・斑鳩ほか (奈良盆地北西部)

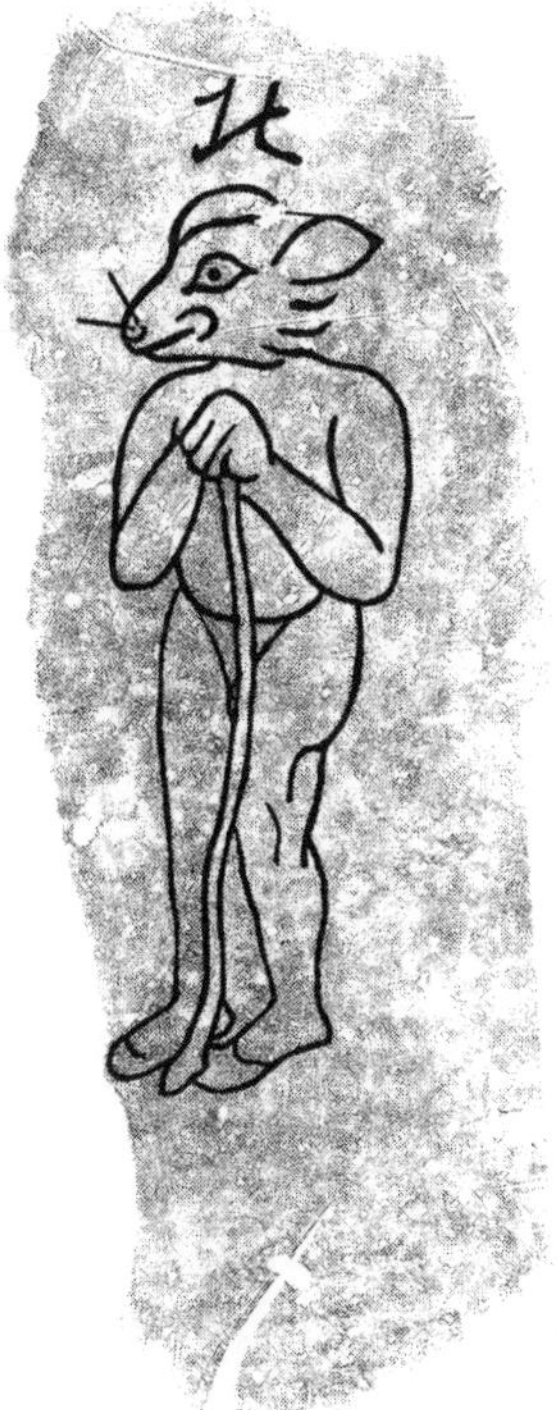

「那富山墓」の墳丘裾に置かれた隼人石の拓本(『石の文化 古代大和の石造物』より)

㊱ 消えたホウラク塚を追う――佐保の墳墓❶

「どなたかホウラク塚を知りませんか」。奈良市の佐紀古墳群から国道24号とJR大和路線をはさんだ東側は、ふたたび丘陵となります。一帯を佐保《さほ》とよび、法蓮《ほうれん》の町並みが続きます。ホウラク塚は、その一角にあったはずです。

幕末から明治にかけて山陵の考証に活躍した谷森善臣《たにもりよしおみ》（一八一七―一九一一）による踏査の記録『藺《い》笠《がさ》のしづく』に、ホウラク塚は出てきます。今、その名はありませんが、宮内庁が管理する奈良市法蓮町境目谷の大山守《おおやまもり》命の「那羅山墓《ならやまのはか》」となる天皇陵古墳が、ホウラク塚ではないかと私は推測します。

大山守命は『古事記』『日本書紀』に仁徳《にんとく》天皇の異母兄として登場します。「那羅山墓」は、明治政府が設けた陵墓で、一八七七年（明治一〇）四月に決定されました。平安時代に作成された『延喜式』にも載らず、古代に大山守命墓が設けられていた確証はありません。

『藺笠のしづく』の安政四年（一八五七）四月一七日の行程を見てみましょう。この日は好天の朝でした。谷森は聖武《しょうむ》天皇陵や「七疋狐《ななひきぎつね》」（㊲で述べる獣頭人身像）のある稲荷社（現在の「那富山《なほやま》墓」）などを訪ね、筥石《はこいし》（元明《げんめい》天皇陵碑で、箱石とも表記）を再訪します。

そこで、当時、筥石が置かれていた春日社（現在の奈良豆比古《ならつひこ》神社）の前の家で、奈良坂より一八町（約二キロ）ばかりのところにあるホウラク塚の情報を聞き込みます。昼食をとろうと東大寺近くの旅宿となる輾磑《てがい》（現在の奈良市手貝町）に戻ると、「時は未《ひつじ》の終なるべし」とありますから、午後三時すぎ

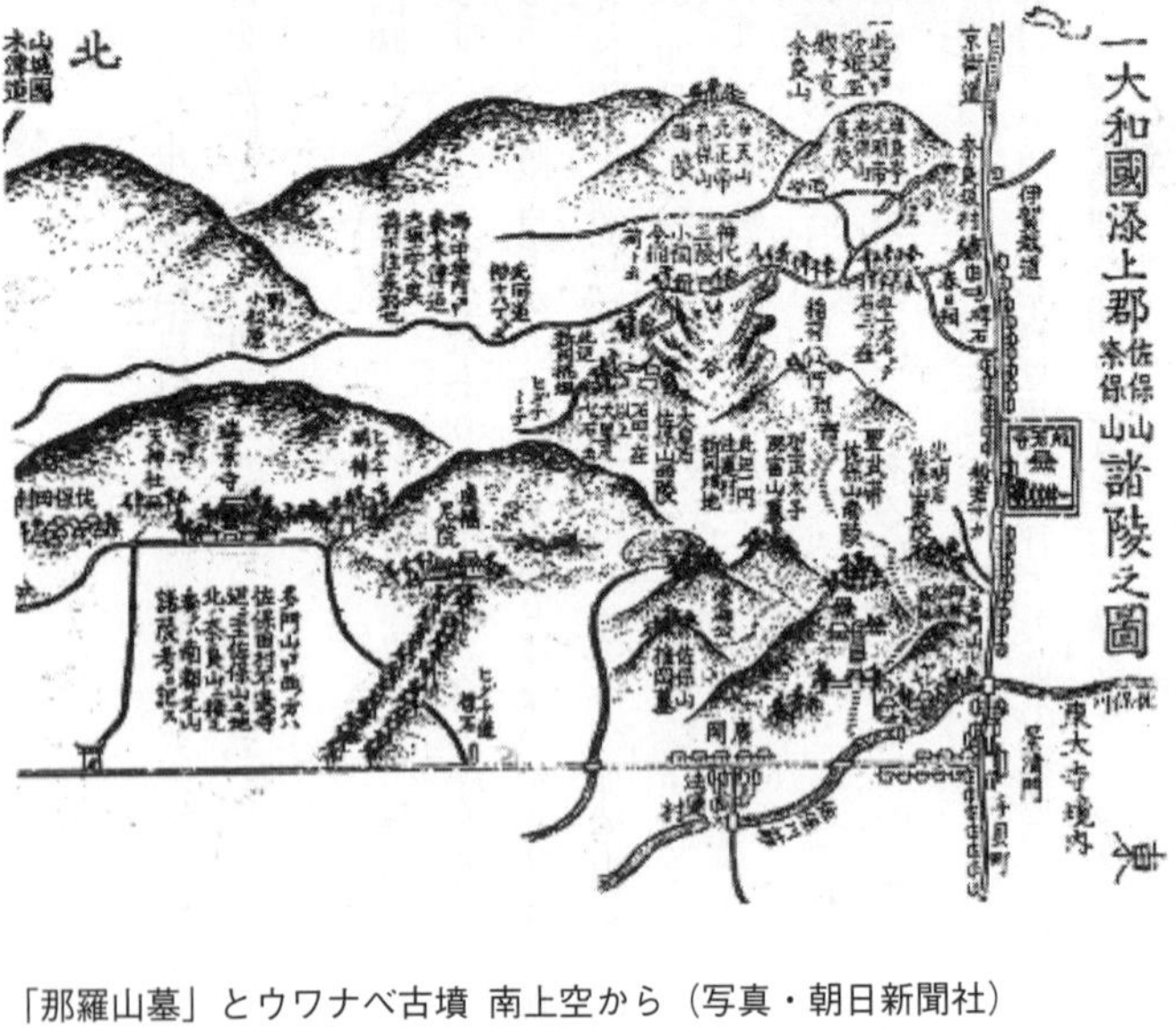

上　「那羅山墓」とウワナベ古墳 南上空から（写真・朝日新聞社）
下　幕末の『聖蹟図志』に描かれた現在の奈良市の佐保地域。絵図の中央を東西に走る道が「十八丁」とよばれた街道

でしょうか。

昼食後、ホウラク塚を探しに出かけました。不慣れな山道をたどり、ようやく人里近くに来ると、田をへだてた南の山にそれらしき塚を見つけます。

畔《あぜ》をつたい、南にある峯を登ります。そして「山頂に円く作りし墓なるべし。塚のめぐりの土中に、壺の破たるがあまたみゆめり」、次いで「前の方《ケタ》などもなくたゞ円くのみ作りし趣に拠考ふるに、大山守皇子の那羅山の墓にもやあらましなどおもひなされつ」と記します。

丘陵頂上に立地する円墳で、円筒埴輪《はにわ》列が備わることがわかります。谷森は前方後円墳ではないので、天皇陵に相当するとは考えず、皇子墓ではないかと考えたのです。結果的に、この谷森の意見が反映して「那羅山墓」になったのだろうと推測します。

遺跡の基本台帳である『奈良県遺跡地図』では、直径一〇メートルの円墳とありますが、それ以上の情報は記されていません。一九五五年に刊行された小島貞三《こじまていぞう》の『史蹟と古美術 大和巡礼』に、付近で埴輪の破片が散らばるという記述があります。でも、本体がある丘陵の頂上へ近づけないので、埴輪の有無を確かめることはできません。

現在、この「那羅山墓」は奈良教育大学附属中学校の校門の前の道を北に進むと、見えてくる丘陵頂上（標高一一六メートル）に遠望できます。丘陵の南側一帯には住宅が広がります。しかし、かつての街道は丘陵の北側にありました。山間をぬう山道が今もあります。

幕末の『聖蹟図志《せいせきずし》』によれば、この山道は通称「十八丁」といい、木津（現在の京都府木津川市）と中垣内（現在の大阪府大東市）をつなぐ街道でした。「大坂商人」の魚荷が往来する道だと説明しています。谷森はこの山道を通ったに違いありません。だから、南側にホウラク塚を見たのです。

このように、近隣に聞こえたホウラク塚でしたが、近代に陵墓とされたために在地社会から切り離されました。それで、地域呼称として馴染みのあったホウラク塚の名は失われたのでしょう。

上　西から見た「那羅山墓」（奥の山頂）
下　南から（ともに写真・著者）

㊲ 獣頭人身 四体の石像——佐保の墳墓❷

獣頭人身像といえば、奈良県明日香村のキトラ古墳の壁画を思い浮かべるかもしれませんが、奈良市法蓮佐保山三丁目の大黒ヶ芝にある「那富山墓」には、古くから知られた獣頭人身の石像が四体あります。閉園となった奈良ドリームランドの正門北側の丘陵上にあります。

那富山墓は、生後三三日目に皇太子となるものの、神亀《じんき》五年（七二八）九月にわずか二歳で夭折《ようせつ》した聖武天皇と光明《こうみよう》皇后の皇子の墓として、明治政府が一八七九年（明治一二）に定めました。

獣頭人身の石像は、八世紀ごろの朝鮮半島の新羅《しらぎ》で、王陵を護《まも》るために墳丘の裾まわりに置かれた十二支像と関係があると説かれています。「隼人石《はやといし》」の名で知られていますが、江戸時代には、七疋狐などとよばれていました。

嘉永七年（一八五四）の平塚瓢斎《ひらつかひようさい》の『聖蹟図志』には、丘陵の頂上に向かい鳥居をつらねた稲荷社と石像が描かれており、「丘上犬石ト云 石三ツ在」との記述があります。石像は「犬石」とよばれることもありました。

㊱に登場した谷森善臣はここへも足を運んでいます。安政四年（一八五七）の『藺笠のしづく』には「頂なる稲荷の小社は、南むきに立て、めぐりに土塀を築めぐらしたり」とあります。

そして、社の西南に「狐石」一体が仰向けに倒れ、その北側に短いもう一体が立つ。社の東にも短い一体が立ち、これら三体を七疋狐というが、もとは七体分があったのだろうと記しています。石像は三

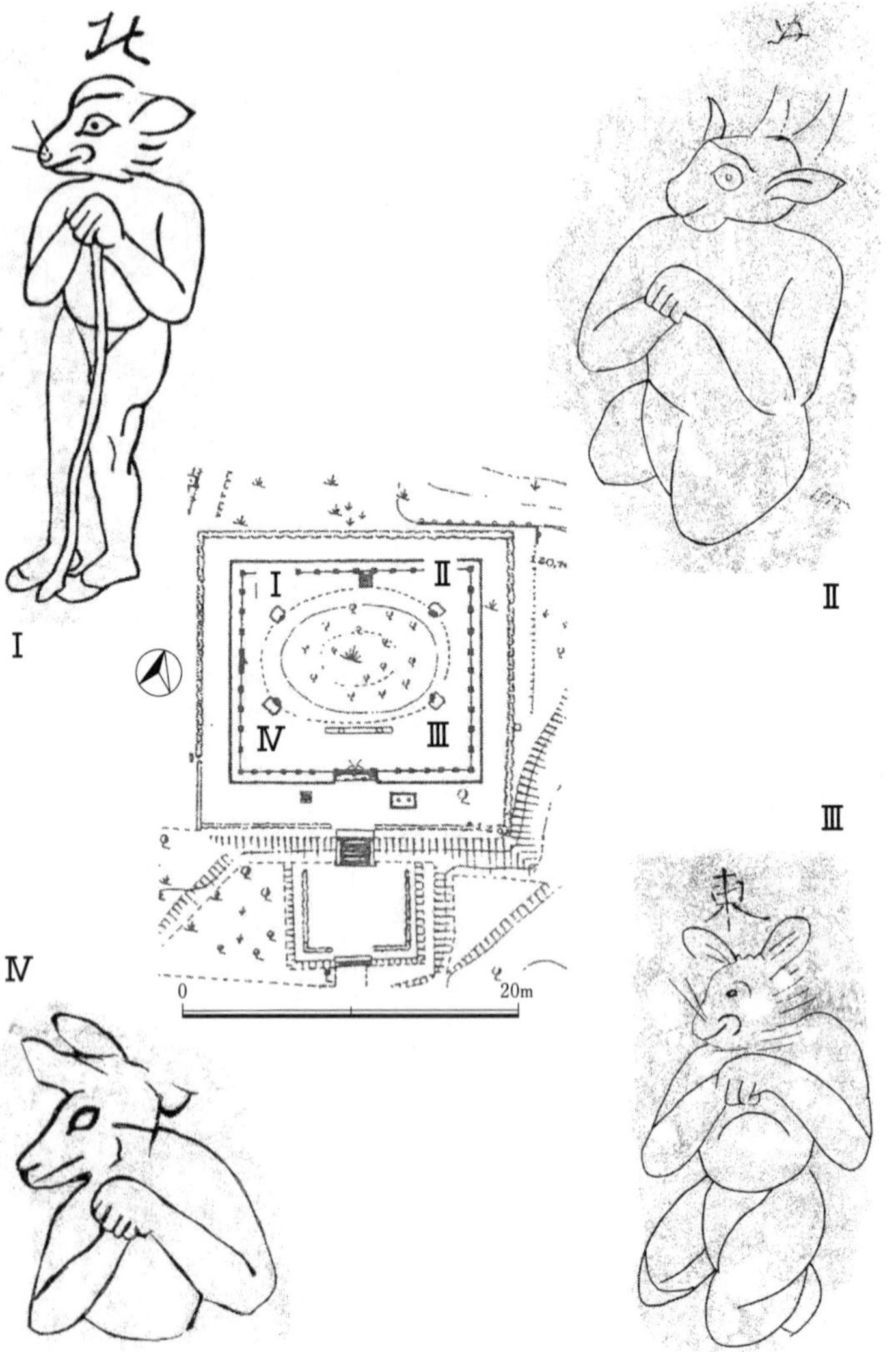

「那富山墓」の石像の配置図（「元明天皇陵内陵碑・那富山墓内「隼人石」・桧隈墓内「猿石」の保存」『書陵部紀要』51より一部改変）
Ⅰ北西の像の拓本、Ⅱ北東の像の拓本、Ⅲ南東の像の拓本、Ⅳ南西の像の拓本（図像を黒い線で強調。橿原考古学研究所編『石の文化　古代大和の石造物』より）

体分で、置かれた状態も今とは異なります。

石像の詳細な調査が、一九九八年に宮内庁と奈良県立橿原考古学研究所の共同で行われました。よく知られているのは、現在、墳丘の北西に立つ石像（Ⅰ）です。石柵の隙間から見ることができます。高さ一二七センチ、幅五〇センチ、厚さ三二センチ、獣頭の上に「北」の線刻があります。両耳は横方向になびき、鼻は細長く先は丸くなり髭《ひげ》が二本、上向きに生えています。杖《つえ》を身体の中央に持つ立像です。腰には褌《ふんどし》の線刻があり、両脚の爪先にも線刻があるのは履《くつ》でしょうか。北の刻字によるならば、狐でもなく、犬でもなく、十二支の最初の子《ね》の像を表現したものでしょう。材質は、カナンボ石と通称される安山岩で、ほかの石像も同じです。

北東の像（Ⅱ）は、高さ九一センチ、幅五七センチ、厚さ三七センチ。褌を着け、両膝《りょうひざ》をつけて座っています。両耳の後方にある二つの突起は角でしょう。獣頭の上に「丑《うし》」の字に見える線刻があるといわれていますが、一九九八年の共同調査では確定されませんでした。

南東の像（Ⅲ）は、高さ七八センチ、高さ四三センチ、厚さ三五センチ、両耳は斜め上、丸みのある顔の輪郭となり、鼻から上向きに髭が生えています。獣頭の上には「東」と線刻されています。両膝をつき、爪先立ちで座っています。胸元で両手を組み、腹はやや膨らみます。

南西の像（Ⅳ）は、高さ五七センチ、幅六八センチ、厚さ五一センチ、上半身だけの表現です。胸元で両手を組んでいます。なで肩で前方に長めの耳が垂れています。両肘《りょうひじ》をつなぐ線刻は、褌の上端の表現だと考えられています。

谷森善臣の『山陵考』に、（Ⅲ）の像は奈良町の小島屋平右衛門邸の小祠《しょうし》としてまつられていたが、

「上に東といふ字さへありて、七疋狐の山なる石像と、もはら同物なるよし」などということもあり、当主がここに置いたとあります。それで、石像は四体となりました。『山陵考』の成立とされる文久二年（一八六二）に近いころのことでしょう。

維新後の明治政府は、皇后陵や皇子墓を決める政策を進めました。㊱の那羅山墓も同様です。でも、考古学の立場から見れば、皇子の葬地が「那富山」であったと『続日本紀』は記しますが、実際に奈良時代の皇子墓がどのようなかたちで、佐保山のどこにあるのか、それを明らかにすることが課題です。

㊳ 絵図が示す横穴式石室——法蓮北畑古墳❶

佐保は、聖武天皇や光明皇后といった奈良時代の天皇・皇后・皇子・高位の貴族の葬地でした。でも、実際にどのような墓であったのか、わかっていないことが多いのです。

すでに火葬が採用されていることや、葬儀を簡素にする薄葬《はくそう》の考え方が定着していましたから、飛鳥時代までと同様に古墳が造られたとは思えません。ありていにいえば、あまり目立たない墓を造ることが、時代の流れでした。それだけに、葬送の年や場所が記録された人物の陵墓であっても検討すべき点が多くあります。

次ページの幕末の山陵絵図『大和国帝陵図』を見て下さい。現在、宮内庁が管理する聖武天皇の「佐《さ》保山南《ほやまみなみの》陵《みささぎ》」(奈良市法蓮町北畑《きたばたけ》)の安政二年(一八五五)ごろの様子を描いています。眉間寺《みけんじ》の本堂の北側に築垣がめぐり、門があります(右図)。山陵に登る道があり、嘉永七年(一八五四)の聖武天皇の千百年忌に建立された石灯籠《いしどうろう》と鳥居が立ち、円形とみられる柵が墳丘を囲っています。墳丘を見ると、石材が二ヶ所に描かれています。

「頂上ノ図」は、その拡大部分図です(同左図)。手前に当たる南側に口が開き「穴巽向《たつみ》」「此石三尺四寸」と説明があります。北側は穴の内部が上から見えて、壁には丸い石が三段ほど積まれ、上に「石蓋方五尺」の大きめの石が描かれています。もとは天井石として架せられていた石でしょう。つまり、南東方向に開口した石室で、羨道《せんどう》部分にかかる天井石は一メートル、奥に描かれた玄室部分の天井石は

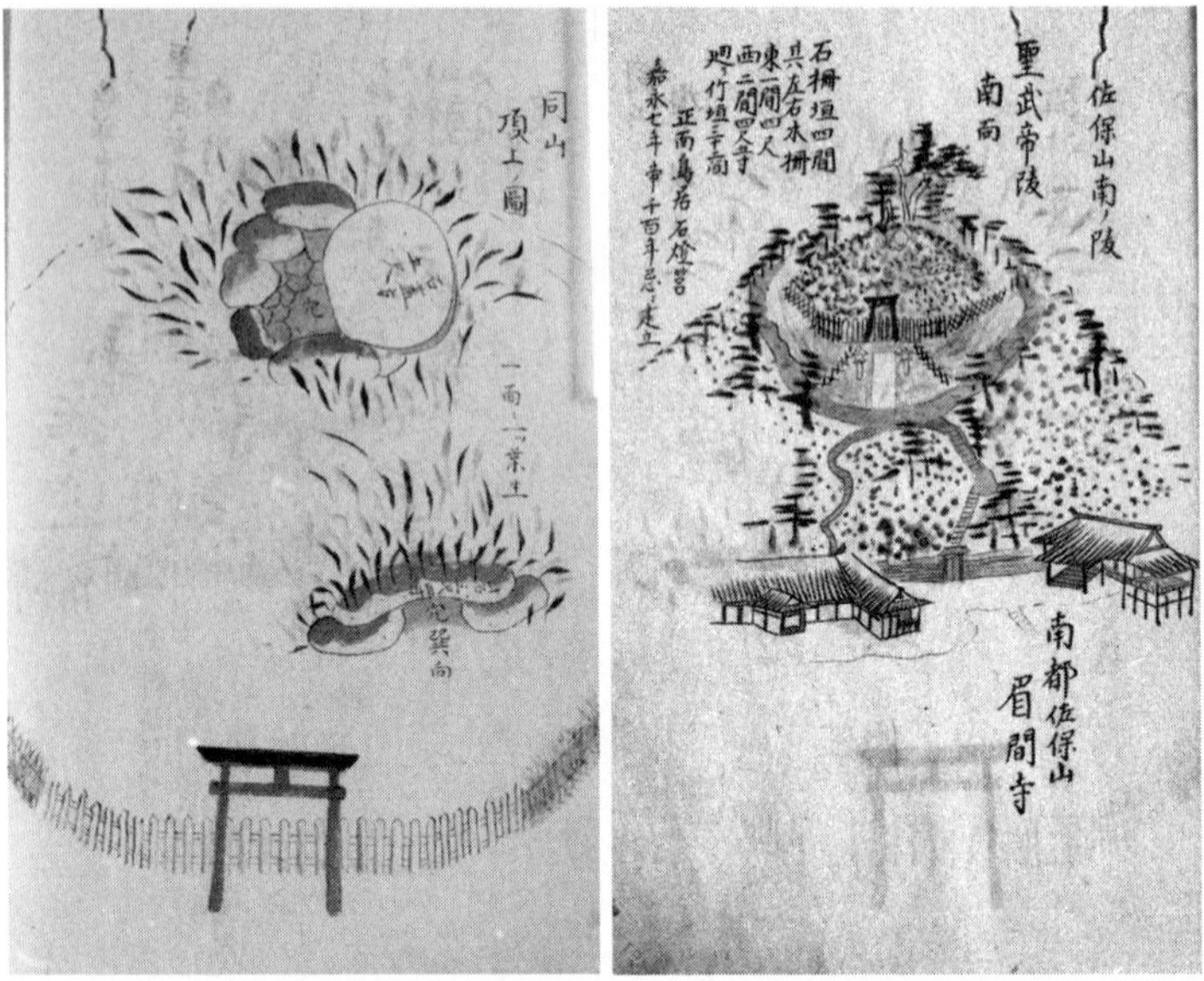

右　『大和国帝陵図』の聖武天皇陵。手前に眉間寺、墳丘部は柵で囲われる
左　『大和国帝陵図』「頂上ノ図」。穴が二ヶ所あり、石室が描かれている（ともに写真・著者提供）

一・五メートルの大きさです。

谷森善臣も訪れており、『藺笠のしづく』には眉間寺の院主に問うと「御陵の頂発けて、大石四つ顕はれて侍るといへりき」とあります。絵図に描かれた様子を谷森も見たのでしょう。頂上が開き、石が現れていたと記します。

これらの情報をもとに判断すると、意外にも聖武天皇陵の頂上部分に横穴式石室があることがわかります。大きさは、ふつうの古墳と考えるのが自然です。そこで、私は小字名を入れて法蓮北畑《ほうれんきたばたけ》古墳とよんできました。

でも、それでは先に記した「薄葬」の時代の流れに逆行しています。

これを解く鍵が、聖武天皇陵西方

の丘陵頂上の陪冢《ばいちょう》とされる古墳の存在です。それぞれ西淡海公《たんかいこう》、東淡海公の墓という伝えがあります。宮内庁は「飛地い号」「飛地ろ号」として管理しています。

淡海公とは、藤原不比等《ふひと》の死後に送られた称号です。『奈良県遺跡地図』では、低い墳丘の直径一〇メートルほどの小さな円墳が三基、記載されています。

つまり、先に古墳時代後期から終末期（六—七世紀）の小規模な群に分かれた群集墳が造られており、同じ一帯に後から聖武天皇陵が設けられたのではないでしょうか。

聖武天皇陵西方の丘陵頂上にある古墳（飛地い号、写真・著者）

また聖武天皇陵の背後に、戦国武将の松永久秀が多聞城《たもんじょう》を築きました。付近には、城郭遺構が残っています。多聞城は永禄三年（一五六〇）に築城され、天正五年（一五七七）に破却されました。戦国時代には城郭に古墳が利用され、墳丘が曲輪《くるわ》となり損傷をこうむった事例が多くあります。
このような歴史経過のなかで、聖武天皇の「佐保山南陵」や光明皇后の「佐保山東陵」、聖武天皇の母で不比等の娘であった藤原宮子《みやこ》の「佐保山西陵」の所在地にも混乱が生まれ、陵墓そのものにも損傷が及ぶようなことが起きた可能性があります。

㊴ 大石めぐる二寺の争い――法蓮北畑古墳❷

それは平安時代末期、平清盛《たいらのきよもり》が武士の力を世に知らしめた保元《ほうげん》の乱が起きる七年前のことです。久安《きゅうあん》五年（一一四九）一〇月、東大寺三綱《さんごう》（寺の内部の管理に当たる三役）は、興福寺僧の信実《しんじつ》が聖武天皇陵をあばき、数多くの大石を盗み運んだと京都の朝廷に訴え出ました。

京都の公家《くげ》による実検使《じっけんし》一行が南都にやって来て、取り調べを始めます。信実は、興福寺の持仏堂《じぶつどう》を造るために「奈保山《なほやま》」の石を少し運んだが、聖武天皇陵は「佐保山《さほやま》」にあり場所が違う。奈保山にあるのは元正《げんしょう》天皇陵であるから、東大寺の訴えは当たらないと反論します。しかも、石を採った場所は、奈保山の元正天皇陵の範囲外だと主張しました。東大寺は佐保山と奈保山は同一異名だと申し立てますが、実検使の結論は「一決し難い」という玉虫色の決着となりました。

以上は平安時代の歴史書である『本朝世紀』にのる記事で、歴史学者の角田文衞の研究があります。

ここに登場した信実というお坊さんですが、一四世紀後半に成立した系図の集大成『尊卑分脈《そんぴぶんみゃく》』では、「日本一の悪僧武勇」と記されています。教学に優れた高徳の僧侶というよりも、腕っぷしが強く僧兵の指揮能力に長《た》けた人だったとみられています。

当時、信実は上座《じょうざ》という寺の実務の最高責任者で、実質的に興福寺を主宰した人物でした。東大寺側は、相応の覚悟と確信をもった告発であったと考えられます。なにより、東大寺が聖武天皇陵の場所を間違うことは、ありえないことでした。

古代国家による陵墓の管理が行き届かなくなってからは、東大寺が聖武天皇陵への祭祀を続けていました。嘉承《かしょう》元年（一一〇六）に成立し、長承《ちょうしょう》三年（一一三四）に増補された東大寺の史料集『東大寺要録』の巻第五の「諸会章之余」には、一二月の山陵御読経の支度《したく》の品々が記されています。この山陵とは聖武天皇陵のことです。別の史料には、東大寺の大仏や堂舎に異変が起きると、しばしば聖武天皇陵に報告したことが記されています。

法蓮北畑古墳　南上空から（写真・朝日新聞社）

㊳で、聖武天皇陵は横穴式石室を埋葬施設とする古墳が当てられるようになったとしました。大きな石が必要だった信実は、この石室などの石材をねらったのではないでしょうか。

しかし、疑問もあります。そもそも奈良時代中ごろの聖武天皇陵が、果たして古墳なのでしょうか。『続日本紀』には、聖武天皇の母の藤原宮子が「佐保山陵」に火葬（七五四年）、聖武天皇も「佐保山陵」に葬られたとあり（七五六年）、さらに光明皇后も「添上郡佐保山」に葬られたと記します（七六〇年）。しかし、相互の位置関係は不明です。

一方で平安時代の『延喜式』には、それぞれ「佐保山西陵」「佐保山南陵」「佐保山東陵」という地理上の区別を示した陵名が載せられています。

聖武天皇陵への祭祀が続けられていたとはいえ、『延喜式』が編纂されるまでの間で、山陵の比定地に整理があったのではないでしょうか。とくに聖武天皇の追善供養のために、陵前に眉間寺が建てられたということもあり、見てそれとわかる墳丘がある法蓮北畑古墳をあらためて山陵本体に取り込んだのかもしれません。

上　聖武天皇陵近景。手前に眉間寺、奥に多聞城があった
下　佐保山東陵（光明皇后陵）の拝所（ともに写真・著者）

㊵　市街地の真ん中に古墳――念仏寺山古墳

　市街地の真ん中、奈良市油坂町山ノ寺に念仏寺山《ねんぶつじやま》古墳はあります。ほかに弘法山古墳、坂上山古墳、山の寺古墳の呼び名があります。宮内庁が、第九代の開化《かいか》天皇の「春日率川坂上陵《かすがのいざかわのさかのえのみささぎ》」とする前方後円墳です。

　近鉄奈良駅から古墳へ向かいましょう。東向《ひがしむき》商店街から三条通に出る途中にキリスト教会があり、門の奥に東に上る石段が見えます。興福寺はこの上にあります。一方、興福寺南門の前にある石段「五十二段」の下が猿沢池で、谷間に率川《いさかわ》が流れます。興福寺は西からも、南からもよく見えたことでしょう。奈良時代初めの創建にあたり、春日山から延びる丘陵の一等地といえる高台が選ばれました。

　高低差といえば、歩きながらそれを見つけて考証をめぐらすテレビ番組があります。普段は気にも留めない地形の変化をあらためて観察すると、今までにない歴史的な情景が現れてきます。考現学から生まれた「路上観察学」に通じる行動ですが、もとより考古学者は、遺跡（たとえば住居や貝塚など）を理解するために、水の流れ具合や土地の高低差に敏感です。

　今度は、三条通を西へJR奈良駅方面に歩いていくと、ホテルと飲食店の間に開化天皇陵へつづく参道が北に延びています。拝所近くに来ると、墓地が目に入ります。寺院の甍《いらか》も見えます。古墳の東には念仏寺、南東に霊巖院、南西に西照寺が建っています。寺院と町家が迫り、念仏寺山古墳の外観を観察することは容易ではありません。

念仏寺山古墳 南東上空から（写真・奈良市教育委員会）

測量図面によれば、現在の墳長一〇五メートル、前方部を南東に向け、周囲に盾《たて》形の周濠《しゅうごう》がめぐりますが、後世の変形で前方部と後円部の大半はほぼ平らになっています。くびれ部も不明瞭で寸胴《ずんどう》です。

幕末の絵図では、後円部中心のわずかな円丘のみに陵墓本体を示す竹垣が表されるだけです。墳丘部分の大半が畑や墓地になっています。実際、過去に数度行われた宮内庁の調査では、絵図を裏付けるように多数の江戸時代の木棺《もっかん》や骨つぼが見つかっています。

今の姿となる工事は、史料によると文久三年（一八六三）一〇月に着手、元治《げんじ》元年（一八六四）三月に落成。九八四両の経費をかけたといいます。文久修陵とよばれる一大事業でした。これは古代の陵制（開化天皇陵の場合は前方後円形）に復古するという考え方にもとづき、庶民の墓地を整理して前方部と周濠、外堤を周辺の地割《じわり》を考慮しながら、形づくったようです。文久修陵は、宇都宮藩の家老で山陵奉行となった戸田忠至《ただゆき》が主導して、公武合体運動のなかで取り組まれました。

一九七六年には西側外堤の漏水止めの工事が行われることになり、宮内庁が事前調査を行いました。調査報告によれば、今の外堤は一・五メートルの盛土で築かれており、中・近世の土器が混じる土砂を使っていたことがわかりました。その下は粘りのある土質で、もとの周濠にたまった土層とみられます。つまり、本来の周濠はより外側に広がっていたことになります。

この時の調査の際に円筒埴輪の破片が数点、出土しました。古墳時代中期前半の特徴があります。もとの位置にあった状態で見つかったわけではなく、この埴輪資料で念仏寺山古墳の時期を決定できるか、意見が割れるでしょう。

念仏寺山古墳の南東三〇〇メートルでは、埋没古墳として古墳時代後期の率川古墳が見つかっています。この古墳は墳丘が削られていましたが、念仏寺山古墳は墳丘が残りました。平城京の都づくりで壊されなかったのは、律令国家が陵墓とみなしたからかもしれません。その後は、墳丘を近世の人々が墓地などに利用しました。㉛では平城宮北方の古墳が奈良時代に庭園に化したことを紹介しました。㊳㊴では藤原京の都づくりで壊されずに、残された古墳について考えます。念仏寺山古墳を考える参考になります。

あらためて三条通に出てみると東が高く、西に向かって低くなる地形に気づきます。念仏寺山古墳は興福寺が営まれた同じ丘陵の先端にあり、奈良時代以前は、周囲からもよく見えたことでしょう。

三条通のホテルと飲食店の間に参道があり、奥に念仏寺山古墳が見える（写真・著者）

㊶　父子眠る位置関係を考える――田原塚ノ本古墳

平城山《ならやま》丘陵の佐保が、奈良時代の葬地になったことは㊳㊴に記しましたが、平城京から東方の山あい一〇キロにある田原《たわら》も天皇や高位の官人の葬地に選ばれています。

宮内庁が管理する、天智《てんじ》天皇の孫である第四九代の光仁《こうにん》天皇の「田原東陵《たはらのひがしのみささぎ》」は、奈良市日笠町の小さな谷間の水田のなかにあります。江戸時代中期の元禄の修陵以来、田原塚ノ本古墳がそれに当てられています。測量図を見ると直径五〇メートル、高さ八メートルの円丘に幅七メートルの空濠がめぐり、外堤があります。この数値ならば、奈良県内で約三〇基ある大型円墳のひとつとなります。三段で築かれたといわれていますが、実際の様子を生垣の外から見ることは難しいです。

古墳だと判定する資料が十分だとはいえませんが、近世史料には、この場所が塚ノ本、王ノ塚などと「塚」としてよばれていたことが見えます。また、上野武次郎『山陵』（一九二五年刊）に「文化中、陵ノ西面ニ当タリテ羨門暴露セリト云フ」、つまり文化年間（一八〇四―一八）に墳丘の西側で、横穴式石室の入口が開いたと解釈できる伝えが載せられています。

『続日本紀』によれば、光仁天皇は天応《てんおう》元年（七八一）一二月に亡くなり、翌年正月に「広岡山陵」に葬られます。しかし、ほどなく延暦五年（七八六）一〇月には、「大和国田原陵」に改葬されます。この時、すでに都は長岡京に遷《うつ》っていました。

田原には、もうひとり奈良時代の皇族が葬られています。光仁天皇の父で、万葉歌人としても有名な、志貴皇子《しきのみこ》です。霊亀二年（七一六）八月に亡くなりました。高円山《たかまどやま》の山麓を行く葬列を歌った挽歌《ばんか》が『万葉集』に収められています。後に春日宮《かすがのみや》天皇と追尊《ついそん》（没後に贈られた天皇号）されました。その陵として治定されている「田原西陵」は、現在、鉢伏峠《はちぶせとうげ》（標高四二八メートル）に近い奈良市矢田原《やだわら》町にあります。

　以前、田原地区で発掘調査をしたときのことです。調査現場から周囲を見ていますと、リュックを背負った、カジュアルな装いの年配のグループが通りかかることが時折ありました。発掘調査の見学者か

上　谷間にある田原塚ノ本古墳。南上空から（写真・朝日新聞社）
下　田原塚ノ本古墳へ細い道がつづく（写真・著者）

と思いきや違いました。『万葉集』の愛好者の皆さんで、志貴皇子の「田原西陵」を訪れる方々でした。

さて、奈良時代は目立つ墓を造ることよりも、自然と一体化した葬法とする時代に変わっていました。志貴皇子と光仁天皇の二陵も、大きな規模の墓ではないと思います。二陵の本当の姿を考える上で参考になるのが、太安萬侶《おおのやすまろ》墓ではないでしょうか。

太安萬侶は奈良時代初期の高位の官人です。位は従四位下、役職は民部卿《みんぶきょう》（戸籍や租税などを司った役所の長官）でした。その墓が奈良市此瀬町で一九七九年一月に発見されて大きな話題となりました。田原塚ノ本古墳からは、西五〇〇メートルの場所にあります。急峻な南向き斜面の茶畑の中からの突然の発見でしたが、地元の方々の適切な判断で、ただちに奈良県立橿原考古学研究所による調査がなされました。葬送の状況がわかる稀有《けう》の奈良時代墳墓です。墓誌と木櫃《きびつ》を納めた木炭槨の北側をめぐる小溝を手掛りに直径四・五メートルの低い円形の墳丘が備わるものと考えられています。

平安時代の『延喜式』では、光仁天皇の田原東陵、志貴皇子の田原西陵と東西関係で表記しています。父子の二陵が近接した場所にあり、地理上の位置関係を明示することで、区別したと考えられます。ところが今の二陵は二キロ離れており、東西に並んではいません。

奈良時代の天皇陵の多くが、見晴らしのよい場所に造られています。大安萬侶墓の立地を踏まえ、南から見た時に東西の二陵が並ぶような場所が選ばれるとしたらどこでしょうか。田原盆地の真ん中で、郵便局がある茗荷《みょうが》周辺の丘陵南斜面を探したくなります。

㊷ 三方山囲み 荘厳な規模――帯解黄金塚古墳❶

奈良市の帯解黄金塚《おびとけこがねづか》古墳は、春日山から南の東山麓沿いの丘陵にある方墳です。竹藪と雑木林が生い茂った現在では実感を得にくいのですが、墳丘だけでなく周辺に及ぶ大きな規模をもちます。

一辺三〇メートル、それぞれの辺は東西南北の方位にほぼそろいます。墳丘の裾回りには、二段の石敷きがめぐります。さらに墳丘の外に東西方向一二〇メートル、南北方向最大六五メートル、幅一五―二〇メートル、高さ四メートルの外堤があります。

次々ページの写真は、宮内庁が二〇〇七年に行った発掘調査で明らかとなった南辺裾回りの石敷きです。宮内庁管理地以外の市道の下にもつづいていくとみられ、南側の竹藪に向かってさらに帯解黄金塚古墳の外部施設が広がると推測します。古墳ができた当時、荘厳な規模の終末期古墳の姿が南側から望めたはずです。

北・東・西からの「三方山囲み」の地形の中央に南向きの墳丘を設けるのは、飛鳥時代の古墳の特徴です。帯解黄金塚古墳は外堤を造りましたが、自然丘陵を利用して手を加えることもあります。桜井市忍阪《おっさか》にある七世紀中ごろの段ノ塚古墳（現、舒明《じょめい》天皇陵）は、その典型例です。

所在地の奈良市田中町上ノ口は、かつての帯解村で、他にも黄金塚の名が付く古墳があり、それらと区別するため帯解を冠してよんでいます。墳丘部分は、一八九一年（明治二四）に御陵墓伝説地、一九二六年（大正一五）には陵墓参考地になり、現在は「黄金塚陵墓参考地」という名で宮内庁が陵墓に準

帯解黄金塚古墳 南上空から（写真・朝日新聞社）

じた管理をしています。

一九四九年の『陵墓参考地一覧』（宮内庁書陵部陵墓課保管本）では「該当御方」として天《てん》武《む》天皇の皇子で、『日本書紀』編纂者の舎人《とねり》親王（六七六―七三五）を当てています。帯解黄金塚古墳を「トノ塚」とも称したようで、それが「トネリ」に通じるという地名考証がなされたようです。被葬者名がそのまま古墳の呼び名となり、現在まで伝わるという都合のよい例はなく、この説は牽強付会で学術性を欠いています。結局、陵墓への格上げはなされないまま現在に至っています。

なにより、帯解黄金塚古墳が造られた時期は、石室の構造、出土した須恵器《すえき》などから七世紀中ごろとみられます。『続日本紀』によれば、天平七年（七三五）一一月に盛大に行われたとの記録がある舎人親王の葬儀を遡ること約一〇〇年前に造られた古墳になります。舎人親王墓とするには、今の考古学から見ても無理があります。

　私が帯解黄金塚古墳の名を知ったのは、考古学を学び始めた一九七四年ごろのことでした。「以前は、石室の内部を見ることができた」とも先輩から聞きました。そのときに示された羨道とそれにつづく玄《げん》室《しつ》という二室構造ではない横穴式石室の図面は、見慣れない特異なものでした。さらに、榛原石《はいばらいし》とよばれる室生《むろう》安山岩の扁平に割れる石をレンガのように積み上げて、石室の壁を造っています。

　実は、帯解黄金塚古墳が御陵墓伝説地になる前の一八九〇年（明治二三）に墳丘部分の売買がありました。開墾で石室が発見されます。残念なことに天井石がめくられて、南側手前の羨道部から奥の玄室部に向かって石室の壁となる石材が抜き取られてしまいました。その直後に御陵墓伝説地となるのは、この破壊に対する保護施策であったと考えられます。その後、一八九五年には石室の修築がなされています。

　本格的な調査は、戦後まもない一九五一年のことで、考古学研究者の全国組織である日本考古学協会により、なされました。天皇陵古墳に対する石室内部の考古学調査が許可された稀有の例です。後に京都大学教授となる小林行雄を主任として墳丘および外堤の測量図、石室実測、写真撮影が行われました。

墳丘の裾回りに２段の石敷きがめぐる。石敷きは、左側の市道の下にもつづいている（写真・宮内庁）

次いで一九五八年には奈良県立橿原考古学研究所の初代所長、末永雅雄に宮内庁が委託して測量、実測、撮影が行われます。私が見たのは、この時に作成された図面です。複雑な造りの石室の様子が、徐々に明かされることになります。

㊸ 壱岐との関わり ほのかに——帯解黄金塚古墳❷

帯解黄金塚古墳の横穴式石室に対する調査が、二〇〇七年に宮内庁書陵部により行われました。過去二度の実測成果をもとに、詳細な観察がなされ、新たな図面が作られました。

近畿の横穴式石室は、被葬者の棺を納める玄室（墓室）と通路となる羨道の二つの部分からなるのが一般的です。しかし、帯解黄金塚古墳は複数の墓室（複室構造）をもちます。南から羨道、墓室状区画（報告書での呼称）、前室、玄室の四つの部分があり、各部屋は内側に突き出た柱状施設で区分されます。

現状では羨道から玄室奥壁までの長さは一二・五メートルですが、本来は一三—一六メートルになると考えられています。玄室は羨道の幅より両側が広くなる両袖式《りょうそでしき》で、東西側壁間は長さ二・九五メートル、奥壁と前壁の間は三・三一メートルです。ほぼ正方形といってよいでしょう。

壁は、室生安山岩（通称、榛原石）の薄く平たく割れる性格を利用して、レンガを積むように造られています。磚積《せんづみ》石室と言います。別に煉瓦式石槨《せっかく》、磚槨墳《せんかくふん》などともよばれています。磚は、レンガの意味です。奈良県内で約一五例あります。分布は、榛原石の産地に近い宇陀市の口宇陀《くちうだ》盆地や桜井市南部に集中しています。

帯解黄金塚古墳の石室は、奈良県内の磚積石室のなかでは特異な複室構造ですが、全国に視野を広げると参考例があります。

東国の上毛野《かみつけぬ》にあたる今の群馬県前橋市にある宝塔山《ほうとうざん》古墳です。七世紀後半の一辺六〇メートルの方

帯解黄金塚古墳の前室と玄室。南側から（写真・宮内庁）

墳で、全長一二メートルの複室構造の横穴式石室をもちます。大型石材を加工して壁を造り、その表面に漆喰《しっくい》を塗って白壁に仕上げています。帯解黄金塚古墳の設計企画の影響があると指摘する研究があります。

一方、帯解黄金塚古墳の石室の源流はどこにあるのでしょうか。「もしや」と思い描くのが、長崎県壱岐《いき》島の後・終末期古墳の横穴式石室です。たとえば直径四五メートルの鬼《おに》の窟《いわや》古墳は石室全長一六メートル、玄室は正方形に近く、壁が直線的に立ち上がり、上半から内側へ屈曲（持送り）する様子も似ています。

壱岐では、六世紀末ごろから急に石室全体に巨石を用いた前方後円墳や大型円墳が築かれ始めます。これを近畿の横穴式石室からの影響とみなす考えがあります。壱岐は、朝鮮半島との対外交渉の拠点だったことから中央との関係で説明しようとするものです。

このうち、鬼の窟古墳は七世紀前半に築かれたものと考えられ、七世紀半ば前後の帯解黄金塚古墳に先行します。逆に壱岐からの影響の可能性を考えるなかで、次の歴史背景が糸口になるかもしれません。

古代豪族の春日、大宅《おおやけ》、小野、和爾《わに》の各氏が春日山から南側一帯に居住したことは、古代史研究から指摘されています。なかでも大宅氏の居住地の中心は、帯解黄金塚古墳のある地域にあたります。

『日本書紀』には、推古三一年（六二三）七月の征新羅副将軍の小徳《しょうとく》（冠位の第二）大宅《おおやけの》臣軍《おみいくさ》、天智二年（六六三）三月の征新羅後将軍の大宅臣鎌柄《かまつか》が登場します。大宅氏が対新羅の拠点となった壱岐で活動したことは想像に難くありません。

このことが壱岐の石室構造を取り入れる契機になったとは考えられないでしょうか。双方をつなぐ手掛かりの糸がほのかに見えるように思います。

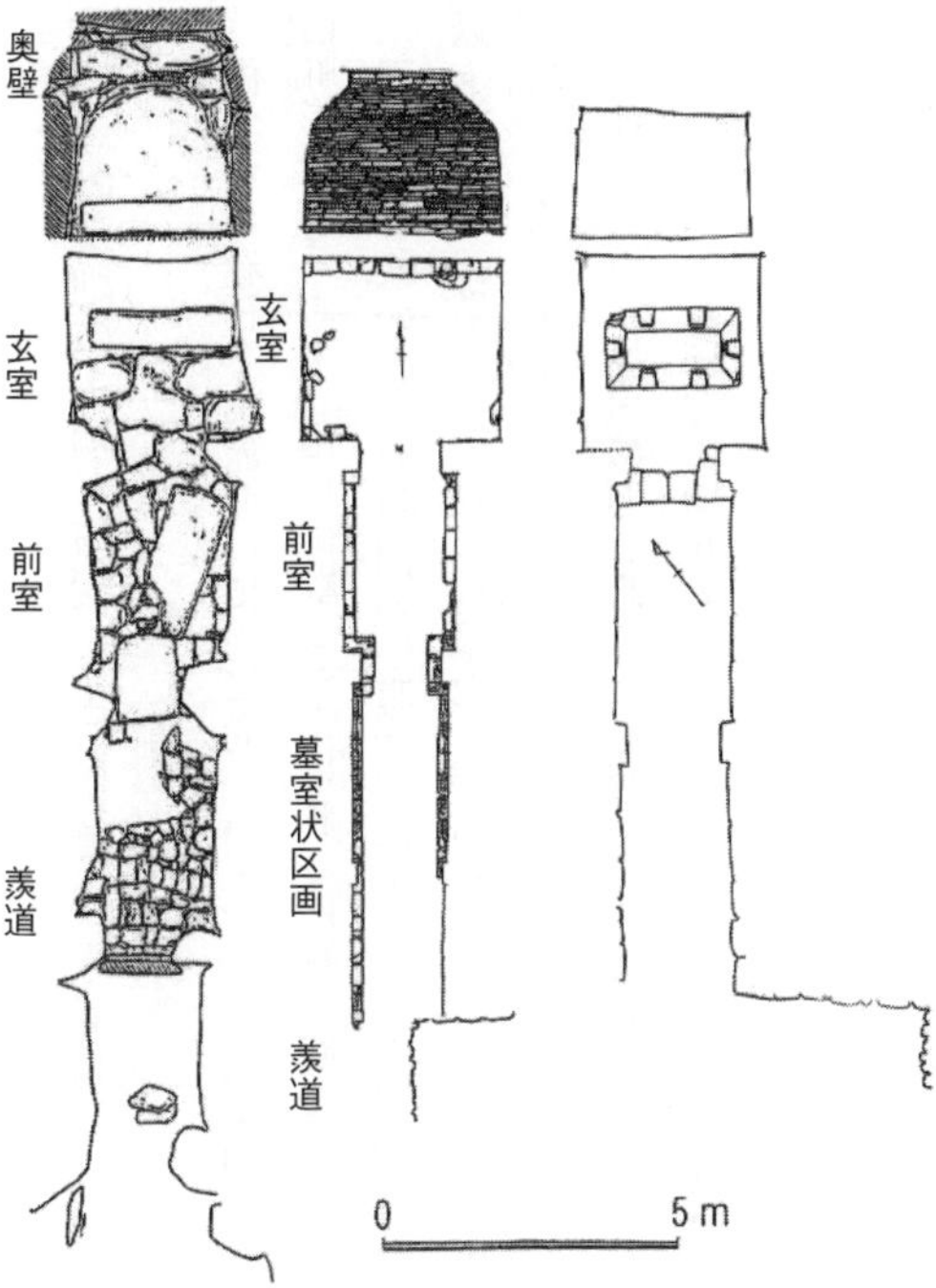

石室の比較。右・宝塔山古墳（群馬県前橋市）、中・帯解黄金塚古墳（奈良県奈良市）、左・鬼の窟古墳（長崎県壱岐市、報告書などをもとに著者作成）

㊹ 寺の墓地に古墳が重複――円照寺墓山第三号墳

佐保から春日を山麓沿いに南に向かいます。奈良交通バスの山村町《やまむらちょう》行きの終点近くに円照寺《えんしょうじ》（奈良市山町《やまちょう》）があります。山村御殿ともよばれる門跡寺院で、静粛な環境のなかにあります。円照寺背後の丘陵南斜面の中腹に、後水尾《ごみずのお》天皇の皇女で、円照寺開山の文智《ぶんち》女王（一六一九―九七）以下、七墓二塔の「円照寺宮墓地」があります。方形堂を中心に歴代門跡の宝篋印塔《ほうきょういんとう》六基、宝塔一基、無縫塔《むほうとう》二基が建てられています。

墓地は石垣と生垣に囲われており、その北東角に円照寺墓山第三号墳が接しています。墓地側から直径一〇メートルほどの墳丘のわずかな高まりが観察できます。天井石の一部となる石材が顔をのぞかせています。

天皇陵古墳といえば、巨大な前方後円墳を思い浮かべる方が多いでしょうが、これは寺の陵墓となった中・近世の墓地に小さな古墳が重複する例です。墓山第三号墳は、陵墓そのものではありませんが、陵墓の敷地境界内にあります。

陵墓の敷地に群集墳が重なる例は、㊳でその可能性について言及しましたが、ほかにも事例があります。

古代・中世・近世を問わず、たとえば、京都市東山区今熊野泉山町にある平安時代中期の一条天皇の皇后、藤原定子《ていし》（九七六―一〇〇〇）の「鳥戸野《とりべの》陵《のみささぎ》」では、陵域内に一二基の古墳が存在します。ただしこの場合には、現在の治定地の正否を歴史学、考古学研究の立場からは問わなくてはなりません。

さて墓山第三号墳の埋葬施設は、古墳時代後期（六世紀ごろ）の横穴式石室です。羨道から玄室に入ると、左右が広くなる両袖式です。玄室の側壁は、川原石を四段程度、積み上げたものです。長さ四・六メートル、幅二・五メートル、高さ二・七メートル、羨道は長さ一・八メートルが残ります。

墓山第三号墳がある丘陵の尾根の上方は陵墓の敷地外となりますが、三角縁神獣鏡を出土した中期前半の円墳、円照寺墓山古墳（墓山第一号墳）があります。後にその墳丘の盛土を掘り込み埋めたもので

上　円照寺墓山第三号墳 南上空から（写真・朝日新聞社）
下　文智女王以下、七墓二塔の円照寺宮墓地。奥の石垣の上、左側の塔のすぐ右に見える巨石が円照寺墓山第三号墳の天井石（写真・著者）

八嶋陵前古墳の石室と「八嶋陵」（奥）（写真・著者）

しょうか。奈良時代の蓋《ふた》付きの須恵器壺《つぼ》の骨蔵器が出土しています。円照寺裏山古墓とよぶ研究者もいます。

円照寺から北に向かうと奈良市八島町、谷の西端に、崇道《すどう》天皇の「八嶋陵《やしまのみささぎ》」があります。崇道天皇は、延暦四年（七八五）一〇月に非業《ひごう》の死を遂げた早良《さわら》親王（光仁天皇の皇子）のことです。その後、桓武天皇の皇子で新たに皇太子となった安殿《あて》親王（後の平城《へいぜい》天皇）の病が、早良親王の怨霊《おんりょう》のたたりによるという占いが出ると鎮謝《ちんしゃ》が行われ、延暦一九年（八〇〇）七月には、崇道天皇の尊号が追贈《ついぞう》されました。それまで淡路《あわじ》にあった親王墓は、大和に改葬されて「八嶋山陵」となります。

今の「八嶋陵」は土塀に囲われており、なかの様子をうかがうことはできませんが、もとは崇道天皇社の社殿でした。一八八六年（明治一九）に社を遷して、跡地に円丘が築かれました。

陵の南面に、横穴式石室をもつ八嶋陵前古墳があります。道路の真ん中に、柵で囲われた石室石材の一部が見えます。

都のなかに葬地を営むことは、律令で固く禁じられていました。実際に、平城京から離れた佐保、田原、生駒が奈良時代の皇族や高位の官人の葬地となりました。

東山麓の丘陵一帯も、もとは小さな単位の古墳群が造られましたが、やがて平城京の官人や僧侶の葬地としても利用されたようです。前述の円照寺裏山古墓があります。また「八嶋山陵」以外に「小野卿墓」（個人名は不明の小野氏の墓）の名を載せる中世史料もあり、平城京周辺の葬地のひとつとして注目の地域です。

㊺ 限定公開、築造時期に驚き――郡山新木山古墳

金魚で有名な大和郡山は、お城を中心に街が広がっています。市街地の南西には養魚池が多くあり、池の水面を泳ぐ金魚の群れを見ることできます。近鉄橿原線の郡山駅南側の踏切から西へ歩くと養魚池のある一帯になります。ほどなく緑の小山が見えてきます。郡山新木山《こおりやまにきやま》古墳です。

墳長一二二メートル、西側くびれ部に造り出しのある二段で築かれた前方後円墳として知られています。大和郡山市新木町丸山にあり、ここは西の京丘陵の最南端にあたります。一八九七年（明治三〇）九月に、陵墓参考地になりました。宮内庁は「郡山陵墓参考地」として管理しています。

「え、そんな時期なの」。二〇一一年一一月の陵墓限定公開（宮内庁が実施した発掘調査を日程、参加員数、範囲を限定して報道および学会関係者に公開する）に参加した時には軽いショックがありました。古墳時代中期中葉（五世紀中ごろ）に築かれた前方後円墳とみられることが、この時の発掘調査でわかったためです。それまで私は後期古墳だと思っていました。

郡山新木山古墳では、養魚池となる東側墳丘裾の浸食防止のための護岸や墳丘への侵入防止の柵を整備する必要から、初めての発掘調査が行われました。発掘調査中の後半には学会関係者に限定公開したのです。

それまでも、埴輪の小片が周辺に散らばることはわかっていましたが、築造時期を知る考古学上の情報がほとんどありませんでした。墳丘の測量図面を検討すると、後円部頂上が標高七〇メートル、前方

郡山新木山古墳　南上空から（写真・朝日新聞社）

部頂上が標高六九メートルでほぼ同じ高さです。後円部の高さと前方部の高さに差があるほど古い時期の古墳だとされてきました。また墳丘頂上は、前・中期古墳では、平らで広いのが特徴ですが、この古墳はそれほど広くはありません。周囲では、前方部に当たる南に開き気味の周濠がめぐっています。それで、このような特徴から、奈良盆地北部ではまれな墳長一〇〇メートルを越える後期の前方後円墳だと考えたのです。

ところが、宮内庁による発掘調査で示された時期は、意外な結果でした。現在の墳丘裾部に設けられた一二ヶ所の調査区には葺石《ふきいし》が少し残ること、墳丘の第一段テラスを水平にしようとしたこと、前方部側からも後円部側からも埴輪が出土すること、墳丘全体が大きく改変されていることなどがわかりました。また、西側造り出し上部の調査区からは、囲形《かこいがた》埴輪や笊形《ざるがた》土器の出土がありました。これらは造り出しでの祭祀を示す遺物でしょう。

当初の墳丘の形状を復元する資料が得られなかった

郡山新木山古墳の近景、西から（手前は養魚池）
（写真・著者）

ことは、逆に現況の測量図面のみを見ての判断では、間違えるかもしれないということです。

築造時期を知る資料となったのは、埴輪です。破片ばかりですが、野焼きで焼成した証拠となる黒斑《こくはん》（有黒斑とよぶ）がある円筒埴輪や朝顔形埴輪が出土しました。㉟のヒシャゲ古墳で解説した板を使って横方向に表面を整える技法、B種ヨコハケも観察されました。

以上のことから、後期古墳ではなく、古墳時代中期に築かれた前方後円墳として理解するのが妥当となりました。

課題は付近の古墳との関係です。富雄《とみお》川《がわ》流域には、直径一〇〇メートル以上の大型円墳の奈良市富雄丸山古墳や、墳長八八メートルの前方後円墳の大和郡山市小泉大塚古墳があります。それに、郡山城のどこかに未知の古墳が眠っているかもしれません。築造時期の認識を改めるとともに、郡山新木山古墳の新たな意義づけを考えなくてはなりません。

㊻ 悲劇の宰相 生駒に眠る——梨本南二号墳

日本史のなかで悲劇の宰相とよぶにふさわしい人物の第一は長屋王《ながやおう》(高市皇子《たけちのみこ》の子)ではないでしょうか。左大臣正二位にあった長屋王の邸宅が兵士に囲まれたのは、天平元年(七二九)二月のことでした。「ひそかに左道(邪道)を学び、国家を傾けようとしている」と密告があったと、『続日本紀』は記しています。

長屋王邸は、平城宮の東南に近い平城京左京三条二坊にありました。デパート建設に先立ち、一九八六—八九年に奈良国立文化財研究所(当時)によって発掘調査されました。邸宅を囲まれた長屋王は自殺を選び、妻の吉備内親王《きびないしんのう》(草壁皇子の子《くさかべのみこ》)やその息子たちも自殺します。都の人々を震撼させる出来事であったことは想像に難くありません。聖武天皇は「吉備内親王には罪がないので、規定どおりの葬礼とすること、長屋王は罪人だが葬礼をいやしくしないように」と命じています。ふたりの屍《しかばね》は「生馬《いこま》山《やま》」に葬られました。

現在、宮内庁が管理する「長屋王墓」と「吉備内親王墓」は、奈良県生駒郡平群《へぐり》町梨本《なしもと》にあります。近鉄生駒線平群駅からは北に歩いて数分、南向きの丘陵斜面に谷をはさんで二基があります。周辺は宅地化が進行しているため、本来の丘陵地形は残されていません。南側の道から見比べると「長屋王墓」が丘陵先端、「吉備内親王墓」は東西方向の尾根筋頂上近くに築かれたようです。仲良く並んでいるように見えますが、選地は異なります。

現在の梨本南二号墳（中央）と「吉備内親王墓」（左上）南上空から（写真・朝日新聞社）

長王《ながおう》塚、または長屋《ながや》塚とよばれた場所を「長屋王墓」に、丑王《うしおう》塚または宇司《うし》塚とよばれた場所を「吉備内親王墓」に定めたのは、近代のことです。地名をもとに考証されました。奈良県庁文書の「明治三十六年　地理之部　御陵一件」（奈良県立図書情報館蔵）には、治定後に整備のため二墓の周辺民有地を買収した記録が残されています。

一九九七年に「長屋王墓」の隣接地を平群町教育委員会が発掘調査したところ、幅七メートルの周濠が備わる墳長四五メートルの前方後円墳が姿を現しました。葺石が確認され、須恵質の円筒埴輪（窖窯焼成《あながましょうせい》による円筒埴輪、古墳時代中期中ごろに出現）や須恵器の大甕《おおがめ》が出土しました。後円部に相当する部分が現在、「長屋王墓」とされていることは間違いないでしょう。『奈良県遺跡地図』には、梨本南二号墳という名称で載せられています。

明治政府が陵墓に定める以前、一八九三年（明治二六）の野《の》淵龍潜《ぶちりゅうせん》による『大和国古墳墓取調書』（奈良県立橿原考古学研究所蔵）には、頂上部に積まれた丸い石が描かれ、四面が丸石で三重に囲われた堅固な構造であると紹介されています。

それが横穴式石室だと断定はできませんが、梨本南二号墳の埋葬施設を考えるヒントになります。平群谷の古墳群を構成する古墳時代後期前半（六世紀前半）の前方後円墳のひとつになるのではないでしょうか。

一方、「吉備内親王墓」も同書に記録があります。埴輪の存在と共に大石が、かぎ手に埋まっている

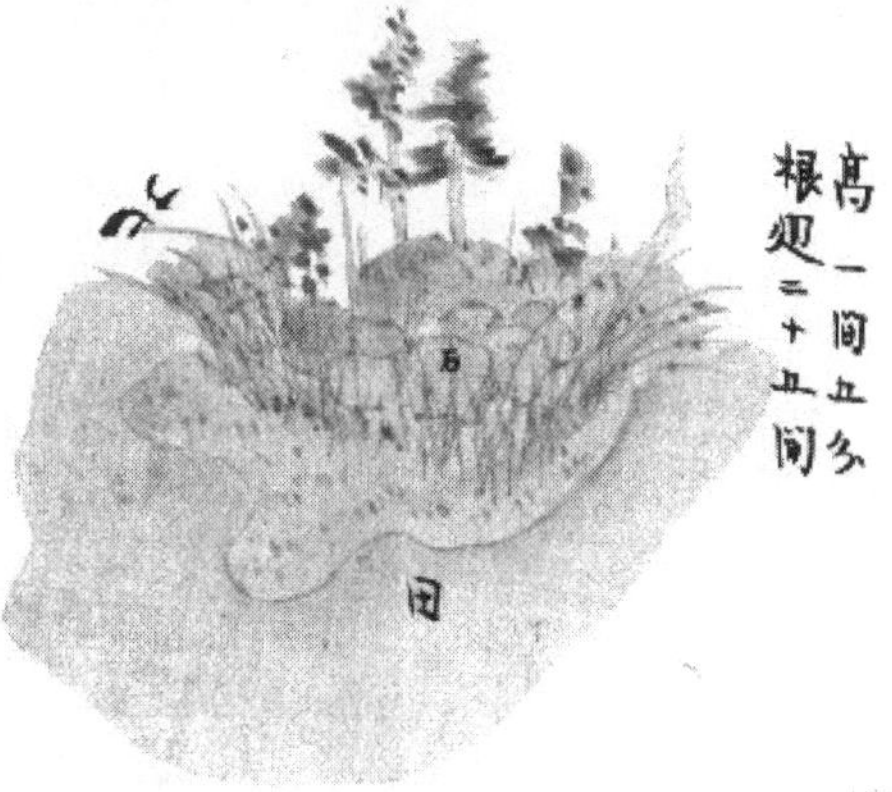

上　1997年に平群町教育委員会が隣接地を調査し、周濠などを確認した（写真・平群町教育委員会）
下　『大和国古墳墓取調書』に描かれた梨本南二号墳（現在の「長屋王墓」）の図（写真・由良大和古代文化研究協会）

とされています。ここも古墳と考えてよいでしょう。今は、小さな円形の墳丘が見えています。

佐保や田原が奈良時代の皇族や高位の官人の墳墓になったことは、すでに紹介してきました。生駒もまた奈良時代の平城京にともなう葬地でした。行基《ぎょうき》や遣唐使の美努岡万《みぬのおかまろ》の墓もあります。もっとも、長屋王や吉備内親王らが、本当はどこに葬られているのか、杳《よう》としてわからないのです。

㊼　山背大兄王の北岡墓をさがせ――三井岡原古墳

㊺で紹介した大和郡山市の郡山新木山古墳は、富雄川左岸に築かれました。右岸では矢田《やた》丘陵から斑鳩《いかるが》地域にかけて点々と古墳が分布しています。奈良県生駒郡斑鳩町大字三井に所在する三《み》井岡原《いおかのはら》古墳は、そのうちの一基です。

斑鳩の法起寺《ほうきじ》から法輪寺《ほうりんじ》に向かう道の南側、岡原とよばれる独立丘陵の頂上にあります。現状では同じ丘陵上に他の古墳はなく、単独の営みとみられます。宮内庁では「富郷《とみさと》陵墓参考地」として陵墓に準じた管理を行ってきました。皇極二年（六四三）に没した厩戸王《うまやどのおう》（聖徳太子）の子、山背大兄王《やましろのおおえのおう》を被葬者候補と考えたようです。

丘陵北側の上り道にある果樹園や畑地を抜けた上にあります。古墳に沿って全周をめぐることができます。地表面をよく観察すると、陵墓参考地として宮内庁が管理する柵の外側にも墳丘裾が広がっている可能性があります。

直径三〇メートルの円墳とされていますが、前方後円墳と考えられたこともありました。墳丘の中心部から長さ二・二メートル、幅九〇センチの花崗岩《かこうがん》製の板石が持ち出され、近くの川の橋に転用されたという伝承があります。

丘陵の東側斜面で一九八七年に奈良県立橿原考古学研究所が、民間開発にともなう発掘調査を行っています。三井岡原遺跡といいます。調査の中心は、弥生時代後期の住居群でしたが、後の時代になって掘られたとみられる落ち込みがありました。落ち込みのなかからは、円筒埴輪、短甲《たんこう》形埴輪、盾形埴輪の破片が出土しました。

三井岡原古墳に並んでいた埴輪類が抜かれて、落ち込みに廃棄されたのではないかと報告されていま

上　三井岡原古墳 東上空から（写真・朝日新聞社）
下　三井岡原古墳の近景（写真・著者）

す。埴輪が示す時期は古墳時代中期前半（五世紀前半）です。

考古学で導いた三井岡原古墳の年代は、飛鳥時代の古墳ではありません。そのため、山背大兄王を被葬者と考えることはできません。

では、どうして三井岡原古墳が陵墓参考地になったのでしょうか。それは平安時代の陵墓リストである『延喜式』にのせられた山背大兄王の墓名《ぼめい》が平群郡にある「北岡墓」と記されていたことによります。古代の平群郡は額田《ぬかた》（大和郡山市）、飽波《あくなみ》（安堵町）、斑鳩（斑鳩町）、平群（平群町）、生馬（生駒市）など広域に及びます。「北岡墓」の候補地はいくつかあがりましたが、定めないまま近代を迎えます。そのようななか、一八九七年（明治三〇）に岡本寺（法起寺の別名）の名が「北岡」のふもとに由来するとして、付近にある三井岡原古墳が、「北岡墓」の候補となりました。

斑鳩は、豪華な馬具を出土した古墳時代後期後半（六世紀後半）の藤ノ木《ふじのき》古墳があることで有名ですが、ほかにも法隆寺から西につづく丘陵沿いの西里《にしざと》に春日古墳、龍田に竜田御坊山古墳、神代《じんだい》古墳といった飛鳥時代にもつづく古墳があります。

少なくとも平安時代には、山背大兄王の北岡墓が平群郡のどこかに設けられていたはずですから、これらの古墳ばかりでなく竜田川沿いで、北にある平群谷の古墳群を含めてその候補を探さなくてはなりません。もちろん、仮に想定できたとしても、『延喜式』による北岡墓ですから、本当に山背大兄王が被葬者であるか、どうかは別に追究しなくてはなりません。どういうことかと言うと、『延喜式』の陵墓リストは、あくまでもその成立のころの陵墓の場所、大きさ、管理の様子を記したもので、そのまま飛鳥時代の歴史事実が記されているわけではないからです。

第4章

馬見古墳群（奈良盆地西部）
葛城・吉野（奈良盆地南西部、奈良南部）

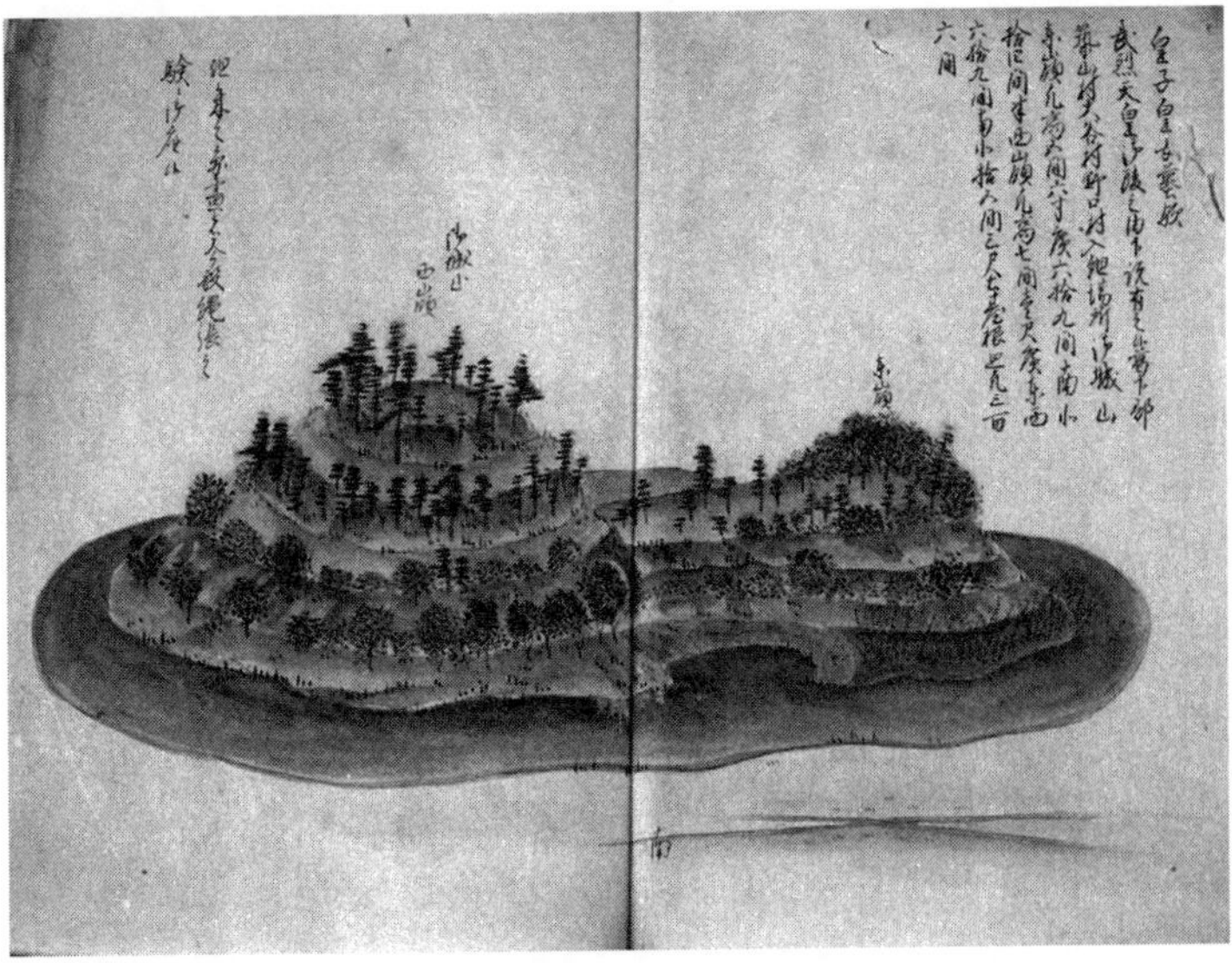

『大和国御陵絵図』（末永雅雄旧蔵）に描かれた築山古墳（著者提供）

㊽ 河内の政権と深い関係――馬見古墳群

奈良盆地南部と西南部の水を集めた曽我川（支流に高取川・葛城川・高田川）は、北葛城《かつらぎ》郡河合町北部で大和川に合流します。合流地点の西側にある南北七キロ、東西三キロの南北方向の低い丘陵が馬見《うまみ》丘陵です。

馬見丘陵の東縁に沿って築かれた大古墳群が、馬見古墳群です。古墳群をどのような範囲でとらえるかは研究者によって少し異なりますがだいたい、北葛城郡河合町、同郡広陵町、大和高田市にまたがります。

墳長二〇〇メートルを越える大型前方後円墳が四基、全体では前方後円墳二二基、前方後方墳二基、帆立《ほたて》貝形前方後円墳六基、大型円墳三基があり、このなかに陵墓参考地となる天皇陵古墳が含まれています。古墳時代前期後葉（四世紀中ごろ）の新山《しんやま》古墳、前期末葉から中期初葉（四世紀後半）の築山《つきやま》古墳、中期前葉（五世紀前半）の新木山《にきやま》古墳、中期末葉の狐井塚《きついづか》古墳（五世紀末）の四基です。

古墳群は、平地にある墳長一九七メートルの川合《かわい》大塚山古墳を中心とする北群、丘陵上にある墳長二二〇メートルの巣山《すやま》古墳を中心に多くの古墳が集まる中央群、築山古墳がある丘陵南端の南群の三つの支群に分かれます。中央群の主要な古墳は、県営馬見丘陵公園のなかにあります。四季折々の花や木を楽しめる場所ですから、訪れた方も多いのではないでしょうか。

各支群の築造は一斉に開始されたわけではありません。だいたい、南群―中央群―北群の順序で築か

馬見古墳群 南上空から（写真・朝日新聞社）

れていきました。古墳時代前期後葉から中期末葉までの五世紀代を中心とした約一五〇年間もつづきます。

この間に起きた大きな出来事といえば、中国南朝への外交です。四一三年、倭《わ》から東晋《とうしん》へ「方物を献ず」（『晋書《りょうしょ》』安帝紀に「倭国」とあり、『梁書』『南史』に「晋の安帝の時、倭王賛（讃）あり」と記します）とあるのに始まり、四七八年の宋《そう》への「武《ぶ》」（雄略《ゆうりゃく》大王とされる）の遣使（『宋書』順帝紀）までの六五年間に讃《さん》・珍《ちん》・済《せい》・興《こう》・武の「倭の五王」が使いを送り、中国皇帝から位を貰いました。倭にとって三世紀中ごろの邪馬台国《やまたいこく》の魏《ぎ》への朝貢以来の東アジア世界への再デビューとなりました。

考古学上の出来事としては、五世紀前後から以降に何が起きたか。大阪平野の百舌鳥《もず》・古市《ふるいち》古墳群の登場です。超大型前方後円墳を中心とする大古墳群が出現しました。奈良盆地西部の馬見古墳群を築いた勢力もこの動向と無関係のはずがありません。

両者の関係を示すのが、帆立貝形前方後円墳の存在です。帆立貝形とは前方部が極端に短く、平面形が二枚貝のホタテのようなかたちになるところから、その名が付いています。

大阪府堺市の大山《だいせん》古墳（現、仁徳《にんとく》天皇陵）の周囲には十数基の陪塚《ばいづか》があり、その約半分が帆立貝形です。同じころ、百舌鳥古墳群の周辺部にあたる泉南地域（大阪府南部）に築かれた古墳にも帆立貝形が採用されています。

帆立貝形前方後円墳とは、大型前方後円墳の被葬者に対して下位の社会的位置にある人物の墳形としての意味合いがあると考えられています。先に記した大山古墳のまわりの帆立貝形は、従属する人物、次に記した泉南地域の帆立貝形は、百舌鳥古墳群に対する地域首長墓と考えてよいでしょう。

乙女山古墳 北西上空から（写真・奈良県立橿原考古学研究所）

馬見古墳群の中央群にある大きな帆立貝形前方後円墳である乙女山古墳（墳長一三〇メートル）と池上古墳（墳長九二メートル）は、前方後円墳の新木山古墳（墳長二〇〇メートル）と同じころに造られました。相互に離れた場所にあり、陪塚とは考えられません。乙女山古墳と池上古墳の被葬者は、百舌鳥・古市古墳群の大王と、馬見古墳群のリーダーとの二重支配のもとにあったのかもしれません。

「大きいことはいいことだ」とばかりに、五世紀代には墳長二九〇メートルを越える超大型前方後円墳が百舌鳥・古市古墳群に築かれました。一方、周辺部に対しては規模と墳形への規制が働いたとみられます。規制は、時の中央政権による「序列の厳密な可視化」と言い換えてもよいでしょう。

ここに、河内の中央政権と深い関係にある馬見古墳群の被葬者たちの姿を見ることができると思います。

㊾ 副葬品豊かな前方後方墳——新山古墳❶

北葛城郡広陵町大塚にある新山古墳は、宮内庁では「大塚陵墓参考地」として管理されています。北方向に流れる高田川と馬見丘陵がもっとも接近した場所にあります。

多くの天皇陵古墳が前方後円墳ですが、新山古墳は方形と長い台形が合わさるかたちとなる前方後方墳です。墳長一二六メートル、奈良盆地のなかでは大きな古墳とはいえませんが、馬見古墳群の南群のなかでも、いちはやく古墳時代前期後葉（四世紀中ごろ）に築かれました。

新山古墳を有名にしているのは、その豊富な副葬品です。一八八五年（明治一八）、後方部の土地所有者が植樹に際して地面を掘ったところ、竪穴式石槨《せっかく》が表れて、銅鏡三四面をはじめ管玉《くだたま》、石釧《いしくしろ》、車輪石、石製鏃《せきせいぞく》、台形石製品、帯金具《おびかなぐ》、刀剣などの副葬品が見つかりました。

独自の文様を題材に、倭で製作された銅鏡があります。そのうちの家屋文鏡《かおくもんきょう》や直弧文鏡《ちょっこもんきょう》の透過エックス線画像が撮影され、宮内庁と九州国立博物館の共同研究によって二〇一七年三月に報告されました。従来の写真や画像よりも一段と鮮明に映っていました。家屋文鏡や直弧文鏡の意匠は、中国鏡には見られない倭に独自のものです。

正式な発掘調査ではありませんでしたが、京都帝国大学の梅原末治《すえじ》は採掘者から聞き取り、石槨と遺物の出土状況の解明に努めました。石槨の天井石は表土直下一・二メートルにあり、南壁と東壁が完存しており、高さは一・五メートル内外、底には栗の実ぐらいの大きさの丸い小石が敷かれていたといい

上　新山古墳 北西上空から。手前が後方部。端は現在、緑地公園となっている（写真・朝日新聞社）
下　後方部北側の緑地公園（写真・著者）

ます。

　特異な点は、石槨のさらに〇・九—一・二メートル下に南北方向の扁平に割った石材による区画があったことです。その範囲は長さ一・八—二・一メートル、幅七八センチで、内部にかたい粘土が詰まっていたそうです。持ち出された石材を実際に見た梅原は、他の例と比較すると石棺《せっかん》に使われた石材に類似するとしました。

　これだけでは、よくわからないのですが、京都府妙見山《みょうけんさん》古墳や山梨県大丸山《おおまるやま》古墳では、組合式《くみあわせしき》石棺の蓋石《ふたいし》の上に竪穴式石槨を築いており、新山古墳も同様に上に石槨、下に石棺を設けた上下構造の埋葬施設として造られたのではないかと考えられます。

　前方部も所有者によって掘られています。円筒埴輪《はにわ》列や大型の壺棺《つぼかん》があったようです。御陵墓伝説地となるのは、一八八六年（明治一九）のことで「武烈《ぶれつ》天皇陵」に該当するのではないかと考えたようです。㊷㊸で奈良市の帯解黄金塚《おびとけこがねづか》古墳でも触れましたが、当時の陵墓施策は民間人の発掘行為から古墳を保護する意味があったのかもしれません。

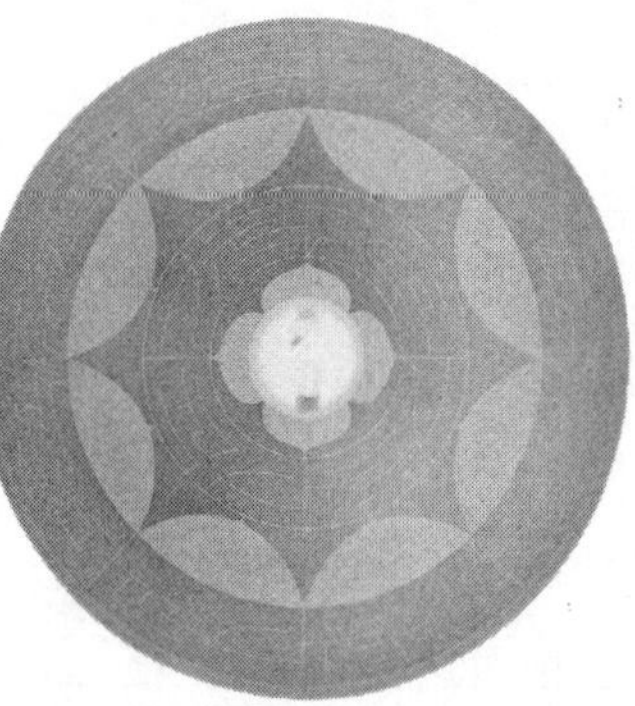
新山古墳から出土した直弧文鏡の透過エックス線画像（写真・宮内庁、撮影・九州国立博物館）

　東京帝国大学の歴史学者の黒板勝美《くろいたかつみ》らが中心となって、陵墓以外の一般の古墳を含む保護施策が、「史蹟名勝天然紀年物保存法」として法規化するのは、一九一九年（大正八）のことです。それ以前は「陵墓の微証」を持ち出し、陵墓伝説地などとして、近代国家は保護を図ったという側面があるのではないでしょうか。

さて、その後、周辺の住宅開発が進む一九八〇、八一年には、宮内庁の管理地から北に一一・五メートル離れた地点で、奈良県立橿原考古学研究所による緊急調査（開発行為を原因とする発掘調査）がありました。新山古墳の後方部の端を示す幅二・五メートル、深さ三〇―七〇センチの溝が見つかり、さらに外側で、埴輪棺七基・土壙墓《どこうぼ》一基なども発掘されました。新山古墳を主墳に、墳丘をもたない従属する埋葬施設が周辺には数多く設けられていています。

埴輪棺に使われた円筒埴輪は、粘土が乾き切らないうちに内部を丹念に削り、薄く仕上げたものです。このような技法を「内面ヘラ削り」とよんでいます。桜井市のメスリ山古墳の高さ二メートルを越える超大型の円筒埴輪の内面にも観察できます。初期の円筒埴輪に用いられた製作技法です。

新山古墳の古墳編年上の位置に再考を促すことになりました。その結果、私はそれまで古墳時代前期末葉に築かれたと考えられていたのを改め、冒頭に記したように前期後葉の位置に変えています。

なお埴輪棺が発掘された調査区は関係者の努力により、緑地公園となりました。少しですが、柵越しに公園から新山古墳の墳丘を観察することができます。

㊿ 中国の帯金具 年代を決定――新山古墳❷

日本列島の古墳文化には被葬者や職位、業績、葬送年月を記す墓誌や墓碑がともなうことはほとんどありません。いつ、誰のために造られた古墳かを直接示す資料が発掘調査などで得られることを、あらかじめ期待することはできません。

そこで、古墳に年代観を与える手掛かりとなるのが、製作された年代がわかる中国や朝鮮半島からもたらされた文物です。新山古墳からは、古墳時代前期後半の実年代を考える上でも、重要な考古資料が後方部の竪穴式石槨から出土しています。金銅製の帯金具です。

帯金具とは、布や革《かわ》製の帯につく金具の総称です。次ページに部分名称を図示しました。ベルトのバックルにあたる鉸具《かこ》①、帯の表面を飾る銙板《かばん》②、鉸具に差し込むために狭くなった部分を保護する帯先金具③、鉸具に差し込む帯の最先端に装着する鉈尾《だび》(蛇尾)④などに分かれます。古墳時代中期前葉の兵庫県加古川市行者塚《ぎょうじゃづか》古墳から出土した例がありますが、前期古墳から出土した例は新山古墳が唯一でしょう。

鉸具と帯先金具は、長さ七センチ、幅三・五センチ、横から見た一体の龍を透かし彫りした唐草文様がデザインされています。龍は口を開き、頸をもたげます。脚の爪先は丸みがあります。四脚は躍動感があり、尾は後上方へ長く伸びています。

銙板は一一個体分の出土が報告されています。もとはもっと多くあったようです。長さ六・四センチ、

出土した帯金具（写真・宮内庁、河上邦彦『大和葛城の大古墳群』より）

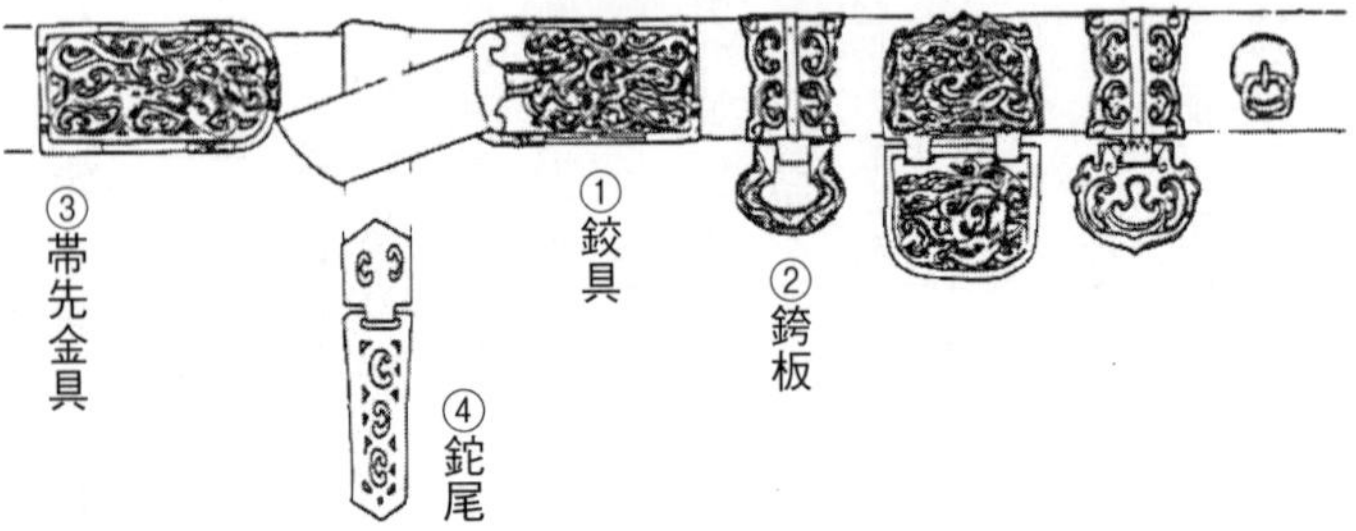

晋式帯金具の模式図（藤井康隆「晋式帯金具の製作動向について」『古代』114号をもとに作成）

幅三センチ、三葉文《さんようもん》を透かし彫りした銙板からは環《かん》が垂れ下がっています。

新山古墳の帯金具の形状や文様に近い例は、中国にあります。江蘇省宜興周処《ぎこうしゅうしょ》墓や広州大刀山晋墓、遼寧省朝陽市袁台子壁画墓など約二〇例が知られています。

宜興周処墓は、墓に使われた塼《せん》（焼いたレンガ）に西晋の年号にあたる元康七年（二九七）の銘があります。広州大刀山晋墓では、同様に東晋の太寧二年（三二四）銘のある塼が使われていました。これにより新山古墳の帯金具は、魏の後に建国された西晋や、その後の混乱を経て江南で復興した東晋、あるいはその周辺地域で作られた可能性が高いと考えられています。これらは総じて、晋式帯金具とよばれています。

新山古墳出土の帯金具は晋式帯金具のなかでも、初期のものから文様に変化が生じ、年代差があるとする研究があります。具体的な製作年代は三一〇年前後とされています。

ここを上限年代として、新山古墳の被葬者の副葬品となるまでの時間を見積もる必要があります。まず製作されてから中国で流通や伝世（世代をまたいで伝わるもの）した時間、次に日本列島の倭へもたらされ、新山古墳の被葬者などが入手するまでの時間、そして新山古墳の被葬者が亡くなり、新山古墳へ葬られるまでの時間ということになります。

仮に一〇年ずつだとすれば、新山古墳は三四〇年前後に築造されたということになります。考古学研究者のあいだで、必ずしも一致しているわけではないのですが、この四世紀前半が、古墳時代前期後半の早い時期（前期後葉）にある古墳の年代観の目安となると、私は考えています。

この当時、中国王朝との交渉記録は文献史料には出てきません。ならば、どのような交易活動があったのでしょう。こちらも興味深いところです。

㊿ 睥睨する巨大前方後円墳──築山古墳

近鉄大阪線築山駅から南に向かい、ゆるやかな坂を越すと忽然《こつぜん》と築山古墳が現れます。大和高田市築山字城山にある墳長二二〇メートルと推測される前期末葉(四世紀後半)の大型前方後円墳です。前方部を東に向けます。現状、後円部は四段、前方部は三段で築かれ、前方部側での開きの少ない盾《たて》形周濠《しゅうごう》がめぐります。周濠には水が満々とためられています。近接して民家が立ち並びますが、南側には幅の広い外堤の痕跡があります。さらに外側に、二重目の周濠を想定する研究者もいます。現在、この部分は西側が公園、東側がため池などになっています。

江戸時代には武烈天皇の傍丘磐杯丘北陵《かたおかのいわつきのおかのきたのみささぎ》(『山陵志』)、あるいは皇極《こうぎょく》、孝徳《こうとく》天皇の父の茅渟《ちぬ》王の片《かた》岡葦田墓《おかあしだ》(『大和志』)、近代には顕宗《けんぞう》天皇の傍丘磐杯丘南陵の候補地として、一八八七年(明治二〇)に御陵墓伝説地となりましたが、結局のところ、武烈天皇陵も顕宗天皇陵も別の場所に決定されました。築山古墳の被葬者はとくに定められず、現在は「磐園《いわその》陵墓参考地」として宮内庁が管理しています。

数度にわたる宮内庁の発掘調査がありました。一九九六年はおもに北側の墳丘裾と外堤部分、一九九九年はおもに南側の墳丘裾に対して調査が行われました。それにより明らかになった点があります。

前方部南側に幅三〇メートル、奥行一五メートルほどの平面が台形となる周濠へ張り出た部分があり、造り出しになること、前方部北側の周濠が今より広いこと、葺石《ふきいし》の残り具合から墳丘規模の推測が可能となったことなどです。また、一六世紀後半に墳丘が改変され城郭として利用された可能性があります。

小字名を城山と名づけられたのも、由縁あることになります。

宮内庁の調査による出土遺物には円筒埴輪、朝顔形埴輪、壺形・蓋《きぬがさ》形・靫《ゆき》形・盾形・柵形・家形・囲《かこい》形などの形象埴輪とミニュチュア土器があります。次頁の写真は、左右に長方形の板が付く鰭《ひれ》付き

上　築山古墳（中央）の周辺には３基の大型円墳がある（写真・朝日新聞社）
下　築山古墳遠景。南から（写真・著者）

出土の鰭付き円筒埴輪
（写真・宮内庁）

円筒埴輪です。基底部から第一段が半円形、第三段と第五段に長方形の透かし孔が開けられています。左半分に広範囲の黒斑《こくはん》が観察できます。これは野焼きで焼かれた証拠です。こういった特徴は、前期古墳出土の円筒埴輪によく見られます。

造り出しでは二基の穴（土坑《どこう》）が見つかりました。状態のよい方は九〇センチ×七〇センチの楕円形、深さ五〇センチの穴で、石が入れられて、その間にミニュチュアの丸底壺六点（口径五センチ程度が多い）と高杯《たかつき》一点が埋納されていました。㉕の佐紀古墳群の五社神《ごさし》古墳（現、神功皇后陵）でも取りあげましたが、ミニチュア土器は造り出しで行われたなんらかの祭祀《さいし》に関係したものでしょう。

周辺を見ると、東側に直径九六メートルのコンピラ山古墳、南側には直径五〇メートルの茶臼山古墳、北側丘陵上（児童公園内）には粘土槨をもつ直径四〇メートルのカン山古墳という三基の大型円墳が分布しています。同時期に造られた古墳なのか、検討が必要ですが、階層性のある営みを見せています。

築山古墳は、近くよりも遠くから見るほどに大きな墳丘を実感できます。北方一・四キロにある新山古墳から望むと、高田川沿いに山のように見えます。大和高田市と葛城市との境界近くの南からも、ひときわ高く緑が目立ちます。馬見丘陵南端にある立地が古墳の存在を引き立てているのでしょう。まるで、葛城地域を睥睨《へいげい》するかのようです。

㊿ 森本六爾の踏査で埋葬施設がわかる——新木山古墳

大和郡山市に陵墓参考地の新木山古墳がありましたが、北葛城郡広陵町三吉《みつよし》にも同名でよばれる古墳があります。

馬見古墳群の中央群にある墳長二〇〇メートルの大型前方後円墳がそれで、前方部は東向き、段築は三段、両側くびれ部に造り出しがあります。幅二〇メートルの盾形周濠がめぐり、周濠の南側は田畑となりますが、地割《じわり》に周濠と外堤の痕跡をたどることができます。

広陵町教育委員会の南側の発掘調査で幅二〇メートル、高さ三メートル以上の外堤や、外周溝が設けられていることがわかりました。巣山古墳につづく、古墳時代中期前葉から中葉（五世紀前半）に造られました。

一八八二年（明治一五）には、勾玉《まがたま》や管玉《くだだま》、棗玉《なつめだま》（ナツメの実のような楕円形の玉）などが出土し、八四年に買収され、八六年に宮内省（当時）の陵墓の候補地、すなわち陵墓伝説地になりました。その後、一九二六年（大正一五）一〇月の「皇室陵墓令施行規則」で陵墓参考地と改められた以降、「三吉陵墓参考地」という固有の名称が付けられて、現在に至ります。

奈良県で生まれた考古学者、森本六爾《ろくじ》（一九〇三―三六）が残した野帳《やちょう》（フィールドノート）に踏査記録が載せられています。訪れたのは一九二三年八月のこと、地元の人から聞き取った埋葬施設の見取り図があります。今では知ることのできない貴重な記録です。

それには、細長い五枚の凝灰岩《ぎょうかいがん》を並べた天井石と、薄く割れた安山岩の石材を積んだ壁が描かれています。床面には白色の石英の小石が敷かれ、朱が混じっていたと記されています。つまり、埋葬施設は竪穴式石槨だということです。

天井石を凝灰岩と記しています。兵庫県の加古川流域から運ばれてきた凝灰岩の一種、竜山石《たつやまいし》でしょうか。磯城郡川西町の島の山古墳や葛城市の新庄屋敷山古墳でも、竜山石の天井石が見つかっています。

しかし、近畿の大型の中期古墳に見られる長持形《ながもちがた》石棺についての記載はありません。まだ知られていな

上　新木山古墳上空 南から。奥に巣山古墳が見える（写真・朝日新聞社）
下　後円部の南側の周濠と外堤（写真・著者）

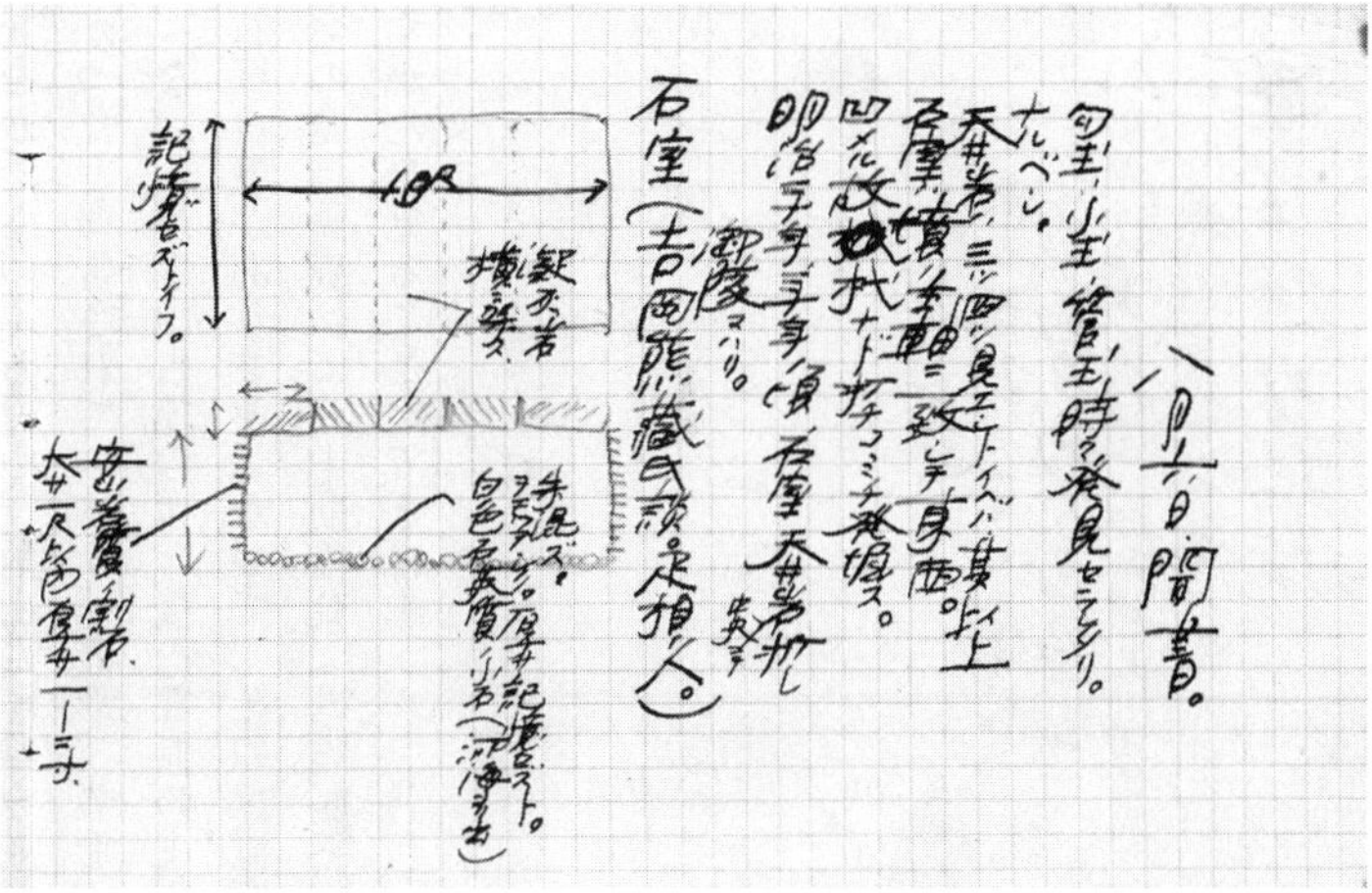

森本六爾の野帳に描かれた新木山古墳の踏査記録（写真・奈良県立橿原考古学研究所附属博物館）

い情報があるのかもしれません。

馬見古墳群の中央群では、墳長一〇〇メートル前後の帆立貝形前方後円墳の池上古墳、乙女山古墳、前方後円墳のナガレ山古墳、佐味田宝塚古墳などでは竪穴式石槨ではなく、木棺《もっかん》の底・側・蓋を粘土で覆う粘土槨が埋葬施設となったと推定されます。一方、墳長二〇〇メートル以上の大型前方後円墳の巣山古墳とこの新木山古墳は竪穴式石槨です。葬られた人物の格付けの差を示したものでしょう。森本六爾の記録のおかげで、新木山古墳の埋葬施設がはっきりしました。それでこのような推測ができるようになりました。

森本は前方部頂上近くの南側にある円筒埴輪列の現況略測図面も残しています。前方部の南側側面の第二段の平坦面にめぐらされた円筒埴輪列のことを示したものだと推測されます。

二〇一〇年の宮内庁の調査で、墳丘第一段の平坦面の円筒埴輪列の様子が確かめられました。南側の墳丘裾を中心に一二ヶ所のトレンチが設けられました。墳丘をかたちづくる途中、地山に埴輪を並べ、その後に盛土をしながら、埴輪の最下段を埋めたことがわかったと報告されています。壺形、蓋形、家形、短甲形などの形象埴輪が確認されています。

なお、新木山古墳の西、後円部側の主軸線延長上に、墳長四五メートルの帆立貝形前方後円墳、三吉石塚古墳があります。かつて、その位置関係から陪塚とみられたこともありましたが、広陵町教育委員会の発掘調査により中期後葉（五世紀後半）の築造になることが判明しました。現在、復元整備されたすがたを見ることができます。

⑬ 顕宗天皇陵説があった古墳——狐井塚古墳

馬見丘陵の南辺にある狐井塚古墳は、周辺の住宅に埋もれてしまい、墳形の全容を見るのが難しくなっています。築山古墳の南約三〇〇メートル、大和高田市大字池田にある、東西方向の墳長七五メートルの中型前方後円墳です。宮内庁は「陵西陵墓《おかにし》参考地」として管理しています。

一九二六年（大正一五）に帝室林野局が測量した陵墓地形図には、前方部側に向かって広がる幅二〇メートルの盾形周濠の痕跡が表れています。今までに発掘調査されたことはなく、かつて円筒埴輪が出土したといわれていますが、内容は不明です。周濠のかたちや後円部と前方部の高さが同じぐらいであることなどから類推して、中期後葉（五世紀後半）ごろに造られた古墳と考えます。

狐井塚古墳の西南八〇〇メートルにある、池田の集落の小池寺西側の地蔵堂には、鎌倉時代に作られた石棺仏《せっかんぶつ》が祀られています。さらに寺の向かい側の春日若宮神社には長さ二一七センチ、幅七六センチの石材が置かれています。双方とも兵庫県加古川流域の竜山石です。ふたつを同じ長持形石棺の部材（蓋石と底石に当たる）だとみて、これらが狐井塚古墳から運ばれてきたものではないかとする考えがあります。

周辺には、飛地《とびち》が五ヶ所（い号〜ほ号）も、ともないます。多くは馬見丘陵の南縁を走るJR和歌山線の線路脇の北側にあります。低い高まりでかたちの定まらない状態にあり、古墳であるかさえ確かではありません。もっとも線路を隔てた南側一帯は池田遺跡で、古墳時代中期の十数基の古墳が大和高田

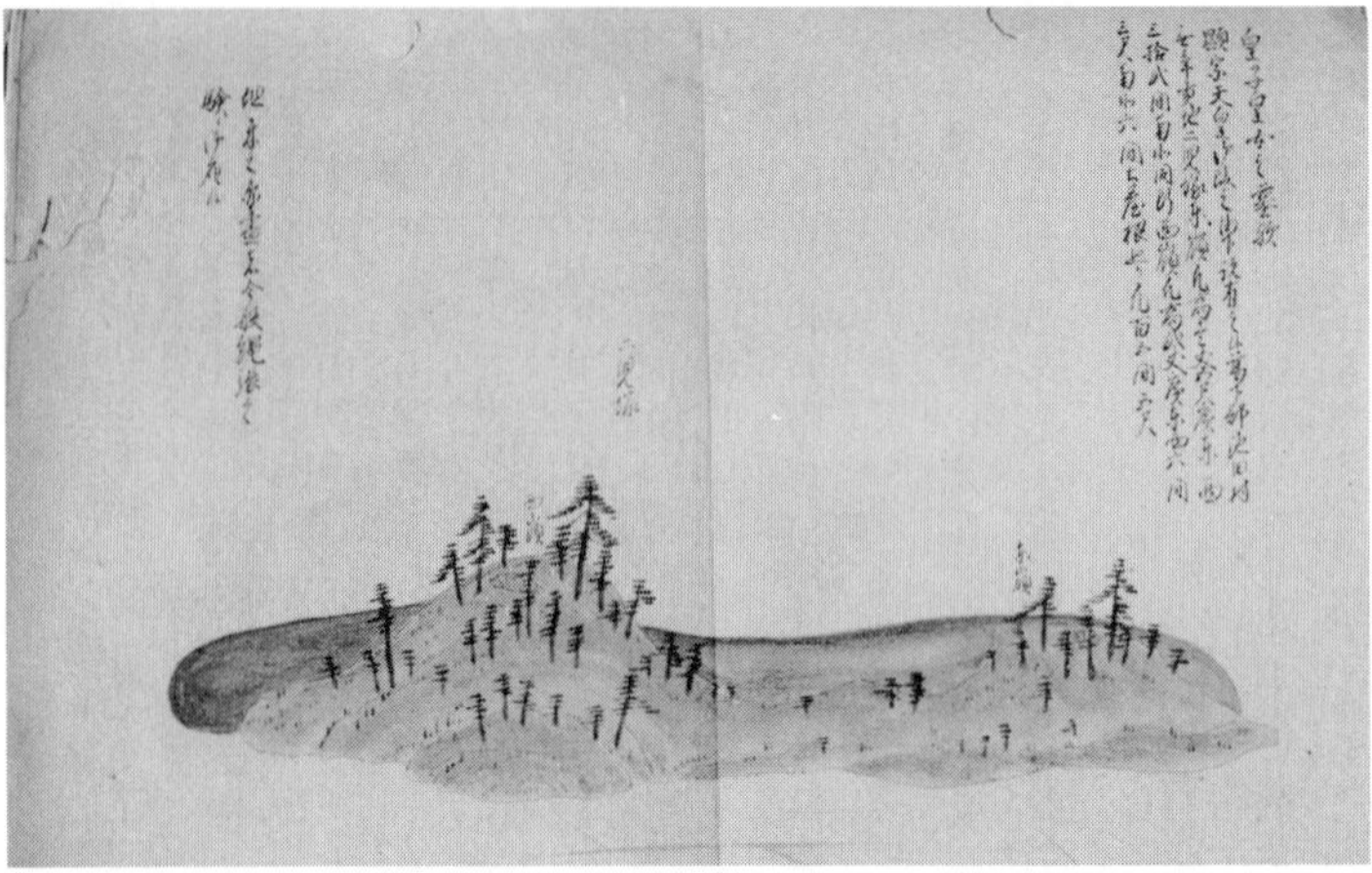

『大和国御陵絵図』に描かれている二児塚（写真・著者提供）

狐井塚古墳 北東上空から。線路を挟んで奥が池田遺跡（写真・朝日新聞社）

市教育委員会によって発掘調査されました。飛地はこの古墳群の延長として理解できるかもしれません。

ところで、狐井塚古墳が宮内大臣から御陵墓伝説地として「達」が出されるのは一八九七（明治三〇）年のことです。その後も、被葬者が特定されることはありませんでした。しかし、江戸時代には顕宗天皇陵とされることが多かったようです。藤堂《とうどう》藩士の山陵家、北浦定政《きたうらさだまさ》が嘉永《かえい》元年（一八四八）に著わした『打墨縄《うちすみなわ》』の顕宗の条に「武烈陵の南に双ぶ、字二児山とよぶ、其地は池田村」とあります。「さて、二児山はどこだろうか」と山陵絵図に当たると、県立橿原考古学研究所の初代所長、末永雅雄の蔵書にあった『大和国御陵絵図《やまとのくにごりようえず》』のなかに二児塚が描かれています。同系統の写本の絵図が、宮内庁や水木要太郎資料にもあります。詞書《ことばがき》に「皇子皇女之墓坎《か》」として、「顕宗天皇御陵」説と所在地が「葛下郡池田村」となることを示しています。

絵図は南側からの鳥瞰図です。後円部側を「西嶺」、前方部側を「東嶺」と表記しています。北側の周濠部分の池は青く着色されています。墳丘は松でしょうか、木々がまばらに描かれています。後円部と前方部の頂上、表記の近くをよくご覧下さい。地面が掘られて穴が開いたままです。盗掘の痕跡でしょう。

今は目立たない狐井塚古墳ですが、江戸時代の山陵家からは顕宗天皇の「傍丘磐杯丘南陵《かたおかのいわつきのおかのみなみのみささぎ》」とみなされていたことがわかります。ちなみに武烈天皇の「傍丘磐杯丘北陵」は、北側に近接する築山古墳だという主張です。古代の律令期にも同様に見立てられていたものか、あらためて考える必要があるのではないでしょうか。

㊹ 古墳の裾をめぐる謎の溝——北花内三歳山古墳❶

葛城市の近鉄御所《ごせ》線新庄駅の南五〇〇メートルに北花内三歳山《きたはなうちさんざいやま》古墳があります。葛城山が大きく間近に感じられます。古代史上に著名な豪族「葛城氏」の本拠地にある古墳時代中期末葉〜後期初葉（西暦五〇〇年前後）の墳長八三メートルの前方後円墳です。前方部を南西に向けます。後円部の直径に対して前方部の幅が広く、まるで干しダコのようなかたちです。墳丘の外には前方部方向に開く盾形周濠がめぐります。

現在、宮内庁は履中《りちゅう》天皇の皇孫女、飯豊《いいとよ》天皇の「埴口丘《はにぐちのおか》陵《みささぎ》」として管理しています。飯豊天皇は『古事記』に忍海郎女《おしぬみのいらつめ》、飯豊王《おおきみ》、『日本書記に』飯豊青《いいとよあお》皇女、飯豊女王、忍海部《おしぬべ》女王などの名でも登場します。第二二代の清寧《せいねい》天皇に跡継ぎがなく、播磨《はりま》（現在の兵家県西南部）に市辺押磐皇子《いちのへのおしはのみこ》（履中天皇の子）の遺児となる億計《オケ》王（のちの仁賢《にんけん》天皇）と弘計《ヲケ》王（のちの顕宗天皇）を見つけたが皇位を譲り合い空位となったので、忍海角刺宮《おしみのつのさしのみや》で臨時に政《まつりごと》を行った女性として『日本書紀』顕宗即位前紀に登場します。平安時代末の歴史書『扶《ふ》桑略記《そうりやくき》』は「廿四代 女帝」として歴代天皇に数えます。

一方、『延喜式』が歴代としなかったためか、この古墳は幕末の文久修陵まで江戸幕府の治定《じじょう》や修復の対象外でした。でも、地域社会は三歳山《さんざいやま》とよんでいたようです。古墳名はこの三歳山に拠ります。陵墓となる伝承がある古墳を、「陵《みささぎ》」から転じてミサンザイ、ニサンザイなどとよぶこともあり、三歳山の呼び名も陵から転じたものでしょう。

さらに、幕末まで墳丘上にあった諸鍬《もろくわ》八幡宮のうちに飯豊天皇社が設けられていました。そうとなれば、飯豊天皇陵とする伝承が近世以前に溯る可能性があります。

過去六回ほど行われた宮内庁や奈良県立橿原考古学研究所の発掘調査で、墳丘や外堤の様子がわかるようになってきました。そのうち県立橿原考古学研究所の北西側外堤隣接地の調査で、今の外堤は当初のものではなく、外堤の下や外側にも元の周濠の堆積土が観察されたことから、現在の周濠は現状よりも広くなると考えられています。

北花内三歳山古墳（手前）。奥に葛城山を望む（写真・朝日新聞社）

二〇〇五年に行われた宮内庁の発掘調査では、墳丘裾に一二ヶ所のトレンチ（調査区）が設けられました。整備工事の事前データを得るための調査です。この時の限定公開に私も参加しました。

印象深かったのは、発掘調査で現況の墳丘裾まわりに沿って掘られた溝の存在が新たにわかったことです。報告では「溝2」と表記されました。ほとんどのトレンチで観察できました。全周しているのでしょう。上端幅二・五―三メートル、深さ一・三メートル、逆台形の断面をもつ溝です。

この溝2が掘られたために、本来の墳丘がかなり削られてしまったようです。後円部側は今より直径が大きくなる一方、前方部側面は今より内側に元の墳丘裾があるだろうと考えられています。墳形を干しダコと形容しましたが、あくまでも現況についての表現です。

出土遺物から、溝2は一三―一四世紀に掘られ、近世までに埋まったことがわかりました。用途は謎です。戦乱に備えた防御用でしょうか。溝が埋まった後、七〇センチから一メートルの盛土がなされま

北花内三歳山古墳 南西上空から（写真・朝日新聞社）

した。一九世紀前半から中ごろに行われたとみられます。さらに、その上に幕末の文久修陵にともなう厚さ二メートルにも及ぶ盛土があります。

古墳は築造後、三度にわたり大きく姿を変えました。この古墳では円筒埴輪の出土量が豊富です。溝2の掘削作業で、墳丘第一段平坦面の埴輪列が壊されたのではないだろうかと思っています。だれの仕業でしょうか。今のところ謎です。

㊺ 女王の陵墓、神社となる――北花内三歳山古墳❷

㊹で、北花内三歳山古墳を女性である飯豊天皇の陵墓とする伝承が、近世以前に溯るかもしれないと紹介しました。また、三歳山というよび名も、「陵」にちなんだものではないかと記しました。「陵」は「みささぎ」と今は読みますが、古くは「みさざき」と発音していたようです。どのように変化をたどったものかは、よくわかりませんが、被葬者名を名乗らずに単に、「陵山《みささぎやま》」と、よばれていたのかもしれません。

さらに北花内の地域名は、戦国時代の史料に出てきます。南花内と合わせて「花内」と総称されることもあったようです。花内は、以前には花口と称されていたともいわれています。つまり「はなうち」は陵名の埴口丘陵の「はにぐち」に通じるというのです。

北花内三歳山古墳の被葬者は、古くから飯豊天皇だと考えられていたとみてよさそうです。「あたりまえだろう」という人がいるかもしれませんが、律令国家が定めた陵墓の在りかを知る手掛かりが中世以前にとどくのは、とてもめずらしいことです。

平安時代後半ともなると、多くの古代の陵墓で管理や祭祀が行われなくなり、被葬者の伝承すら廃れました。

たとえば以前に紹介（⑬）しました天理市の渋谷向山古墳（現、景行天皇陵）に関する渋谷町有文書では、幕末に陵墓とされるまで、地元の渋谷村では「山」として認識されていたことがわかります。そ

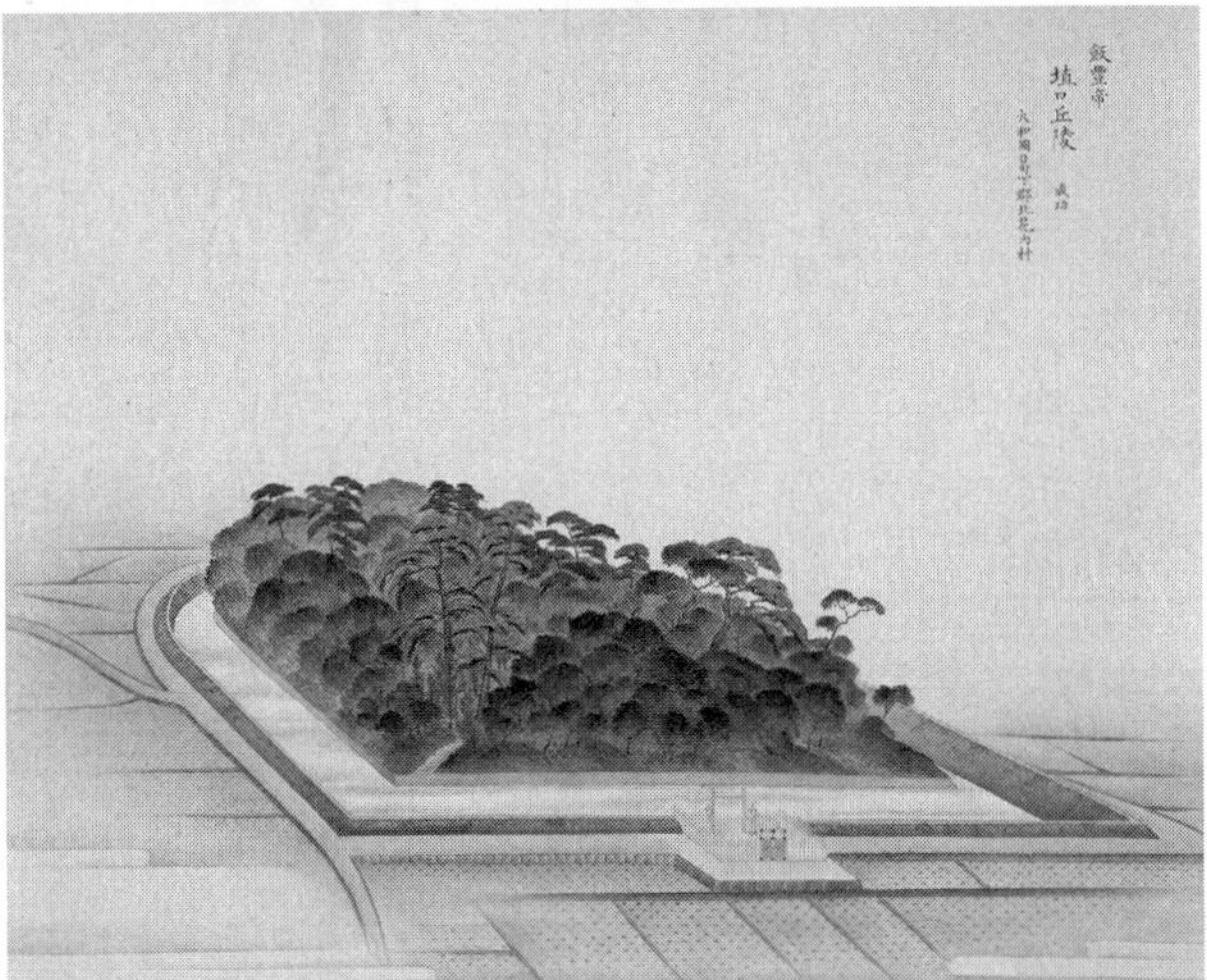

修陵前の埴口丘陵（北花内三歳山古墳）を描いた『御陵画帖』荒蕪図（上）と修陵後の成功図（ともに写真・国立公文書館）

北花内三歳山古墳の近景、東から。奥に葛城山麓が見える（写真・著者）

こで、陵墓とされた段階で「山」は地元から買い上げられることになります。山林としての利益を得る権利が在地社会にあったことがわかります。

ただ、誤解されるといけないので記しますが、『古事記』『日本書紀』の飯豊天皇の記事をそのまま五世紀末の葛城地域の歴史と認められるかは、検討が必要です。これまでにも触れましたが、それらの史料には、七世紀以降の「記紀」編纂《へんさん》者の考え方が反映しているからです。

さて江戸時代の北花内三歳山古墳ですが、天和元年（一六八一）には地元の新庄藩主桑山一伊《くわやまかずただ》が、一族の氏神の諸鍬社と領内九ヶ村の氏神からなる三歳山八幡宮を墳丘上に祀ることになります。享保二一年（一七三六）の『大和志』の「埴口墓」の項目に天和に桑山氏が墓を毀《こわ》して、八幡の神祠《しんし》を建てたとあります。

飯豊天皇陵に対する修陵は、元治元年（一八六四）一〇月に開始され、翌年一月に完成します。前ページに掲げた絵図は、幕末の文久修陵前の様子を描いた荒蕪《こうぶ》図と、修陵後の成功《じょうごう》図です。荒蕪図の左手には、前方部西南の角から延びる参道があり、朱塗りの鳥居と八幡宮の社殿が見えます。南側の一段下がった部分には、四棟の建物の屋根が樹木の間に見え隠れしています。神主だった福井越後と禰宜《ねぎ》の藤井薩摩の居宅とみられています。背景には二上山が描かれています。

八幡宮と居宅は取り払われ、移転を余儀なくされました。成功図では墳丘内に参道が見える以外は、跡形もありません。

八幡宮の移転先ですが、村々での論議を経て諸鍬社があった旧鎮座地に落ち着くことになります。現在は諸鍬神社（葛城市弁之庄《べんのしょう》）となっています。拝殿の脇に「三歳山」と彫られた寛延元年（一七四八）九月銘の二基の永代常夜燈の竿《さお》部分（石灯籠《いしどうろう》の柱に当たる）が置かれています。三歳山八幡宮から運ばれてきたものでしょう。北花内三歳山古墳にかつて神社が存在した証しといえます。

㊻「葛城氏」滅亡後に築かれたか――北花内三歳山古墳❸

御所市の室宮山古墳《むろみややま》は葛城地域を代表する大型前方後円墳です。古墳時代中期前葉（五世紀前半）に築かれました。その後、中期中葉（五世紀中ごろ）以降には掖上鑵子塚古墳《わきがみかんすづか》（墳長一四九メートル）、葛城市の屋敷山古墳（墳長一三五メートル）、火振山古墳《ひふりやま》（墳長九五メートル）、中期末葉（五世紀末）以降に、この北花内三歳山古墳（墳長八三メートル）が築かれます。

室宮山古墳の後円部埋葬施設は、竪穴式石槨で、なかに長持形石棺が据えられています。城郭として利用されたためか、すでに原形はとどめていませんが、屋敷山古墳も竪穴式石槨に長持形石棺がともなうものとみなされています。掖上鑵子塚古墳にも長持形石棺が備わるようです。では、北花内三歳山古墳の埋葬施設はどのようなものだったのでしょうか。

かつて私は、一八七九年（明治一二）の山陵絵図『御陵図』（奈良県立橿原考古学研究所蔵）に、後円部頂上から前方部にかかる場所に石材が描かれていることから、これを横穴式石室の一部ではないかと記したことがあります。奈良県内の前方後円墳の横穴式石室で古い例は、後期前葉（六世紀前半）の高市郡高取町の市尾墓山古墳《いちおはかやま》（墳長六六メートル）です。私はそれより古い横穴式石室が北花内三歳山古墳にあるかもしれないと考えたのです。

でも、自説の根拠は二〇〇五年一二月にくずれます。宮内庁の発掘調査の学会への限定公開の時です。各トレンチ（調査区）を見るため墳丘内を移動します。宮内庁書陵部の専門職員の先導で、山陵絵図に

上　北花内三歳山古墳 西上空から（写真・朝日新聞社）
下　地上から。奥に二上山が見える（写真・著者）

描かれた石材の横を通ることになりました。たしかに石材はありましたが、石室石材ではありません。㊺に記した三歳山八幡宮の施設の用材のように見えました。

なぜ、北花内三歳山古墳の埋葬施設を横穴式石室だと考えたのか。

前方後円墳の二塚古墳（墳長六〇メートル）の埋葬施設が横穴式石室だったことにも関係します。二塚古墳は北花内三歳山古墳の西二・五キロの葛城山麓にあります。二塚古墳は後期中葉（六世紀中ごろ）に築かれました。その前に北花内三歳山古墳の築造が節目となり、葛城地域の首長墓の埋葬施設に横穴式石室が採り入れられるようになったのならば、竪穴式石槨や石棺の直葬《ちょくそう》から横穴式石室への移り変わりが理解しやすいと考えました。

『古事記』『日本書紀』は、雄略天皇が即位前に「葛城氏」の首長である円大臣《つぶらのおおおみ》を滅ぼしたと記します。その実年代を知る手掛かりが、埼玉県の埼玉《さきたま》稲荷山古墳出土鉄剣です。雄略天皇とみられる「獲加多支鹵大王《わかたけるのおおきみ》」の名と共に「辛亥《しんがい》年七月中」と干支を用いた年代表記が剣身に刻まれています。「辛亥年」は西暦四七一年にあたります。雄略天皇、すなわちワカタケル大王の即位前となれば、「葛城氏」の滅亡はそれ以前となります。

北花内三歳山古墳の築造が五世紀末―六世紀初めとみられること、『日本書紀』によれば北花内三歳山古墳の被葬者とされてきた「飯豊青皇女」が清寧天皇の没後、弘計王と億計王が皇位を譲り合う間に臨時に政務を執ったと記します。築造年代について史料上からも、考古学上からも矛盾がないことになります。

結局のところ、北花内三歳山古墳の埋葬施設がどのようなものかは不明のままです。また、考古学の立場からすれば、被葬者が古くから伝承されてきたとはいえ、「飯豊青皇女」と確定することはできません。しかし、地域支配の転換点に北花内三歳山古墳が築かれた可能性まで否定されるものではありません。

はたして、北花内三歳山古墳は「葛城氏」滅亡後に築造された地域首長墓でよいでしょうか。それならば室宮山古墳や掖上鑵子塚古墳、屋敷山古墳、火振山古墳といった北花内三歳山古墳以前の古墳は「葛城氏」が築いたものでしょうか。

⑰ 皇子墓の実像と「葛城氏」——ジヲウ古墳

吉野口駅は、JR和歌山線と近鉄吉野線が出合う鉄路の要衝です。古代も同様だったのではないでしょうか。葛上《かつじょう》・高市・吉野の三郡の境界付近に位置します。巨勢路《こせじ》に沿って南に行くと重坂峠《へいさかとうげ》を越えて五條、北に行くと市尾《いちお》を経て飛鳥につながります。西は葛《くず》から大口峠《おおぐちとうげ》を経て室《むろ》や名柄《ながら》、東は今木《いまき》、下渕《しもぶち》を経て吉野川に出ます。ジヲウ古墳は、その途中の奈良県吉野郡大淀町今木にあります。

南に開けた丘陵斜面に貼りつくかのように築かれています。「山寄せの古墳」と表現することもあります。七世紀代の古墳にみられる特徴です。航空写真では鳥居の背後の木々が円形に茂る様子が観察できます。陵墓地形図を参考にして計ると、一五メートルの円墳か方墳とみられます。『陵墓録』(国立公文書館蔵)によれば、一八七六年(明治九)九月に「坂合　黒彦皇子墓《さかあいのくろひこ》」に決定されました。

坂合黒彦皇子は、允恭《いんぎょう》天皇の皇子で安康《あんこう》天皇を刺殺した眉輪《まゆわ》王と共に葛城の首長の円大臣の宅《いえ》に逃げ入りますが、円大臣ともども即位前の雄略天皇に焼き殺されたと、『日本書紀』に記された人物です。その屍《しかばね》は「新漢《いまきのあや》の槻本《つきもと》の南の丘」に側近者と合葬されたといいます。明治政府は、この「いまき」の地名に当たるなかで、現在地に陵墓を求めたのです。

『日本書紀』の記述内容への検討は常に課題ですが、これはいつのことでしょうか。

その記述どおり、雄略天皇の即位前だとするならば、その定点となる実年代を考古資料で知ることができます。㊻にもふれましたが、雄略天皇の諱《いみな》(生前の実名)とみられる「獲加多支鹵大王」を刻んだ埼玉県の稲荷山古墳から出土した鉄剣銘文が示す辛亥年（四七一）より前の出来事となります。つまり、五世紀末までにワカタケル大王によって「葛城氏」は滅ぼされたことになります。

ところで、ジヲウ古墳の北西にある正福寺古墳は横穴式石室を備えた円墳です。さらに西側の保久良《ほくら》古墳は二〇一二年に大淀町教育委員会が発掘調査を行い、直径一五メートルの円墳、全長九・五メートルの横穴式石室で結晶片岩《けっしょうへんがん》の石棺材や鉄刀、鉄釘、琥珀玉《こはくだま》などが出土しました。ともに飛鳥時代に当たる七世紀の古墳と考えられています。南に開き、主丘陵を背後にもつ同様の立地にあるジヲウ古墳も近

手前下方に見える鳥居の奥がジヲウ古墳。南上空から（写真・朝日新聞社）

い時期に造られたとみられます。

そうとなれば、被葬者を五世紀後半の人物となる坂合黒彦皇子とするのは困難になります。もっとも、現時点では資料は少なく考古学の立場からは、被葬者は不明とせざるをえません。

一方、坂合黒彦皇子と運命を共にした円大臣の墓は、葛城にあるのでしょうか。これまで「葛城氏」は葛城襲《かつらぎのそ》津《つ》彦《ひこ》（ソツヒコ）をはじめとする古代史上の大豪族で「応神以後、仁徳・履中・反正・允恭など、いわゆる倭の五王時代には大王家の外戚として繁栄を誇っていた」（『改訂新庄町史本編』一九七四

上　ジヲウ古墳の前の谷から水越峠を遠望（奥）
下　丘陵斜面にあるジヲウ古墳
（ともに写真・著者）

年）と、紹介されてきました。

ところが、葛城地域にある古墳では御所市の室宮山古墳が墳長二三八メートルの大型前方後円墳ですが、ほかは墳長一五〇メートルほどの中型前方後円墳です。大王の外戚となる豪族の古墳とするには見劣りがします。そこで、北方の馬見古墳群を含めて「葛城氏」が経営したと考えると提案したのが森浩一でした。一九五五年のことです。馬見古墳群の造営の盛期が、古墳時代中期の五世紀代にあり、史料上の「葛城氏」の盛衰に結びつくということが、おもな理由です。

でも、私は見直しの必要があると感じています。提案の当時は、室宮山古墳が葛城で最初に出現した大型前方後円墳だと考えられていました。しかし、51で紹介したように、今では大和高田市の築山古墳（磐園陵墓参考地）が室宮山古墳より先の前期末葉から中期初葉（四世紀後半）に築かれたことが調査研究により判明しました。

「葛城氏」の系譜上（『古事記』『日本書紀』の記述上にみる系譜）の祖《おや》となるソツヒコを、室宮山古墳の被葬者とする考えが定説化していますが、築山古墳の方が先に築かれている以上、その説明では矛盾が生じます。「葛城氏」の実態が葛城山麓の古墳に反映しているならば、ソツヒコの実在性を含めて、あらためて考古学の立場から「葛城氏」について考える必要があるでしょう。

第5章
飛鳥ほか

野口王墓古墳への立ち入り観察（2014年2月）著者撮影

⑱「日本国」誕生の舞台——飛鳥

今からおよそ一四〇〇年前のこと、飛鳥はこの国の都でした。それも、大きく国のかたちが転換する歴史の舞台の中心にありました。

「青信号は進め、赤信号は止まれ」や「もうすぐ八時、学校に遅れる」「今日、着いた荷物の中身を、しっかりメモしておいてね」など、決まりごとや時刻に合わせての行動、出来事を文字で記録するなどは毎日のこととして、多くの人が行っています。実際には守れない、守らないことがあったとしても、現代につながる規則の基本が始まったのは飛鳥の地だといってもいいでしょう。それで、その土地の名を冠して呼ぶ時代が、すなわち飛鳥時代です。六世紀末から八世紀初めの約百年間に及びます。

この間、『日本書紀』などによれば百済《くだら》の聖明王《せいめいおう》から伝えられた仏教が定着し、寺院も造られます。朝鮮半島の高句麗《こうくり》、新羅《しらぎ》、百済から新たな渡来人もやって来ます。もちろん、渡来文化も伝えられます。東アジアの国々と人々の交流のなかで、法にもとづいた国家の運営が始まります。そのための役所や役人の配置がなされます。人、物資、情報が行き交うための道も整備されます。律令制度の導入です。

その証拠となる考古資料が飛鳥から続々と見つかっています。なかでも明日香村岡の飛鳥宮跡《あすかきゆうせき》での整然とした宮殿建物、同村飛鳥にある水時計「漏刻《ろうこく》」の遺構とみられる飛鳥水落《みずおち》遺跡はよく知られています。飛鳥時代を実証するものは、これらの遺構（考古学が対象とする構造物）だけではありません。直接、文字を記した遺物（考古学が対象とする出土品など）も見つかっています。毎日の吉凶を記した持統三年

飛鳥地域の天皇陵古墳南上空から（写真・朝日新聞社）

（六八九）三、四月の「具注暦《ぐちゅうれき》」の石神《いしがみ》遺跡からの出土、飛鳥宮跡や飛鳥京跡苑池からの木簡の出土など、律令制度の導入に関連する考古学上の証拠です。

『古事記』『日本書紀』の編纂《へんさん》作業が始まるのも、飛鳥時代のことです。飛鳥地域はそのお膝元です。ですから、飛鳥の古墳には、史料に登場する実在人物の古墳に当たるものが多く存在します。もちろん、それが妥当かどうかを考古学、歴史学から検討することが常に求められます。天皇陵古墳も例外ではありません。

たとえば、考古学の命名法による古墳の名称としては野口王墓《のぐちのおうのはか》古墳、宮内庁が管理する陵墓としての名称（陵名）は檜隈大内陵《ひのくまのおおうちのみささぎ》、便宜的な呼称としては天武《てんむ》・持統《じとう》陵、明日香村野口にあるこの八角墳は、代表的な飛鳥の天皇陵古墳です。多くの古代史や考古学の研究者は、現在の治定《じじょう》どおり天武天皇と持統天皇を合葬した真陵（本当の陵墓）だと考えています。

一方、現在の治定に疑問がもたれている天皇陵古墳もあります。たとえば高市《たかいち》郡高取町車木《くるまき》の丘陵上にある車木天皇山古墳は、宮内庁では斉明天皇の越智崗上陵《おちのおかのえのみささぎ》として管理を行っていますが、近年の発掘調査で八角墳になることが確かめられた明日香村の牽牛子塚《けんごしづか》古墳こそが、宝《たから》皇女（斉明）の真陵だとみなすことにほとんど異論がありません。

飛鳥時代の古墳を終末期古墳とよぶことが一般的ですが、社会が大きく変わるこの時期には、古墳にも大きな変化が起きます。三世紀後半から三〇〇年以上にわたり有力な人物の墓となってきた前方後円墳が造られなくなるのです。橿原市五条野丸山古墳（畝傍《うねび》陵墓参考地）、明日香村梅山古墳（現、欽明《きんめい》天皇陵）は、近畿中部での最後の前方後円墳です。その後、大王・天皇の墓は大阪府山田高塚古墳（現、推古《すいこ》天皇陵）に代表される大型方墳となり、次の桜井市段ノ塚古墳（現、舒明《じょめい》天皇陵）からは八角墳になります。火葬を採用した文武《もんむ》天皇陵の真陵とみられる明日香村中尾山古墳も八角墳です。

法律により国家の秩序が維持され、文字による記録で運営されます。七世紀から八世紀のあいだに、倭《わ》から日本へと国号が変わります。最高首長の職位は大王から天皇と号されることになります。まさに「日本国の誕生」です。飛鳥時代を迎えて東北地方の北部地域を除き、ほぼ古墳の造営は終焉《しゅうえん》に向かいます。

なお、本章で対象とする地域は飛鳥とその周辺です。天皇陵古墳は一五ヶ所ほどあります。現在の市町村名では、高市郡明日香村を中心に北・西の橿原市、北東の桜井市、南の高取町に及ぶ範囲が対象になります。時代は、飛鳥前史となる古墳時代中期（五世紀）、後期（六世紀）と飛鳥時代にまたがります。

㊺ 東アジアにつながるか 日本一の方墳――桝山古墳

近鉄橿原神宮前駅から西に向かうと、ゆるやかにのぼる丘陵になります。北側には久米寺《くめでら》、南方一帯には橿原ニュータウンが広がります。丘陵を越すと、曽我川支流の高取川にかかる橋があります。橋の西詰めには益田《ますだ》池《いけ》の堤が残り、公園になっています。

池は平安時代に造られたとする記録があり、面積四〇ヘクタールと試算される広大な池でした。一九八二年に奈良県立橿原考古学研究所の発掘調査があり、堤の基底幅二八メートル、高さ九・一メートルの様子が明らかにされました。残念ながら、池の築造時期を発掘調査で知ることはできませんでしたが、古代にあっては、飛鳥の西方から畝傍山の南西方は湿地が広がっていたとみてよいでしょう。

この湿地帯の西側に新沢千塚《にいざわせんづか》古墳群、鳥屋ミサンザイ古墳（現、宣化《せんか》天皇陵）、そして貝吹山（標高二一〇メートル）から延びる丘陵先端の橿原市北越智町字桝ヶ山・鳥屋町字久保に桝山《ますやま》古墳があります。宮内庁では、崇神《すじん》天皇の皇子倭彦命の身狭桃花鳥坂《むさのつきさか》墓として管理しています。一八七七年（明治一〇）四月に陵墓に決定されました。

幹線道路からは見えず、鳥屋町の家並みが切れた奥まった場所にあります。空から見ると二一〇メートルに及ぶ前方後円形ですが、現地に出向いて生垣越しに見るなかの様子は異なります。

南西側の本来ならば、後円部に当たるところが四角形になっています。北東側の墳丘は途切れて、その先は低くて細い丘陵が続きます。もっとも、ここは古墳の前方部には見えません。

桝山古墳上空から。上
が西南
（写真・朝日新聞社）

枡山古墳東南から。
左側の森のなかにある
（写真・著者）

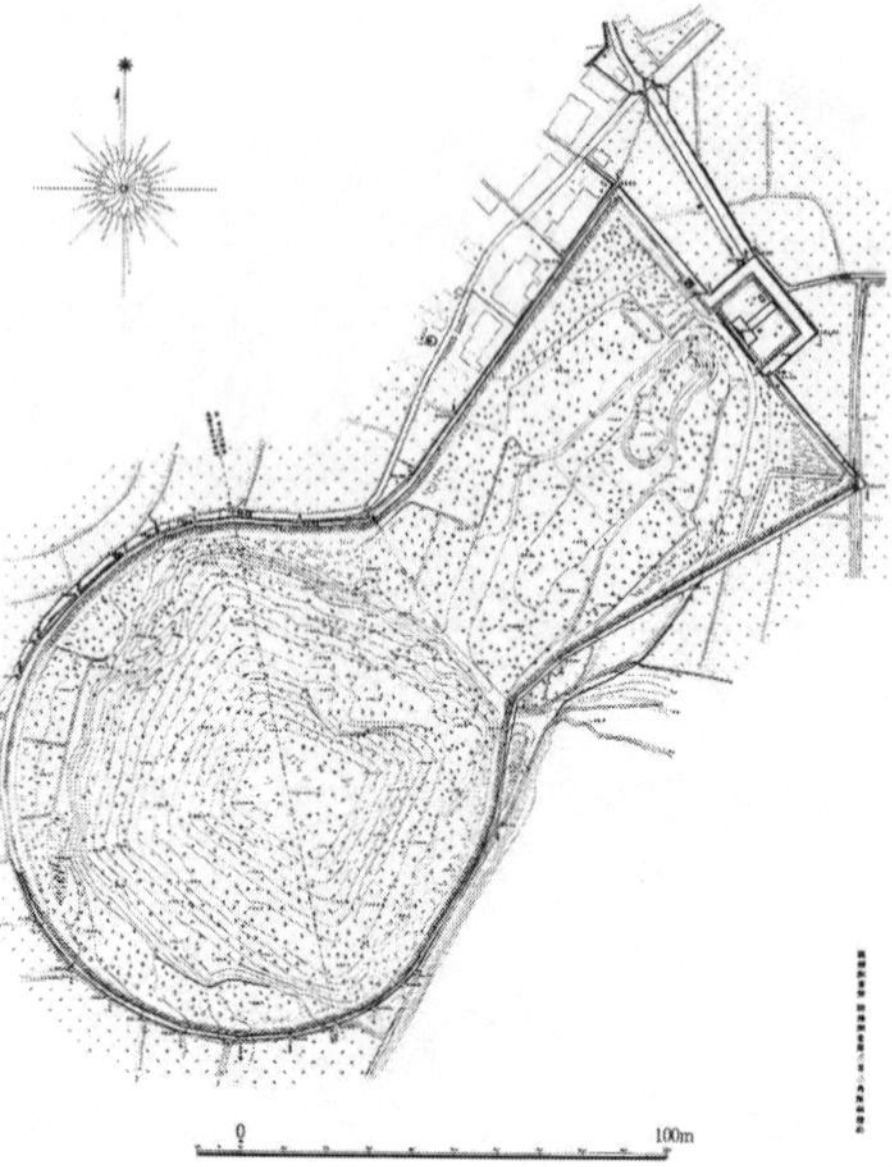

桝山古墳の地形図。後円相当部の等高線を見ると、四角形になっている（宮内庁書陵部陵墓課編『陵墓地形図集成（縮小版）』より）

実はこの四角形の部分が、桝山古墳です。名前のごとく枡形の大型方墳です。前方後円墳が倭彦命墓にふさわしいと考えたのでしょうか、明治時代の陵墓整備で、外見を前方後円形にしたようです。

同様に見かけ上、前方後円形に仕立てた例があります。大阪府羽曳野市の高鷲丸山《たかわしまるやま》古墳（現、雄略《ゆうりゃく》天皇陵）です。大型円墳の丸山古墳に隣接する方墳の平塚古墳を合わせて周囲を囲うことで、陵墓の範囲は前方後円形になっています。

桝山古墳の発掘調査は行われておらず、規模の確定はできていません。そこで陵墓地形図からその大きさを求めると一辺八五メートルほど、三段で築かれたとみられます。頂上部は平らで広い様子がうかがえます。黒斑《こくはん》とよばれる野焼きによる焼きムラが特徴の円筒埴輪《はにわ》が採集されています。古墳時代前期後半から中期前半（四世紀後半~五世紀前半）の間に造られたのでしょう。

前・中期の大型方墳としては、島根県安来市の大成《おおなり》古墳の一辺六〇メートル、造山一号墳の一辺六〇メートル、京都府綾部市の聖塚古墳の一辺五四メートルがあげられます。後期古墳や終末期古墳のなかにも大型方墳があります。明日香村石舞台古墳が一辺五〇メートル、小山田《こやまだ》古墳は一辺七〇メートルとみられます。天皇陵古墳では大阪府太子町の春日向山古墳（現、用明《ようめい》天皇陵）が一辺六四メートル、山田高塚古墳（現、推古天皇陵）が一辺六二メートルほどです。比べてみると、桝山古墳の大きさが際立ちます。ちなみに第二位は、千葉県栄町の竜角寺古墳群の岩屋古墳で一辺七八メートルです。

方墳は、東アジア世界の王墓に通じる墳形です。高句麗の太王陵が一辺六〇メートル以上、将軍塚が一辺三〇メートル以上の方墳です。それぞれに広開土王（好太王・三七四―四一二）を被葬者に当てる説があります。唐の高祖李淵（五六五―六三五）の献陵は東西一辺一三九メートル、南北一辺一一〇メートルと報告されています。

日本列島最大の方墳が出現した理由を考えるには、東アジアとのつながりも視野に入れる必要があるかもしれません。

⑥⓪「鳥陵」の名前を残す――鳥屋ミサンザイ古墳

⑤⑨で紹介した桝山古墳の築造から約一世紀後の六世紀前半のことです。桝山古墳がある尾根の北端、橿原市鳥屋町字見三才《みさんざい》に鳥屋ミサンザイ古墳が造られます。

墳長一三八メートルの前方後円墳で、墳丘は二段で築かれます。前方部は北向き、くびれ部の両側には造り出しがあります。盾《たて》形の周濠がめぐりますが、東側はそのまま灌漑《かんがい》用ため池の鳥屋池につながります。宮内庁では宣化天皇の身狭桃花鳥坂《むさのつきさか》上陵《のえのみささぎ》として管理しています。

『日本書紀』によれば、宣化天皇は継体《けいたい》天皇の皇子で、母は尾張草香《おわりのくさか》の娘である目子媛《めのこひめ》、安閑《あんかん》天皇の同母弟とあります。即位からわずか四年で檜隈廬入野宮《ひのくまいほりののみや》で崩じます。その陵には、皇后の橘仲皇女《たちばなのなかつひめみこ》とその孺子《わくご》（幼児）が合葬されたと記します。そこで鳥屋ミサンザイ古墳は一八七六年（明治九）には、皇后陵にもなりました。

次ページの航空写真はほぼ真上から撮られています。どちらが前方部か判然としませんが、実際は写真上（北側）が前方部です。判然としないのは、墳丘の特徴として、くびれ部が不明瞭であることや、後円部の直径と前方部の前端幅が約七五メートルでほぼ同じ長さになっているからでしょう。

墳丘裾や外堤裾での宮内庁の発掘調査では、古墳時代後期前葉（六世紀前半）の円筒埴輪や須恵器《すえき》類の出土がありました。形象埴輪はないようです。墳丘の特徴も合わせて考えると、これらは鳥屋ミサンザイ古墳が築かれた時期を示すものでしょう。

ところで、59に益田池について触れました。天長二年（八二五）に池が完成すると「益田池碑」が建てられます。碑の実物は失われましたが、弘法大師空海による碑文が八三〇年代に成立した『性霊《しょうりょう》集《しゅう》』に収められています。

碑文の序には、池の周囲の情景があげられています。「龍寺《りゅうのてら》を左、鳥陵《とりのみささぎ》を右にする。大墓《おおのはか》が南に聳《そび》え、畝傍が北に峙《そばだ》つ。来眼精舎《くめのしょうじゃ》が其の艮《うしとら》（北東）に鎮まり、武遮荒壟《むさのあらはか》が其の坤《ひつじさる》（南西）に押す」。諸説がありますが、この「鳥陵」は鳥屋ミサンザイ古墳を示すという説が有力です。

鳥屋ミサンザイ古墳上空から。上が北（写真・朝日新聞社）

鳥屋は、中世の有力な土豪であった興福寺一乗院方の国民《こくみん》、鳥屋氏の本拠地でした。そこで、鳥屋の名のおこりも陵名にある「桃花鳥坂」の一字に拠るのではないかと憶測します。平安時代に「鳥陵」とよばれ、また「陵」の読みから転じたとみられるミサンザイの名を残すことからすれば、古代以来、人物を特定しないまでも陵墓としての認識が在地社会に伝えられていたのでしょう。

西側の丘陵上の南北二キロ、東西二キロの範囲に新沢千塚古墳群が広がります。

縦に走る東西道路をはさんだ両側の丘陵上に新沢千塚古墳群が分布する（写真・朝日新聞社）

墳丘裾を接するように群集した状態で総数六〇〇基、大半が直径一五メートルほどの円墳です。奈良盆地有数の群集墳です。築造は五世紀半ばに始まり、六世紀後半に終わります。最盛期は、鳥屋ミサンザイ古墳が築造されたとみられる時期に重なる六世紀前半です。丘陵上に次々と小さな古墳が造られる一方、狭い谷をへだてた東側では単独で前方後円墳が築かれていたということになります。

後期古墳の鳥屋ミサンザイ古墳の規模は、後期古墳のうちでは決して小さいものではありません。でも、たとえば奈良市の佐紀古墳群のコナベ古墳、ウワナベ古墳、ヒシャゲ古墳などのように周囲に陪塚を配置することはありません。鳥屋ミサンザイ古墳と新沢千塚古墳群の被葬者のあいだに直接の主従関係があったのか、なかったのか。いずれにせよ、陪塚が外堤上に並ぶ五世紀代の中期古墳とは異なる光景です。

⑹ お雇い外国人が見た石室――五条野丸山古墳❶

近鉄吉野線飛鳥駅から橿原神宮前方面の電車に乗ると、左側（西側）の車窓に高取川が見えます。次の岡寺駅あたりで、川の流れは北から西にほぼ直角に曲がります。㊾で紹介した益田池の入口です。岡寺駅の西側に牟佐坐神社《むさにいますじんじゃ》の参道があります。注意深く見ると、周囲よりも高く、ここが池の堤であったのではないかと思います。

駅の東側に出ると街道に沿って民家が並び、その上の丘陵に五条野丸山古墳があります。墳長三一八メートル、奈良盆地最大の前方後円墳です。古墳時代後期後葉から末葉（六紀末ごろ）に築かれました。前方部を北西に向け、後円部には二基の家形石棺が収められた横穴式石室があります。

古墳の範囲は大きく橿原市五条野町、大軽《おおがる》町、見瀬町にまたがります。かつては見瀬丸山古墳とよばれていましたが、後円部の石室部分が五条野町にあるので、最近では五条野丸山古墳とよばれることが多くなりました。

下草が枯れた秋から冬に、前方部角から墳丘上に登ると、広々として平坦で、遠くまで見通せます。南に高取山、北に畝傍山が望めます。

墳丘の周囲に水は入っていませんが、最大幅六五メートルの盾形周濠があります。東側には、幅のある外堤の痕跡が観察できます。残念なことに、西部分は国道１６９号の工事で、前方部墳丘を含めて損傷を受けています。

手前が五条野丸山古墳。奥は畝傍山。東南から（写真・朝日新聞社）

柵で囲まれた後円部頂上と埋葬施設の入口部分のみが、宮内庁の「畝傍陵墓参考地」です。周囲から見てもわかりますが、木が茂っている部分がこれに当たります。その後、この陵墓参考地部分を含む墳丘全体と周濠が、文化庁により国史跡「丸山古墳」に指定されました。つまり、陵墓と古墳が重なった二重指定になっています。

宮内庁による陵墓参考地としての管理と文化庁による文化財としての公開と活用では、具体的な行政行為として異なるところも多いと思います。難しい点もありますが、可能なところから現代人の知恵の見せどころとして、克服できないものかと思います。

明治時代に五条野丸山古墳を実地調査したイギリス人がいます。大阪の造幣寮（現在の造幣局）の技師となったウィリアム・ゴーランドです。「お雇い外国人」として一八七二年（明治五）に来日し、八八年に帰国するまで日本各地の古墳を訪れました。

研究成果は、帰国後の一八九七年に「日本のドルメンと埋葬墳」という題名の論文として発表されています。ドルメンは巨石記念物のひとつで、日本では弥生時代の支石墓を指しますが、ゴーランドは古墳時代の横穴式石室をドルメンとよんでいます。

ゴーランドは墳丘の横断図と縦断図を作成しています。全長を九三〇フィート（約二八三・五メートル）と記しますが、築造当初はさらに大きかっただろうと推測しています。横穴式石室は、羨道《せんどう》の長さを六〇フィート（約一八・三メートル）としました。しかし、入口から四〇フィート（約一二・二メートル）ばかり入ったところで、中にたまった泥水のために、玄室まではたどり着けなかったと記しています。それでも石棺の蓋《ふた》の一部が水面上にかろうじて見えていたと記します。

ゴーランドは計測値を示して、「私が日本で見つけた一番大きいドルメンである」と報告しています。単なる感想ではなく、科学的に示そうとする態度には、今も学ぶべき点が多いと思います。

五条野丸山古墳の前方部の頂上は平坦、木が茂る奥が後円部（写真・著者）

62 被葬者論の再燃まねく石室の開口——五条野丸山古墳❷

61で紹介した英国人技師ウィリアム・ゴーランドは、実地調査にあたり幕末の山陵絵図『聖蹟図志《せいせきずし》』を参考にしました。

『聖蹟図志』は以前にも取りあげました。京都町奉行組与力で、文久修陵の考証方となった津久井清影（平塚瓢斎《ひらつかひょうさい》）の著作で、嘉永七年（一八五四）一一月の識語《しきご》があります。銅版本が広く流布しています。

上から見た横穴式石室を描いた部分図に、玄室の奥に横向きに置いた家形石棺《いえがたせっかん》（奥棺《おくかん》）と、その前に玄室の東側壁に沿って縦向きに置いた家形石棺（前棺）が描かれています。少なくともこの古墳には二人の人物が葬られていることになります。墳丘図の詞書《ことばがき》には「天武天皇／持統天皇合葬」とあります。当時は天武・持統天皇陵だとみられていました。ご存じの方も多いかもしれませんが、この考えは明治維新後に見つかった中世の史料『阿不幾乃山陵記《あおきのさんりょうき》』を根拠に変更されることになります。

その後、陵墓参考地になったため、ゴーランドが見た五条野丸山古墳の横穴式石室は閉ざされてしまいました。もはや現代人が見る機会はないと思っていました。

ところが一九九一年一二月、突然、横穴式石室の内部写真が報道されました。宮内庁の厳重な管理下にあるので、起きるはずがないことです。でも、その春ごろから予期せず石室の入口が崩れて一部が開いたようです。報道によれば、その部分から石室内に入った近所の小学生が家族に伝え、父親が内部を撮影してテレビ局に提供したそうです。

宮内庁は直ちに入口をふさぎました。翌年、本格的に閉鎖する前に、石室と石棺の現況を調査しました。左の上の写真でわかるように棺身がほとんど隠れる一メートルほどの厚さの土砂の流入があります。床面（石室の底面）は明らかにされませんでしたが、石室全長は二八・四メートル（玄室長八・三メートル、羨道長二〇・一メートル）に及ぶものでした。巨石を用いたことで有名な明日香村の石舞台古墳の石室（現存長一九・四メートル）をはるかにしのぐ、現在知られる石室としては日本列島で一番の長さです。

家形石棺の実測もされました。奥棺の棺蓋《かんぶた》が全長二・六四メートル、幅一・四四メートル、前棺の棺

上　五条野丸山古墳の石室の玄室。奥棺が見える
下　石室の羨道（ともに写真・宮内庁）

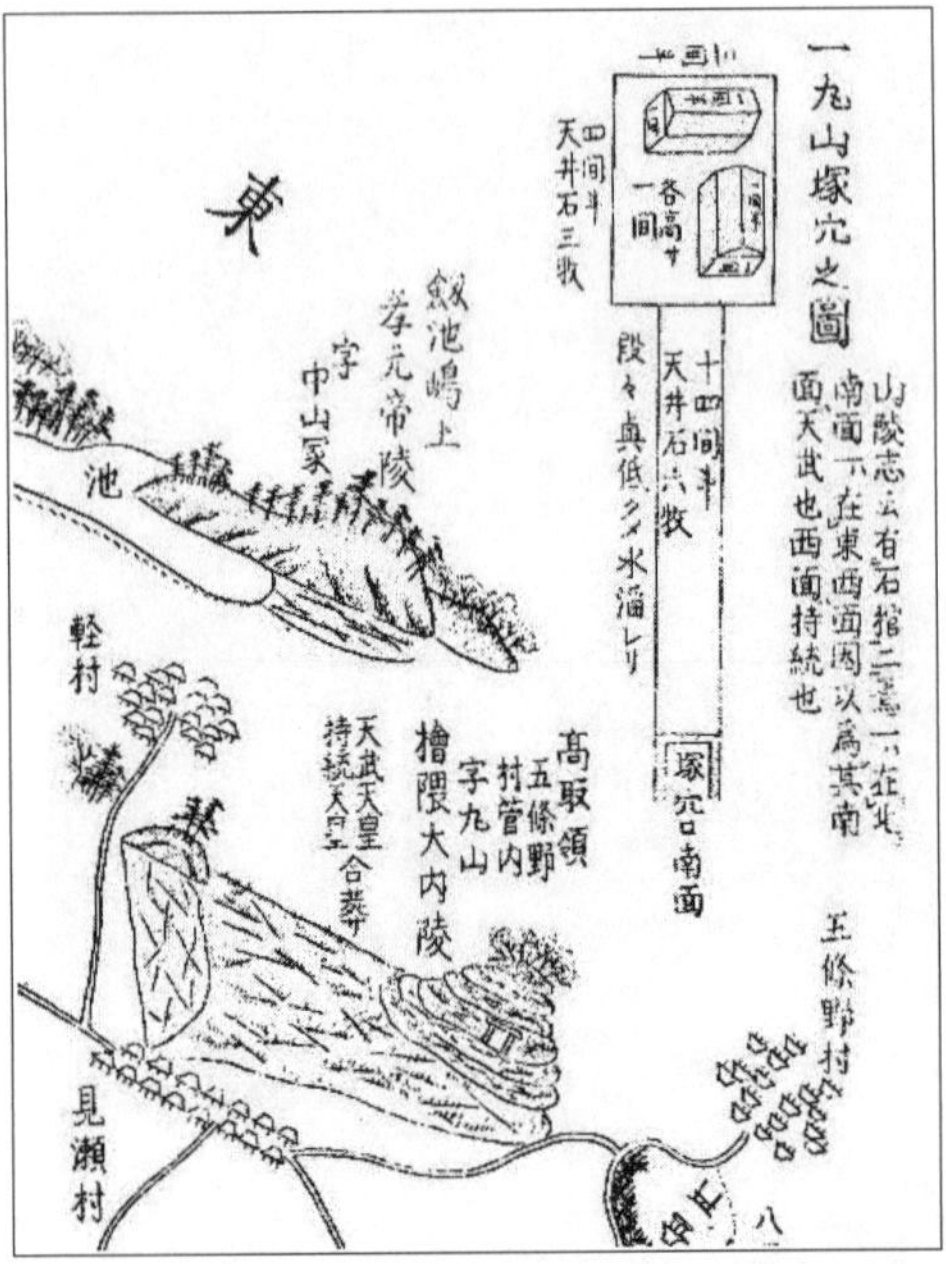

『聖蹟図志』に描かれた五条野丸山古墳。右上に横穴式石室の部分図（「丸山塚穴之図」）、左下に墳丘図

蓋が全長二・八九メートル、幅一・四一メートルです。ともに兵庫県の加古川流域に産出する竜山《たつやま》石《いし》（流紋岩質《りゅうもんがんしつ》溶結凝灰岩《ようけつぎょうかいがん》）を刳《く》り抜いてつくられています。須恵器の杯《つき》や高杯《たかつき》の一部も採集されました。

他にもさまざまなことが明らかになりました。横穴式石室の壁面の構成や、石室内に漆喰《しっくい》が使われていたこと、奥棺の形状が七世紀初めごろの特徴をもつこと、逆に前棺はそれより古い六世紀後葉から末葉にあること、須恵器の示す年代観が六世紀後半に当たることなどです。このうち石棺が置かれた順番ですが、当然のこと、奥棺が先で前棺は後になります。でも、石棺の形状の特徴は奥棺が新しく、前棺が古いということです。どうして、このような逆転が起きたのかは、未解決です。

さて、一九六〇年代以降、学界では五条野丸山古墳の被葬者論争が起こりました。考古学者の森浩一は、六世紀代に築かれた列島最大級の前方後円墳であることから欽明大王（天皇）がふさわしいと考えました（一九六五年に提唱）。斉藤忠は蘇我氏の本拠地に近接することから、蘇我稲目《いなめ》か、蝦夷《えみし》の墓と主張します（翌年の六六年に森説に反論）。和田萃《わだあつむ》は五条野丸山古墳の場所が、古代地名の「身狭《むさ》」の範囲にあることから宣化天皇陵説を出します。一方、網干善教《あぼしよしのり》は明日香村平田の梅山《うめやま》古墳が欽明天皇陵にふさわしいという見解を示しました。

石室の開口を契機とする宮内庁の調査で、新たな情報が加わり、被葬者についての論争が再燃しています。築かれた時期が、六世紀末葉ごろとなると宣化大王（天皇）や蘇我蝦夷は候補から外れることになります。そこで被葬者は、蘇我稲目か、欽明大王のどちらかに絞られてきます。次の㊸で私の考えを示したいと思います。

㊸ ふたつの「欽明天皇陵」——梅山古墳❶

近鉄吉野線飛鳥駅から北東へ四〇〇メートル、五、六分歩くと梅山古墳があります。高市郡明日香村平田に所在します。宮内庁は欽明天皇の檜隈坂合陵《ひのくまのさかあいのみささぎ》として管理しています。墳長一四二メートル、前方部を西に向けた前方後円墳です。墳丘は石で覆われ、北側が狭く、南側が広い盾形周濠がめぐります。段築は地形の関係でしょうか、南が三段、北が二段になるとみられます。

飛鳥めぐりの散策路が墳丘を南から見るように通っています。小字名をツクエといい、東西に細長い地割が道に沿ってつづきます。レンタル自転車で村内の遺跡をめぐる観光客の方をよく見かけます。地形の変化に注意深く進まないで、自転車で先を急ぐと、気づかないうちに通過してしまうかもしれません。ツクエは梅山古墳の南側外堤にあたります。前方部側の拝所手前から脇道に入ると猿石《さるいし》があります。謎の石造物として親しまれています。訪れた方も多いのではないでしょうか。

左ページの航空写真を見ると、古墳を囲む丘陵の南側が途切れてコの字になっているのがわかります。墳丘はそのなかに造られています。南側を正面として築かれたものでしょう。飛鳥時代の古墳の特徴で、「三方山囲み」と表現しています。写真の奥になりますが、北方八〇〇メートルには、五条野丸山古墳の周濠が見えます。

㊷で紹介しましたが、五条野丸山古墳の被葬者が欽明大王（天皇）ならば、梅山古墳は現在の治定と異なる人物が葬られているということになります。そこで、注目されるのが『日本書紀』の記述です。

『日本書紀』では、欽明天皇陵に「檜隈坂合陵」「檜隈大陵」「檜隈陵」の三つの陵名が登場します。これらがひとつの古墳のことなのかと疑う人がいます。私もその一人です。

「檜隈坂合陵」は、欽明三二年（五七一）九月条の欽明大王の葬送記事に出てくる陵名です。「檜隈大陵」は推古二〇年（六一二）二月条に欽明大王の妃、堅塩姫《きたしひめ》（蘇我稲目の子）を改葬（追葬）した際の陵名です。このとき、軽の術《ちまた》で大規模な誄《しのびこと》が催されました。誄というのは、故人を偲び語る儀礼です。

梅山古墳 南東上空から（写真・朝日新聞社）

軽の術は、南北に走る下ツ道と東西の阿部山田道が出合うところ、現在の近鉄橿原神宮前駅東出口から国道169号の丈六《じょうろく》の交差点の一帯にあたります。ここからは五条野丸山古墳が、間近に見えたことでしょう。「檜隈大陵」は五条野丸山古墳のことではないでしょうか。

一方、「檜隈陵」は推古二八年（六二〇）一〇月条の記事に出てきます。砂礫《さざれし》を葺き、域外に土を積んで山をなし、豪族たちがその上に大きな柱を立てることを競ったとあります。墳丘の外表面を石材で飾った梅山古墳の特徴にふさわしい記事です。

梅山古墳は、南側を正面とした大規模な造成で墳丘を設けています。三方山囲みの地形も、

南側から見た梅山古墳。ビニールハウスのあいだが外堤（小字ツクエ）（写真・著者）

部分的に盛土で整形されたと見込まれます。二〇一〇年に西側を囲む丘陵先端で実施された奈良県立橿原考古学研究所の発掘調査で、現在の地表から少なくとも二・五メートル分が盛土になることが確かめられています。残念ながら時期の特定はできていませんが、梅山古墳と一体的になされた造成であった蓋然性が高いと思います。

これらは飛鳥時代の終末期古墳の特徴です。また、その後に東へ連なる飛鳥の王墓群の起点となる位置にあります。奈良盆地全体のなかで南東部の奥まった場所に、自然地形をそのまま利用して築かれた五条野丸山古墳とでは、築造方法や葬地の選び方に異なったものがあるのではないでしょうか。

私はこの違いを築造時期の差ととらえています。『日本書紀』の記事や両者の特徴から欽明大王の墓はふたつあり、七世紀初めに五条野丸山古墳から梅山古墳に改葬されたと考えています。

『日本書紀』に欽明大王の改葬が記されていないことからこれに反対する意見もあります。しかし、『日本書紀』によれば「欽明天皇陵」に複数の陵名が出てくることや、奈良・大阪における最終末の前方後円墳が、飛鳥地域に二基も存在する事実を解くには、多くの試案が提出されることが必要ではないでしょうか。

㊹ 時代の転換点に双方の特色——梅山古墳❷

天皇陵古墳に限らず、周濠のある古墳では、中にたまる水の波で墳丘裾が洗われ、長い年月のうちに傷んできます。文化財の保全という観点からの課題です。

梅山古墳でも、南側を中心に墳丘裾への護岸工事が計画されました。その事前資料を得ることを目的に、宮内庁が一九九七年に発掘調査を実施しています。全部で一八ヶ所の調査区が設けられました。調査によって明らかになったことがあります。

前方部前面では、基底部分で良好に残る石の並びが見つかりました。

とくに前方部南西の裾部の調査区では、南半分が楕円形の石材が使われたのに対して、北半分では厚みのない板石が使われていました。間に縦方向の目地《めじ》（タイルやレンガの継ぎ目。考古学では石を積み上げていく時の作業単位を示す石材の並びをいうこともある）を見ることができます。初めから作業上、石材を変える意図があったのでしょう。

調査中に考古学や歴史学の学会関係者への限定公開がありました。私もそれに参加して見学しました。板石による施工部分は、七世紀前半の明日香村の石舞台古墳の墳丘や外堤の表面を滑らかに飾る貼石《はりいし》を彷彿《ほうふつ》とさせるものでした。飛鳥時代の古墳の特色のひとつが部分的とはいえ、梅山古墳に認められます。

また、前方部前面で見つかった墳丘裾（基底石）をつなぐと一直線になります。これだけなら前方部前面を直線に仕上げただけということですが、なんとその方向が正確に南北方向を指すという点が明ら

手前が梅山古墳 西上空から（写真・朝日新聞社）

かになりました。飛鳥時代の寺院や道路、宮殿では、方位を正しくすることに配慮して造られた例が多くあります。古墳の例としては、ひときわ早い例です。

南側のくびれ部には、造り出しが備わります。周濠に向かって長さ七メートル分が突き出ます。上面の幅一一メートル、高さ一・五メートル、上面にはこぶし大の円形の石が敷かれていたと推測されています。

梅山古墳の前方部前面裾部。矢印の部分が縦目地（写真・宮内庁）

ここから古墳時代後期後葉から末葉（六世紀後半）の須恵器の杯、高杯、甕《かめ》が出土しています。造り出しで行われたなんらかの祭祀に用いられたものでしょうか、埴輪と考えられる小さな破片の出土もありました。しかし、埴輪列となって墳丘全体をめぐるような状態ではありません。もとより梅山古墳にともなう埴輪かどうかは、わかりません。

本来の地形を知る手掛かりもありました。東側の後円部からくびれ部までの調査区では、本来の丘陵尾根の基盤層（地山）が確認されました。一方、後円部から前方部に向かっては、基盤層が下がるため大規模な盛土による整地が行われたようです。

63でも紹介しましたが、県立橿原考古学研究所が行った墳丘の西側を囲う丘陵先端の発掘調査でも、分厚い二・五メートル以上の盛土が確認されています。調査の場所は、猿石がある現在の「吉備姫王《きびつひめのおおきみ》墓」に入る脇道の傍らの小さな広場の部分です。

西側での大規模な造成は、宮内庁の墳丘部分での調査所見に合致する結果といえるでしょう。古墳本体の周辺に及ぶ大規模な造成工事も七世紀代の飛鳥時代の終末期古墳の特色です。一方、造り出しの存在やそこでの祭祀、あるいは埴輪が存在する可能性、また須恵器が示す年代観は、この古墳の築造の一端が古墳時代後期後葉（六世紀後半）になる可能性を示しています。完成や葬送までに時間を費やした可能性も考えられます。

残された課題もありますが、梅山古墳は後期古墳と終末期古墳の双方の特色をもっています。時代の転換点に築かれたということでしょう。

㊿65 流転の猿石 墓域に立つ記念物か――梅山古墳❸

梅山古墳の西側に「吉備姫王墓」があります。吉備姫王（吉備嶋皇祖母命《きびしまのすめみおやのみこと》）は皇極大王《こうぎょく》（天皇、重祚《ちょうそ》して斉明天皇となる）の母で、皇極二年（六四三）九月に「檀弓岡《まゆみのおか》」に葬られたと『日本書紀』は記します。明治維新前に現在地に定められました。

谷森善臣《たにもりよしおみ》による幕末の著作『山陵考』には、ムネという畑から石が表れて掘り取ると、奥に石棺があったと記しています。ムネを梅山古墳の東側と表記する点もあり、少し疑問も残りますが、ムネは今の吉備姫王墓の字名《あざな》であり、ここを比定地としたのでしょう。吉備姫王墓の内部には本当に石棺が埋まっているのでしょうか。

もっとも、今は柵越しに吉備姫王墓の高まりを望むことができますが、高さや平面形から見て古墳の墳丘とは思えません。また墓域の南側境界と、梅山古墳の現在の南側外堤とが一直線上に並びます。文久修陵で本来の外堤よりも内側に新たな外堤が設けられたのでしょう。このことからすれば、吉備姫王墓は欽明天皇陵の修陵時に、一連の計画として新しく造られたのではないかと考えます。

吉備姫王墓の正面に、猿石四体が西向きに並んでいます。猿石の呼び名は後世の人がつけたもので、本来はなんとよばれていたかわかりません。謎の石造物です。

江戸時代には、大きなお腹を抱えた猿石のすがたを「懐妊の相あり」（植村禹言《うげん》『広大和名勝志』）と記されたこともありました。安産祈願の地域信仰は今も続いています。行政史料によれば、少なくとも一

吉備姫王墓の正面に並ぶ猿石（写真・著者）

八七五年（明治八）までには現在地に運ばれています。以前は別の場所にありました。

それを示した山陵絵図があります。京都の御用絵師の鶴澤探眞《つるさわたんしん》が描いた『御陵画帖《ごりょうがちょう》』（文久山陵図）のなかの「欽明帝　檜隈坂合陵」です。画帖は文久修陵がなされる前の荒蕪《こうぶ》図と、事業が成就《じょう》した様子を描いた成功《ごう》図に分かれています。

荒蕪図には、梅山古墳のくびれ部から前方部にかかる墳丘の裾に南を向いた猿石四体が描かれています。成功図ではその場所にはなく、移されたことがわかります。四角い木柵で囲われ、西面に柵門のある吉備姫王墓も描かれているのですが、そこに猿石は見当たりません。

さらに成功図を仔細に眺めてみます。右下に木柵で四角に囲われ、東向きの構造物が見えます。その内側に薄墨色に色付けされた四つの塊があります。これこそが、吉備姫王墓に運び込まれる前の猿石四体ではないかと思います。「なんだ、そんなこともわからなかったのか」と思う人がいるかもしれませんが、私がこのことに気づいたのが十数年前のことで、論文で発表したのは数年前のことです。

猿石の流転の話は、さらに遡ります。猿石は江戸時代中期の元禄年間から、幕末の文久修陵までは梅山古墳の南側の墳丘裾に置かれていました。史料によると、元禄一五年（一七〇二）一〇月五日に、梅山古墳の南側の池田とよばれる水田から掘り出されたとあります。その後も数度にわたり掘り出されて、梅山古墳に並べられたというわけです。

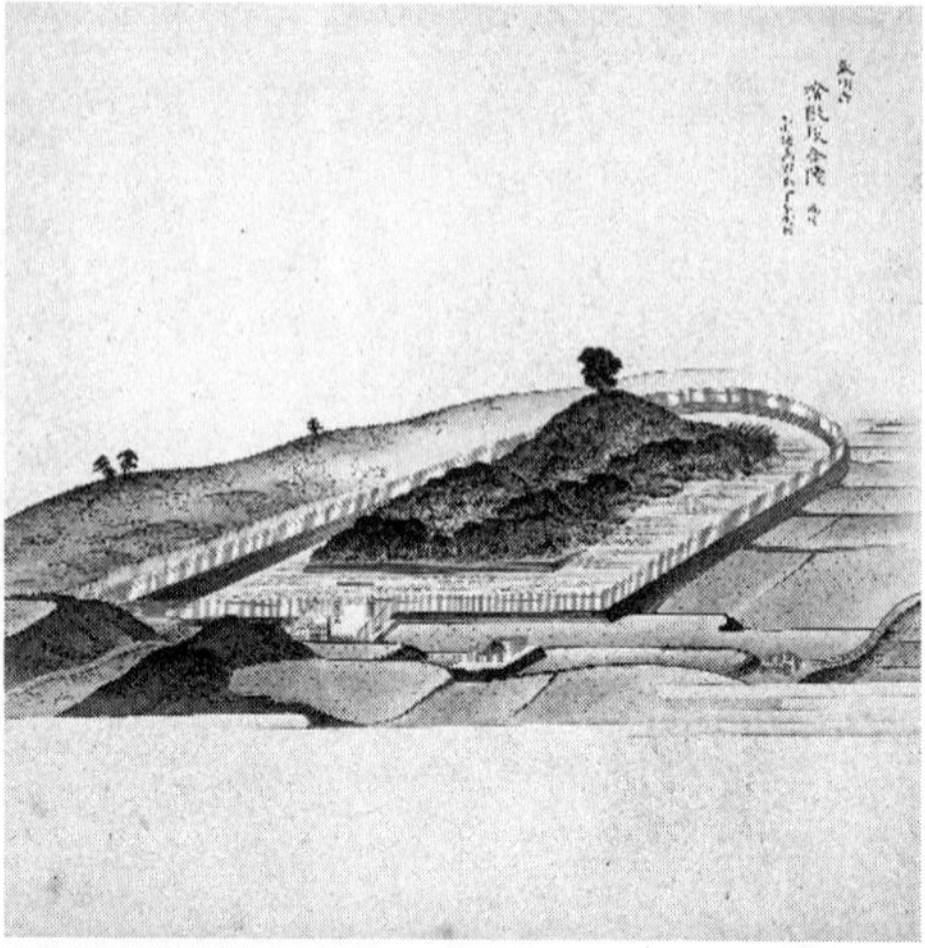
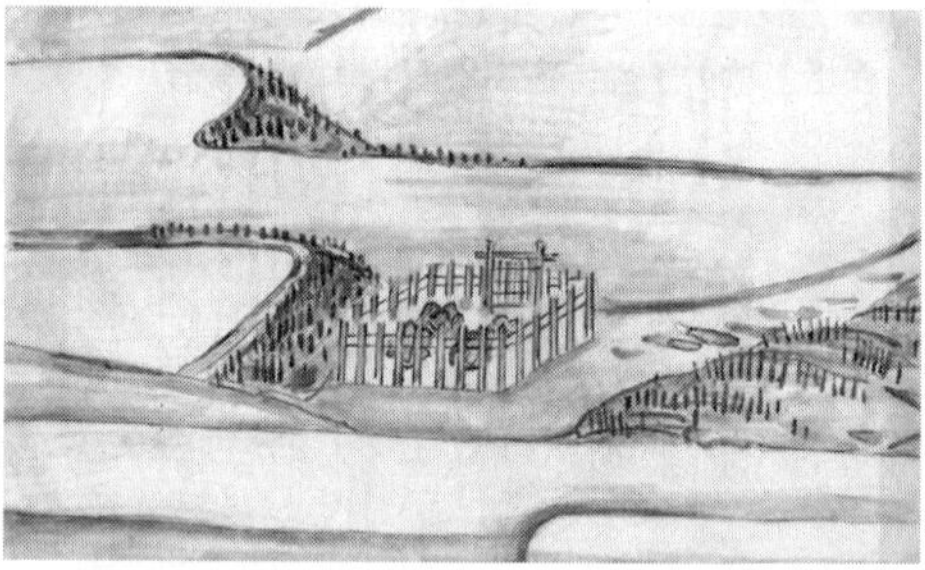
上　修陵後の梅山古墳を描いた成功図（『御陵画帖』より。国立公文書館蔵）
下　猿石部分の拡大

さらに前はどこにあったか。私は池田より一段高い位置にある小字ツクエに並べられていて、そこから池田へ転落して埋もれたと推測しています。ツクエについては⑥③で紹介しましたが、梅山古墳の外堤に当たります。

私案のとおり外堤に猿石がもともと立てられていたとすると、猿石は梅山古墳の墓域を示す記念物としての意味があったと考えられないでしょうか。

⑯「石垣」見上げれば八角墳——段ノ塚古墳❶

被葬者論は議論が尽きませんが、候補となる古墳が唯一で、候補となる人物が一人の場合には、被葬者を特定できることがあります。桜井市忍阪《おつさか》にある段ノ塚古墳が、これに当たります。有力な飛鳥時代前半の古墳が付近になく、舒明大王（天皇）の陵墓とみなされます。宮内庁は「押坂内陵《おさかのうちのみささぎ》」として管理しています。

舒明大王とは、蘇我蝦夷らが推薦して大王の位に就いた田村《たむら》王のことです。葬地について『日本書紀』は皇極二年（六四三）九月に滑谷《なめはざまのおか》岡から「押坂陵」に改葬されたことを記します。

桜井市忍阪は、飛鳥時代の宮殿が次々と造られた明日香村岡からは、直線距離で北東六キロ離れた場所にあります。明日香村八釣《やつり》から桜井市高家《たいえ》、倉橋を通るルートが一番の近道でしょうか。忍阪の集落の南方には、重要文化財の「三尊石仏」で有名な石位寺《いしいでら》があります。

集落の間を東に緩やかに上る坂道が続きます。家並みが切れて、ほどなく石段に行き当たります。石段を登ると見上げるような墳丘が突然、現れます。外鎌山《とがまやま》から尾根の先端を使って、南向きに造られた終末期古墳です。南北七七メートル、東西一〇五メートル以上の範囲に及びます。以前から八角墳ではないかと関心を集めていました。

一九九二、九四年に宮内庁による墳丘の外形調査が行われています。発掘調査ではなく、現況観察を主とした調査です。その結果、上下のふたつの部分からなり、平面形は下が方形、上が八角形になることが明確になりました。研究者により呼び名が異なりますが、私は下を方形段、上を八角形壇とよんでいます。

拝所の前から方形段が始まります。段は上に向かって三段分あります。江戸時代の人が「段ノ塚」「段々塚」などとよんだのは、このかたちに由来したものでしょう。ちなみに、幕末の史料には、子どもの「疳症《かんしょう》」の治癒を祈願する信仰の場所になっていたとあります。

段ノ塚古墳 南上空から（写真・朝日新聞社）

現況調査では、最下段に終末期古墳の特徴である墳丘の表面に石を張る貼石が帯状に表れていることが観察されました。材質は花崗岩《かこうがん》で、大きなものでは、一・五メートルもあります。私は以前に訪れた時、柵越しに見えた石材の大きさに驚いた記憶があります。貼石は東西九〇メートル分が確認されましたが、それは途中までが観察できるということで本来の裾はさらに外へ延びるのでしょう。実際はより大きな規模をもつとみられます。

西端隅では、中央が尖《とが》り、稜《りょう》のある大石が組み合わさった状態で見つかっています。墳丘の曲がり角の稜線を強調したものでしょう。そういえば、方墳の石舞台古墳も角に大ぶりの石を使って、稜角が目立つように仕上げられています。

「押坂内陵」の拝所（上）と石段（写真・著者）

表面観察だけではわからないところは、鉄の棒で地中を突いて石材の有無が確かめられました。その結果、方形段の各段の斜面に貼石があるようです。南正面に立てば近世城郭と見紛うばかりの石垣があり、そのはるか上方に八角形壇がのっていたことになります。今は樹木に覆われていますが、古代には壮観な光景だったことが想像されます。

㊼ 大王の八角墳が出現――段ノ塚古墳❷

二〇一七年の三月のことです。奈良県立橿原考古学研究所は発掘調査の結果、明日香村川原《かわはら》の小山田遺跡が、一辺七〇メートルの方墳になると発表しました。巨石を使った横穴式石室の入口部分（羨門《せんもん》）の痕跡が見つかり、規模を知ることができました。

小山田遺跡では二〇一四年一一月、石張りの大規模な遺構が見つかって以来、飛鳥で最大の方墳になると予測してきました。それが確実になり、名称も小山田遺跡から小山田古墳に改められました。最初の発表に立ち会った一人としては、感慨深いものがあります。

未知の遺構をどのように考えるか。参考となったのが、桜井市忍阪の段ノ塚古墳（現、舒明天皇陵）です。下が方形段、上が八角形壇になること、方形段が三段になること、各段の斜面に花崗岩の貼石が張られていること、角に大石が積まれて稜線が明瞭になることを先に紹介しました。八角形壇部分に対しても、⑯で紹介した方形段と同じく一九九二、九四年の宮内庁の現況報告があります。

生垣に沿って段ノ塚古墳の西側斜面に回ってみましょう。柵に付く扉があります。その南側下方付近から、柵越しに方形段の最上段テラスの上に造られた八角形壇の様子をうかがうことができます。壇は扁平で長方形の室生《むろう》安山岩（榛原《はいばら》石）の板石を積んで築かれていると報告されました。小山田古墳にも墳丘部分に同じ石材が使われていました。

八角形壇の裾まわりでは、この板石の外側の面をそろえ三、四枚分を重ねて高さ三〇センチ前後の垂

小山田古墳（中央）上空から。奈良県立明日香養護学校の敷地内から見つかった（写真・朝日新聞社）

直な面にしています。宮内庁の報告書ではこれを「護石《ごせき》」とよんでいます。護石の上が壇（墳丘）の斜面です。横方向の目地が通るように長方形の板石を水平に置き、一枚ごとに少しずつ奥へずらしながら、階段状に積んでいます。小山田古墳の墳丘の裾部分でも同様の積み方でした。

小山田古墳の墳丘部分の土層観察では、石材を積むごとに裏側に土を詰めていることが観察できました。段ノ塚古墳もおそらく同じ施工方法を採っていることでしょう。つまり、ふたつの古墳は墳丘表面を同じように見せることを意図して、築かれたと考えられます。

さて、段ノ塚古墳が注目されるのは、壇が八角形になることです。南側を中心に角とその部分に用いられた石材が見つかっています（左ページ下の写真）。報告では「隅《すみ》角石《かく》」とよんでいます。もともと隅角石に使われていたとみられる石材が、現在の陵墓の範囲の外側で見つかっています。隅角石を野球のホームベースのような五角形とした場合に、その底辺に対する頂点の内角は一三五度になります。正八角形の内角と同じですから、それを基本プランに壇が築かれたことは確かだと考えられています。

ただし、南正面は推定四・三メートル幅の隅切り部分になるため、厳密にはこの部分を短辺とした九角形です。文久修陵以降に改変された可能性もありますが、ここは護石がありません。ほかの辺と様子

上　段ノ塚古墳の八角形壇の石積み
下　八角形壇の隅角（ともに写真・宮内庁）

が異なるので、埋葬施設となる大型横穴式石室の入口につながるものとみられています。

壇の北半は未調査ですが、試しに壇部分に正八角形を重ねると対辺間距離四八メートル、高さ一二メートル、隅切り部分を南正面とする八角墳に復元できます。

飛鳥時代に大王墓は前方後円墳から大型方墳に変わりますが、段ノ塚古墳からは八角墳になります。『日本書紀』によれば、舒明大王（天皇）の改葬は皇極二年（六四三）九月のことです。蘇我蝦夷・入鹿《いるか》が討たれる「乙巳《いっし》の変」（大化の改新）の直前です。舒明大王がそれまでにない八角墳に葬られたことに、大きな歴史的意味があると私は思っています。

八角墳そのものは、何を表したものか。⑱で改めて考えます。なお、飛鳥の小山田古墳の被葬者をめぐっては、蘇我蝦夷の「大陵」に当てる見方もあります。しかし、段ノ塚古墳の石積みの手法など考古学の見地から、私は舒明大王が段ノ塚古墳に改葬される前に葬られた所ではないかと考えています。

⑱ 順々に築いた忍阪の三古墳——段ノ塚古墳❸

この場所を訪れるのは、考古学の遺跡探訪者よりも『万葉集』の愛好者の方が多いかもしれません。鏡王女《かがみのおおきみ》の歌碑が、桜井市忍阪の段ノ塚古墳（現、舒明天皇陵）がある丘陵下の小川に立てられています。

鏡王女は、江戸時代中期に本居宣長《もとおりのりなが》が『玉勝間《たまかつま》』二ノ巻で説いて以来、額田王《ぬかたのおおきみ》の姉妹説がある万葉歌人です。そこから山道を登ると、鏡王女とは表記が異なる鏡女王《かがみのひめみこ》の「押坂墓」と伝えられた古墳がありまます。また『日本書紀』の天武一二年（六八三）七月には、鏡姫王《かがみのおおきみ》が薨去《こうきょ》したという記事が出ています。似た名前の三人の飛鳥時代の女性を同一人物とする考えもありますが、別人物という指摘もあります。真相をめぐる議論が続いています。

鏡女王墓の「押坂墓」とされる古墳は、談山《だんざん》神社の関係者が管理しています。制札と門扉がありますが、宮内庁管理の陵墓ではありません。段ノ塚古墳の東側に並ぶように築かれています。二基のあいだには、南に延びる尾根がありますが、共に利用するかたちで南向きの三方山囲みの地形を造り出しています。この古墳は、上下の部分からなり、下の方形段は一辺一五メートルほどです。ただし、詳細な測量図がなく、後の整備もあるようなので本来の形状はわかりません。もっとも、立地の様子から見ると段ノ塚古墳につづく時期に築かれたと推測します。

さらに、山道を登ります。ここまで来ると、景色も変わり、南の方への視界が開けます。道が尽きる奥まったところに、大伴《おおとも》皇女の「押坂内墓」として宮内庁が管理する古墳があります。

北側の外鎌山から延びる尾根を削り、斜面にすりつくように墳丘を設けた山寄せの終末期古墳です。柵に沿って周囲を歩くと、東西が高まり墳丘を囲む様子が観察できます。ただ、造営当時からのものかどうかはわかりません。

今は南北一五メートル、東西一〇メートルほどの楕円形に土がかぶり、見ることができませんが、内部を推測できる史料があります。④⑤でも紹介した一八七九年（明治一二）と翌年の情報をもとに作成

鏡女王墓とされる古墳（上）と「大伴皇女墓」（写真・著者）

された「明治十二年山陵絵図」です。『御陵図』という題で、ほぼ同じ内容のものが宮内庁書陵部と奈良県立橿原考古学研究所にあります。そのなかに「大伴皇女押阪内御墓」の平面図と鳥瞰図が含まれています。「大和国式上郡忍阪村東方之上アリ」と所在地を記しています。

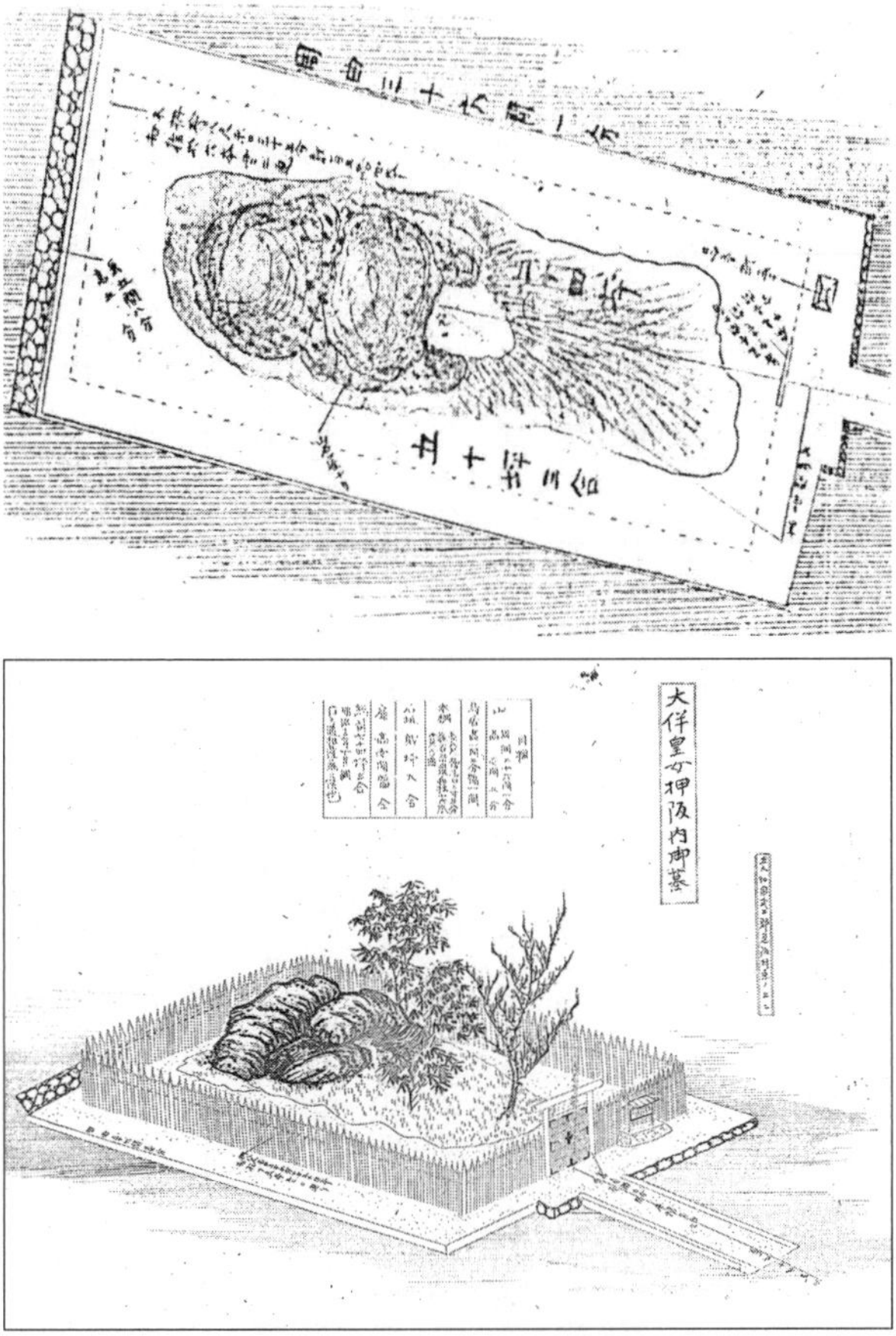

大伴皇女の「押坂内墓」の平面図（上）と鳥瞰図（「明治十二年山陵絵図」の複写を一部加工、写真・著者提供）

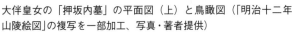

平面図を見ると、天井石二枚分をのせた埋葬施設が描かれています。横穴式石室とみなしてよいでしょう。南側では穴が開き、そこから東西の側壁に当たる石材も見えます。また、両側壁がそろう様子もうかがえます。絵図の縮尺値が二四〇分の一とあり、それにもとづくと天井石が覆う範囲は長さ七メートル程度、幅五・六メートル程度の大きさです。両側壁の間は二メートル程度、それが石室の内法《うちのり》になると思います。鳥瞰図でも、この部分が確認できます。天井石ばかりでなく、側壁石材も上部が露わになっています。天井石の継ぎ目にそろうように西側の側壁石材の輪郭が太い線で描かれています。

墳丘の盛土の大半を失い、盗掘もこうむっているようですが、穴からのぞいているのは玄室の入口に当たる玄門部ではないでしょうか。玄室に使われた石は大きいが、壁面の石材の数は少ない、規模は小さくなる、両側壁が並列する、羨道部は短くなる、など七世紀後葉の特徴があると考えました。

忍阪の谷では段ノ塚古墳、それから鏡女王墓・大伴皇女墓とされる古墳が順次、築かれたのではないでしょうか。そうとなれば、それぞれの古墳の特徴が、いまだ解けない飛鳥の終末期古墳の順序を決める編年研究に応用できるのではないかと期待を高めています。

⑲ 残された石室　眠るは吉備姫王か――平田カナヅカ古墳

一八九〇年（明治二三）のことです。のちに考古学会（現在の日本考古学会）を設立する三宅米吉は、明日香村平田で「塚穴」が破壊される現場に遭遇します。玄室と羨道があり、入口が南向きで、巨石を用いていました。三宅は特徴を「皆磨礱精工」と記します。きれいに側面がそろい岩肌も滑らかな切石の石材を表現したものでしょう。そして「必ず由ある陵墓と見えたり云々」と記します。これは歴史学者の喜田貞吉《きださだきち》の「上古の陵墓」に引用されています。まだ青年の三宅がなぜ飛鳥に行ったのか、喜田の引用には言及がありませんが、この塚穴が横穴式石室を備えたカナヅカ古墳です。

どうやらカナヅカ古墳の石室の石材が割られ、外へ持ち出されていたようです。この破壊に「待った」をかけたのは、高市郡選出の県議会議員であった西内成郷《にしうちなりさと》でした。橿原神宮の創建を推進した人物です。奈良県知事の小牧昌業《まさなり》に石室の「石割」の差し止めと保存を訴える文書を提出し、宮内大臣《くないだいじん》（宮内省の長官）への建言を願い出ています。行政の迅速な対応で事業は中止となり、一八九二年には、欽明天皇の「檜隈坂合陵」の陪冢《ばいちょう》「金塚《かなづか》」となりました。先に紹介しましたが、宮内庁は梅山古墳を檜隈坂合陵に当てています。

知事宛の文書には、図面二枚が付されていました。羨道から奥と、玄室奥壁から前の見取り図です。割られる途中の見上げ石（羨道奥と玄室入り口を兼ねた天井石）の状態を生々しく記録しています。

この文書や三宅の記述などから、石室は硬い花崗岩をていねいに加工した切石を用いて、玄室は二段

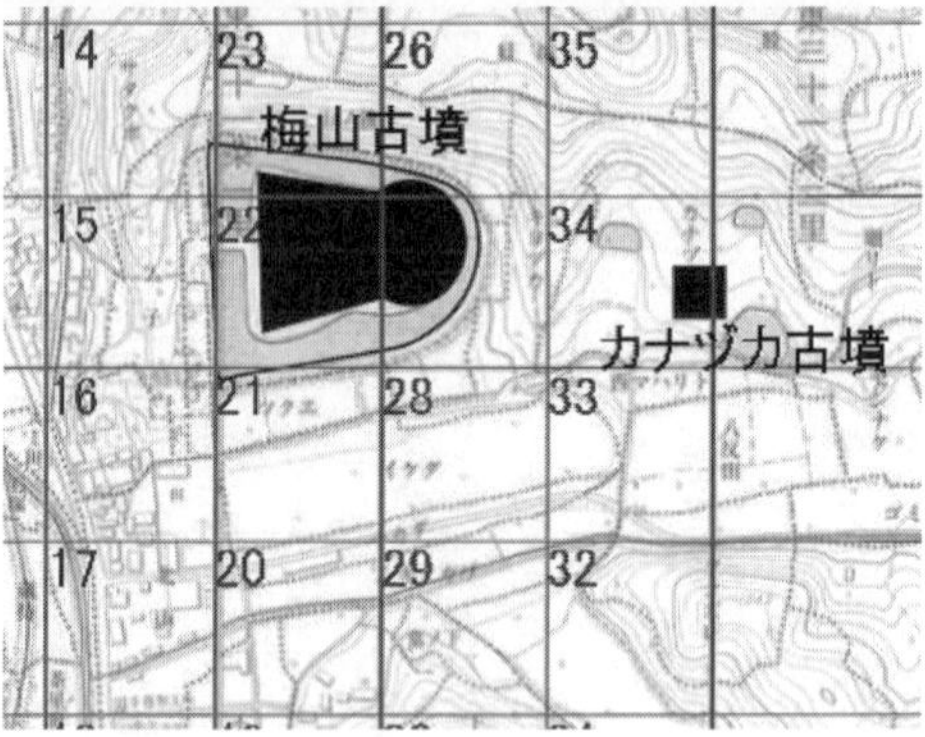

上　中央の池の左斜め上にカナヅカ古墳、左に梅山古墳、奥に畝傍山（写真・明日香村教育委員会）
下　条里制にもとづく約109メートル四方の碁盤目をかぶせると、梅山古墳から東へ２、３坪目にカナヅカ古墳がある（奈良県立橿原考古学研究所編『大和国条里復原図』をもとに著者作成）

積み、羨道は一石一段で造られていることがわかりました。全長は一六メートル程度で、近鉄吉野線の飛鳥駅西側にある越岩屋《こしいわや》山《やま》古墳と同じような横穴式石室になると考えられています。

一九九六、九七年には、明日香村教育委員会により、宮内庁管理地の隣接地での発掘調査が行われました。カナヅカ古墳の範囲を明らかにすることが目的です。

南側の調査区では石材を採るための近世以降の掘り穴が見つかりました。また、石室の前面には方形段が備わると推測されました。この部分を含めると一辺六〇メートルの大きさになります。北・東・西の三方山囲みの中央に墳丘を設けた大型方墳です。

では、誰が葬られているのか。耕地を区画する制度の条里制にもとづくおよそ一〇九メートル四方の碁盤目をかぶせてみます。高市郡条里の復原案に則ると高市郡路東三十一条一・二里という場所に当たります。現在、平田周辺でこのとおりに水田が区画されているわけではありませんが、梅山古墳の前方部が二十二坪、そこから東へ二、三坪目にカナヅカ古墳の墳丘があります。

平安時代の『延喜式』には欽明天皇の「檜隈坂合陵」の兆域を「東西四町 南北四町」と記します。また、吉備姫王の「檜隈墓」が「檜隈陵域内」にあると記述しています。兆域は方格地割にもとづく陵墓の範囲を示したものでしょう。それが条里制によるものか、また兆域が陵域と同義か、研究の余地がありますが、少なくとも二つの陵墓は近い距離にあったのでしょう。

『延喜式』にあがる「檜隈陵」が梅山古墳ならば、カナヅカ古墳は陵域内といってもよい場所にあります。皇極、孝徳《こうとく》大王（天皇）の母で皇極二年（六四三）に薨去して「壇弓岡《まゆみのおか》」に葬られたと『日本書紀』に見える吉備姫王が被葬者の有力候補にあがります。

もっとも、現在の「真弓《まゆみ》」の地名はこの場所から南西に一キロ以上離れた高取川左岸の丘陵一帯を指します。73で歩く草壁《くさかべ》皇子（天武、持統天皇の子）の「檀《まゆみ》山陵」の営まれた場所としても知られています。カナヅカ古墳のある高取川右岸の東西方向の丘陵もまた「檀弓岡」と称されたものかどうかは疑問

カナヅカ古墳の現況。南から（写真・著者）

です。吉備姫王の葬送地の「檀弓岡」と「檜隈陵」がはたして、同一場所であるのかどうか、課題です。

梅山古墳と鬼の俎《まないた》・雪隠《せっちん》古墳のあいだにあるカナヅカ古墳の現状は、フットボールの上半分のような形状を残すばかりです。内部には先人の努力で、破壊が止められた石室が遺存していると思われます。そばには遊歩道が通っています。見過ごすことのないように、ゆっくりと散策してみて下さい。

⑳ 薄葬令を映す石槨の存在――鬼の俎・雪隠古墳

子どもが無理をいうと「鬼の俎《まないた》につれて行って、鬼に食わせてやろうか」と怖がらせたと、高田十郎編『大和の伝説』（一九三三年）に出てきます。

明日香村の橘寺から亀石の前の遊歩道を西に進むと、村立聖徳中学校あたりから下り坂になります。中学校の敷地の小字名が「キリケ峯」です。飛鳥の伝説では、このあたりに鬼が現れて通行人を喰ったといわれています。

道ばたにある小さな案内板に導かれて北側の丘に上がると、平たい大石（長さ四・四メートル、幅二・八メートル）があります。「鬼の俎」です。道の南側の下方には、箱を斜めにひっくり返したような形の巨石（長さ三・八メートル、幅三・四メートル）があります。「鬼の雪隠《せっちん》」です。鬼の厠《かわや》ともいいます。

鬼は人や獣を捕まえては、俎で料理して、雪隠で用を足したと伝えられています。雪隠にまたがる鬼の図体がデカイことは、子どもにも想像ができます。わんぱく坊主も黙るというものです。

ご存じの方も多いかと思いますが、俎と雪隠は組み合わさり、横口式石槨《よこぐちしきせっかく》とよばれる古墳の埋葬施設になります。俎が底石（床石）、雪隠が蓋石（天井石）です。

いつのころかは不明ですが、墳丘が取り除かれ、蓋石がめくられて落下して分解した状態になりました。それを鬼の俎・雪隠古墳とよんでいます。七世紀後葉の終末期古墳です。宮内庁では、それぞれを梅山古墳に治定する「檜隈坂合陵」（欽明天皇陵）の陪冢としています。

上　明治期にゴーランドが撮影した鬼の俎、背面の丘陵尾根が見える（写真・大英博物館所蔵、後藤和雄複写、明治大学博物館寄託）
下　鬼の雪隠（写真・著者）

横口式石槨は、棺を収めるとほとんど隙間がありません。一人用の埋葬施設です。複数の追葬を想定して築いた横穴式石室とは異なります。地域差もあり、近畿の場合には、家形石棺の短側部分に開口部を設けたもの、朝鮮半島の高句麗や百済の石室の影響を受けたものなどがあります。

鬼の俎・雪隠古墳の場合は、硬い花崗岩の内部をていねいに刳り抜いて造っています。今は土に埋まり見えませんが、蓋石の開口部の上側には直線の切り込みがあります。はめ込み式の閉塞《へいそく》がなされたのでしょう。底石の閉塞部中央に、枘《ほぞ》穴があります。ここに石栓をはめて閉塞石をとめたものだといわれています。枘穴は、蓋石を被せた場合（左図の上の側面図）、閉塞部分の外側の位置に出ます。そうすると、石槨内の湿気を外へ逃がす防湿の役目も負っていたと考えてよいかもしれません。

鬼の俎・雪隠古墳の石槨の内側の寸法（内法）は、長さ二・七メートル、幅一・五メートル、高さ一・三メートルです。この数値について関西大学で考古学を教えた網干善教は、「大化の薄葬令《はくそうれい》」で規定する墓内部の大きさに合致したものだと指摘しました。

『日本書紀』大化二年（六四六）三月の国家による葬送に対する統制を内容とする孝徳大王（天皇）の

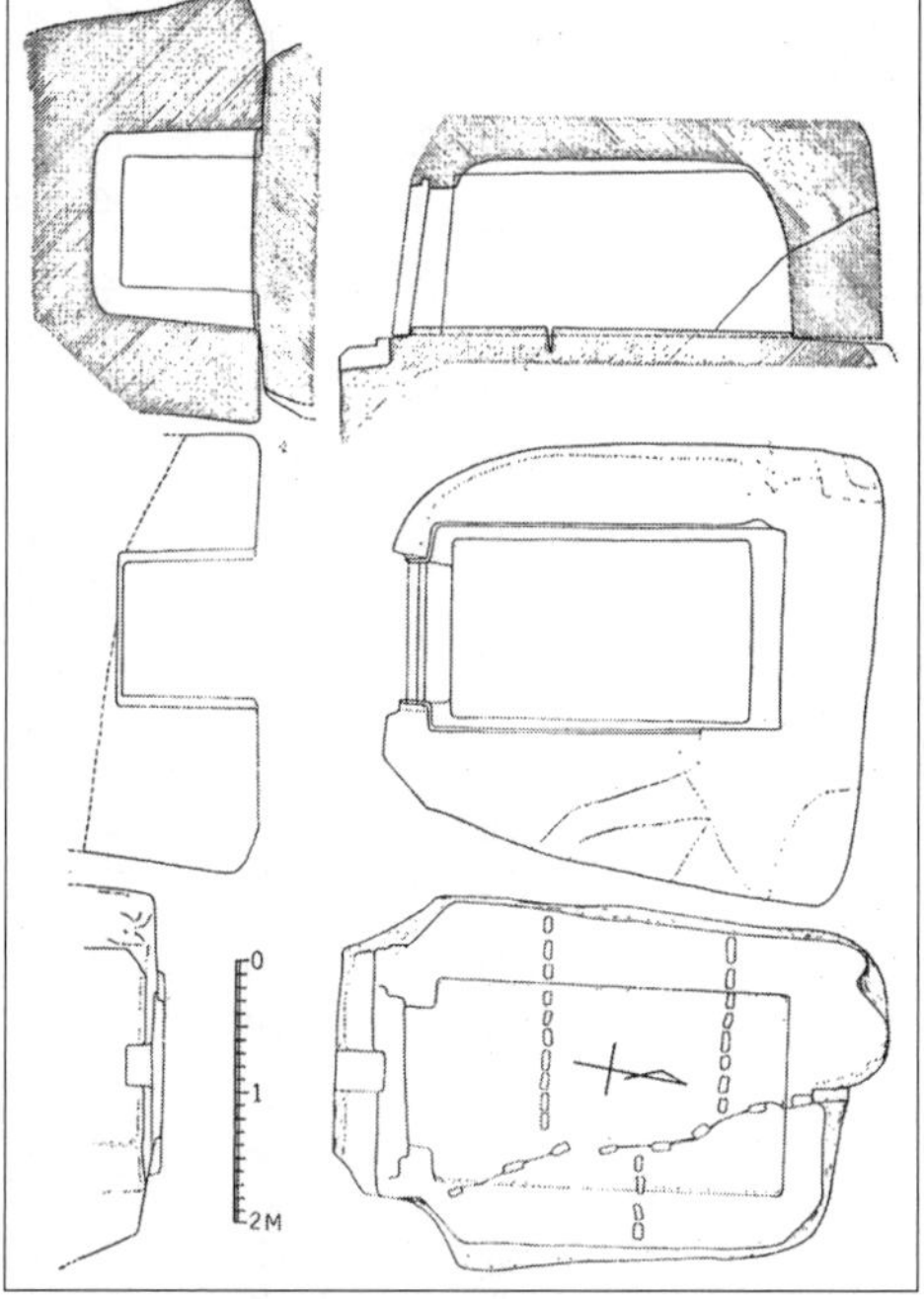

鬼の俎・雪隠古墳の実測図。上　復元合成図、中、蓋石、下　底石（網干善教「大化二年三月甲申詔にみえる墳墓の規制について」『論集　終末期古墳』所収より）

詔《みことのり》を一般に「大化の薄葬令」とよんでいます。王以上が長さ九尺、濶《ひろ》さ五尺、上臣、下臣はそれに准《なずら》えると規定します。この一尺が三〇センチ弱に相当する唐大尺《とうだいしゃく》で換算すれば、鬼の俎・雪隠古墳の内法は王以上として示された大きさに合致します。

しかしながら「大化の薄葬令」が孝徳大王の詔として発令されたものかどうか、研究者の評価は分かれています。時期や実効性をめぐる議論がつづいていますが、合致する古墳がある以上、規定を端《はな》から虚構とみなすことは適当ではないでしょう。

鬼の俎・雪隠古墳は伝説と共に、古代史・考古学上にも重要な問題を投げかけています。

⑪ 小さな円墳が薄葬の証拠か——車木天皇山古墳❶

実名（諱《いみな》）を「タカラ（宝）」という王女がいました。二度も大王の位につきました。皇極大王として皇極二年（六四三）四月には飛鳥板蓋宮《いたぶきのみや》で治政を執ります。世は蘇我蝦夷・入鹿父子の全盛期でした。その極みに起きた事件が、皇極四年六月の乙巳《いっし》の変（大化の改新）です。その後に二度目の即位（重祚《ちょうそ》）で斉明大王（天皇）となりました。六六一年には、百済の復興支援のために朝鮮半島への出兵を決意して、自ら筑紫《つくし》（今の北部九州）に出向きます。百済は前年に唐と新羅の連合軍によって滅亡に追い込まれていました。百済の遺臣たちは再興を期して朝鮮各地で戦っていました。

女帝の人生には、度重なる国内外の緊迫した情勢がつきまといました。そして、斉明七年（六六一）七月に出征先の朝倉宮《あさくらのみや》（福岡県朝倉市付近）に没します。遺骸は、大和へ運ばれ、飛鳥川原での殯《もがり》のあと、小市岡上陵《おちのおかのうえのみささぎ》に葬られます。陵には子の間人《はしひと》皇女が合葬されました。天智六年（六六七）二月には、陵前に孫の大田《おおた》皇女が葬られたと『日本書紀』は記します。

宮内庁が斉明天皇陵とするのは、高取町車木の丘陵頂上にある古墳です。史料の多くが天皇（王）山、または奥谷山と記す直径一七メートルの円墳です。そして、その南側の中腹にある古墳が、大田皇女墓になっています。『日本書紀』の記述に沿った治定です。

名称のことですが、旧版（一九五六年）の『陵墓要覧』（宮内庁所管の陵墓等について職員の事務用に作成、印刷された要覧）では、車木字ケンノウを所在地名として表記しています。そこで車木ケンノウ古墳という名称でよぶこともありますが、本書では、史料に多く見られる車木天皇山古墳の名前で紹介します。

そもそも、車木に斉明天皇陵を考えたのは蒲生君平《がもうくんぺい》です。⑲で触れましたが江戸時代中期の「寛政の三奇人」として有名な人物です。著作『山陵志』（一八〇八年刊）に斉明大王（天皇）を葬送する霊車が来て、止まったことにちなんで「車来」の地名になったという里人の伝承をあげています。

しかし、二度も大王になった人物の陵墓が、どうして小さな円墳なのでしょうか。斉明大王は皇太子

上は車木天皇山古墳（矢印の箇所）南上空から（写真・朝日新聞社）。下は現在の「越智崗上陵」「建王墓」（車木天皇山古墳）の拝所（写真・著者）

の中大兄《なかのおおえ》皇子（後の天智《てんじ》天皇）に「万民を憂いめぐむために、石槨の役《えだち》を起こさず」と遺言したと『日本書紀』にあります。大規模な埋葬にならないようにと生前に伝えていました。

文久修陵の中心人物、谷森善臣は安政四年（一八五七）の『蘭笠《いがさ》のしづく』で、薄葬思想に考え合わせた「趣《おもむき》」があると車木説を追認します。頂上を斉明天皇陵、中腹の古墳を斉明大王の孫、建王《たけるのみこ》の墓と考えました。東南向きの横穴式石室で羨道と玄室の天井石が露呈していると記します。さらに、その間にある一基を大田皇女の墓と考えました。谷森は合計三基の古墳の存在を認めたわけです。

車木谷口山古墳（写真・著者）

現在の車木天皇山古墳は、斉明天皇と間人皇女の「越智崗上《おちのおかのえの》陵《みささぎ》」と「建王墓」、中腹の一基が大田皇女の「越智崗上墓」になっています。三基を示した谷森の見解と現在の治定は異なります。

谷森は後の著作で見解を変更します。慶応三年（一八六七）に幕府と朝廷に献上した『山陵考』では、頂上を越智崗上陵、中腹の小字で谷口山を大田皇女墓とします。なぜか建王墓には触れていません。『蘭笠のしづく』を著してからの約一〇年間のうちに建王墓に対する考えを変えたのでしょう。

『大和国御陵絵図』（末永雅雄旧蔵）には、頂上と中腹の二ヶ所に陵墓修復の目印となる縄張りが朱線で示されています。中腹の方には、横穴式石室の石材と見える数個の石が描かれています。谷森が当初に建王墓とした古墳はこれで、現在の大田皇女墓となる車木谷口山古墳と考えます。直径二〇メートル程度の円墳と思われます。

近世・近代の陵墓考証は、地名と伝承、文献史料の解釈によることを本書ではしばしば取りあげてきました。『陵墓録』（国立公文書館蔵）によれば、建王墓の陵墓決定は一八七六年（明治九）一〇月のことです。谷森の変更には、文久修陵時の治定方針の変化が背景にあるかもしれません。

(72) 斉明天皇陵は決定か 残る課題——車木天皇山古墳❷

「斉明天皇陵説強まる」との見出しが新聞の一面を飾ったのは、二〇一〇年九月のことでした。明日香村教育委員会の発掘調査で、明日香村越《こし》の牽牛子塚古墳の墳形が、八角墳になることが確かめられました。八角形のうちの三辺分が見つかったのです。(71)で歩いた高取町の車木天皇山古墳（現、斉明天皇陵）からは、東へ二・五キロ離れた場所です。

牽牛子塚古墳の横口式石槨を覆う墳丘盛土は、三段で築かれます。表面は二上山《にじょうさん》から運ばれてきた凝《ぎょう》灰岩《かいがん》で飾られたとみられます。盛土部分の裾での対辺間距離二二メートル、高さ四・五メートル以上、裾回りは石畳のように凝灰岩の切石が敷かれていました。隅角部分は内角一三五度になるように、ていねいに石材を調整しています。

西側の外回りは、川原石《かわらいし》を主とする砂利《じゃり》敷きです。砂利敷きは、仕切りとなる石列をはさんで一〇センチの段差があり、二段となります。仕切石での対辺間距離は二六・六メートル、異なる石材で、色彩変化のある五重の八角形にデザインされた終末期古墳です。

舒明天皇陵と考える桜井市の段ノ塚古墳、天智天皇陵の京都市山科《やましな》区の御廟野《ごびょうの》古墳、天武・持統天皇陵の明日香村の野口王墓古墳、文武天皇陵とみられる同村の中尾山古墳はいずれも八角墳です。大王（天皇）の位に就いた斉明大王の夫（舒明）、子（天智・天武）、孫（持統）、曽孫（天智の第四皇女、元明と草壁の子の文武）の五人が八角墳に葬られています。そうとなれば、斉明大王も八角墳に葬られたと考

2010年の牽牛子塚古墳の発掘調査で八角墳と判明した（写真・朝日新聞社）

車木天皇山古墳 南東上空から（写真・朝日新聞社）

えるのが自然でしょう。断然、牽牛子塚古墳が斉明大王と大田王女の「小市岡上陵」と考えられるようになりました。

では、車木天皇山古墳をどのように評価すればよいでしょうか。小さな円墳を薄葬の証拠だと谷森善臣は説きました。谷森は当初、三基の古墳のうち頂上を斉明天皇陵、中腹に大田皇女墓、さらに下を建王墓に当てました。少なくとも、そのうちの一基は横穴式石室です。周辺の丘陵にある古墳の様子から判断して、これらは六―七世紀の小さな単位の群集墳を構成する一グループと見なすのが適当だと考えます。

もうこれで、斉明天皇陵は決定でしょうか。考古学上の課題は残っていないのでしょうか。

牽牛子塚古墳の規模や外回りの石敷きは、『続日本紀』慶雲四年（七〇七）一一月条に葬送が行われたと記された文武天皇の「檜隈安古山陵《ひのくまのあこのみささぎ》」とみる中尾山古墳によく似ています。丘陵尾根上を立地に選んだ点も共通します。そこで、牽牛子塚古墳の築造時期は中尾山古墳に近い、七世紀末から八世紀初めにあると私は考えています。『日本書紀』によれば天智六年（六六七）二月までには、斉明天皇と間人皇女は合葬されていますから、牽牛子塚古墳の築造時期との差は大きいものとなります。

牽牛子塚古墳の横口式石槨は、厚さ四五センチの壁をはさみ東西に二室が設けられています。合葬に対応した造りです。夾紵棺《きょうちょかん》（麻布と漆を重ねて貼り合わせて作った棺）や棺金具が出土していますから、人が葬られたのは確かです。一方、はめ込み式の閉塞部はひとつです。合葬であるにもかかわらず閉塞は一度きり、ということはどこか別の場所に合葬されていた二人の人物を改葬するための構造ではないかと考えました。

私は、改葬前に二人が葬られていた古墳を明日香村越の岩屋山古墳だと推測しています。七世紀なかばの精緻《せいち》な切石造りの横穴式石室で有名です。近鉄吉野線飛鳥駅のすぐ西側にあります。墳丘の下段は方形ですが、上段を八角形とみなす見解があり、妥当だと思います。

段ノ塚古墳の横穴式石室が長さ二四メートル前後になる可能性がある一方、岩屋山古墳の石室は長さ一七メートル前後と小さくなっています。石室の縮小化がより進んだ姿といえるでしょう。『日本書紀』に斉明天皇が薄葬を願った遺詔がありました。「万民を憂いめぐむために、石槨の役を起こさず」は、この岩屋山古墳のことではないでしょうか。

岩屋山古墳の玄室奥壁（上）と玄室から羨道（ともに写真・著者）

⑺ 称徳天皇が拝礼したのは？——森王墓古墳

記録にある天武天皇の皇子は一〇人、皇女は七人、なかでも草壁皇子は、大津《おおつ》皇子と並んで人気があります。即位を前にした持続三年（六八九）四月に病に倒れたとされる不運が人々を引きつけるのでしょうか。『万葉集』には、柿本人麻呂や皇子に仕えた舎人《とねり》らの挽歌があり、悲嘆に満ちた想いが伝わってきます。

もっとも、過去の人類がつくりだしたモノ（物質）を対象とする考古学は、鑑賞といっても、歌われた「真弓（檀《まゆみ》）の岡」「佐太の岡辺《おかべ》」を特定して、周辺にどのような古墳があるのかに関心を向けてきました。飛鳥時代の終末期古墳が発掘調査されるたびに、被葬者候補に草壁皇子の名があがるのも学問の性格上、具体的に示したいということだと私は思います。

一九八四、八六年に発掘調査された高取町佐田の丘陵上にある束明神《つかみようじん》古墳は、その最有力候補です。凝灰岩の切石を組み上げた見事な横口式石槨です。奈良県立橿原考古学研究所附属博物館の前庭に別の石材で実験的に復元された石槨が野外展示されています。

一方、宮内庁は佐田集落の手前の森王墓《もりおうのはか》古墳を草壁皇子の「真弓丘陵《まゆみのおかのみささぎ》」に当てています。一般の案内書や地図には、岡宮《おかのみや》天皇陵と出てくることが多いので、この名前の方が馴染み深いかもしれません。

さて『続日本紀』には、天平宝字二年（七五八）八月、草壁皇子に対して「岡宮御宇天皇」が追尊（没後に贈られる称号）されたことが見えます。また天平神護元年（七六五）一〇月、称徳《しようとく》天皇が紀伊国

森王墓古墳 南上空から（写真・朝日新聞社）

へ行幸する際に、一行は飛鳥川のほとりの小治田宮《おはりだのみや》から紀路《きじ》を南下しますが、その途中、草壁皇子の「檀山陵」を通過する時に拝礼したことが記されます。天皇は行幸に従っていた者たち全員を下馬させ、儀衛には「旗幟《はた》」を巻くように命じたとあります。

岡宮天皇となった草壁皇子は、天皇歴代には数えられませんが『延喜式』には、陵名「真弓丘陵」として載せられました。その後、所在不明となった「真弓丘陵」を探そうとしたのは、文久修陵の中心人物、谷森善臣です。享保二一年（一七三六）刊行の『大和志』には被葬者の伝えがない墓を荒墳としてまとめてのせていますが、高市郡の荒墳のうち、森村に「王墓」があります。谷森はこの記事に目をつけました。文久二年（一八六二）ごろには、ほぼ完成していたといわれている著作『山陵考』（一八六七年に献上）で、高取町森にある「王之墓」を真弓丘陵に当てました。そして、この案が採用されて現陵墓になったとみられます。

森王墓古墳とは、初めて聞かれる名前かと思いますが、遺跡命名の原則に則《のっと》り、地域社会の呼称である王墓に大字の森を冠して古墳名としました。

森王墓古墳を、紀路と想定される場所から望んだ写真を次ページに掲げました。丘陵の斜面に南向きに造られています。「素戔嗚命《すさのおのみこと》神社」（もとは牛頭天王社《ごずてんのうしゃ》）が東側に隣接します。境内地から見ると、木立の隙間に墳丘を認めることができます。北側の背後の丘陵斜面を切り込んで造られた、いわゆる山寄せの終末期古墳でしょう。

陵墓地形図に直径一五メートルの円形の墳丘が示されています。過去に調査された記録がなく、本来の姿はわかりません。より北側の奥まった位置にある束明神古墳も、同様の立地環境が造り出されていますが、森王墓古墳よりも大きな規模です。

奈良時代に称徳天皇の一行が拝礼したのは、どちらでしょうか。それともまったく別の場所でしょうか。何か手掛かりがないかと探るのは、私だけではないでしょう。

上　紀路と想定される付近から丘陵中腹の森王墓古墳（鳥居が見える奥）を望む
下　東明神古墳（ともに写真・著者）

㉔ 文武天皇の火葬と古墳――栗原塚穴古墳

百済からの渡来人の末裔《まつえい》で河内国の船《ふね》氏出身の僧、道昭《どうしょう》（道照）は文武四年（七〇〇）三月に栗原《あわはら》に火葬されます。白雉《はくち》四年（六五三）五月に遣唐使に従い入唐し、三蔵法師として知られる玄奘《げんじょう》に学びました。道昭の火葬を『続日本紀』は「天下の火葬此より始まれり」と記します。

続いて大宝三年（七〇三）一二月には持統天皇、慶雲四年（七〇七）一一月には文武天皇がそれぞれ飛鳥岡《あすかのおか》に火葬されます。文武天皇は五ヶ月の殯の後に「檜隈安古山陵」に葬られました。都が飛鳥から藤原京へと遷《うつ》った八世紀初めのことです。

火葬は仏教の葬法として広まった可能性があります。が、同時期の高松塚古墳やキトラ古墳の被葬者は仰向けに寝た状態で葬られているので、有力者全員が火葬されたわけではありません。それでも火葬は、埋葬に大きな施設が要らない薄葬思想に合致した葬法です。奈良時代には広く採用されます。

宮内庁が文武天皇の「檜隈《ひのくまの》安古岡上《あこのおかのえの》陵《みささぎ》」として管理するのは、明日香村栗原《くりはら》の字「塚穴」にあり、俗称「ギョウセン山」と呼ばれた栗原塚穴古墳です。一八八一年（明治一四）に明治政府によって治定されました。現在は、常緑樹が生い茂るため観察は容易ではありません。北側の丘陵を削り、南向きに墳丘が設けられたことが、かろうじてわかる程度です。

宮内庁の専門官であった石田茂輔は直径一五メートル、高さ三・五メートルの円丘があり、背面の北側丘陵は高さ九・三メートルで急勾配になっていると記します（『国史大辞典』）。そして、円丘は「破壊

栗原塚穴古墳 南上空から（写真・朝日新聞社）

された切石造り石室を覆い築いたもの」としています。記述内容から推測すると、埋葬施設が横口式石槨になる可能性があります。また、山寄せの終末期古墳になることは間違いないようです。

どの古墳を文武天皇陵に定めるかは、近世、近代を通じて流動的でした。元禄修陵時には高松塚古墳、『大和志』（一七三六年刊）では中尾山古墳、文久修陵時には野口王墓古墳が当てられました。

学界が長く文武天皇陵と考えてきたのは中尾山古墳です。一九七四年の史跡整備のための調査で、三段の墳丘（対辺間距離一九メートル）に二段の外部施設（対辺間距離三〇メートル）がともなう八角墳になることがわかりました。

埋葬施設の横口式石槨は側石《そくせき》と閉塞石が凝灰岩、天井石と底石は花崗岩を組み合わせ、内部は立方体になります。東西幅九〇センチ、南北幅九三センチ、高さ八七センチ、当時の物差しとなる唐大尺で換算すれば三尺四方の空間をもつことになります。これでは成人を寝かせた状態で葬るには狭すぎます。石槨内には骨蔵器が収められていたのでしょう。

底石は一五センチ幅の縁を残して内側を一センチの深さに掘りくぼめています。くぼみの一辺は約六〇センチです。火葬後の人骨を納める骨蔵器をこの部分に直接に置いたのか、骨蔵器を納める前にまず格狭間《こうざま》を飾った方形の棺台が据えられて、その上に置いたのか、今のところわかりません。ただ、当初から骨蔵器での葬送を想定して造られた石槨であることは間違いないでしょう。

中尾山古墳の石槨内部（写真・明日香村教育委員会）

考古学や古代史からは、火葬に対処した施設を備えた八角墳の中尾山古墳を文武天皇の真陵と考えることがほぼ定説となっています。

では、栗原塚穴古墳をどのように考えればよいでしょうか。この古墳は中尾山古墳から南へ四〇〇メートル、高松塚古墳から南へ二五〇メートル、キトラ古墳からは北へ一キロの位置にあります。南に眺望が開けた地勢にある点は、これらの古墳と比べても遜色がありません。

もし、高松塚古墳が元禄修陵時のまま現在も文武天皇陵と定められていたならば、一九七二年三月の極彩色の壁画発見の端緒となる「ショウガ穴」を村民が掘ることはなかったはずです。ここに思いを及ばせた時に、封印されている栗原塚穴古墳の埋葬施設はどのようなものか。飛鳥の古墳には、未知のことが多くあることにあらためて気づかされます。

⑮ 都のなかに残された古墳——石川中山塚古墳群

古代から頻繁に使われた飛鳥の道といえば「阿部《あべ》（安倍、阿倍とも）山田道《やまだみち》」ではないでしょうか。近鉄橿原神宮前駅から東へ、明日香村豊浦《とようら》を経て飛鳥川を越えると雷《いかずち》、香具山を北に見て奈良文化財研究所飛鳥資料館の前を通り桜井市阿部から「上ツ道」につながる、といえば思い浮かぶ人もいるでしょう。

一九六九年に発表された古代史研究者の岸俊男による藤原京（新益京《あらましのみやこ》）の復元案では、京域の南限が阿部山田道でした。その後、周辺での発掘調査が進み、今では藤原京は、より南に京域が広がるものと考えられるようになっています。

阿部山田道をもう一度、駅から東へ歩いてみます。最初の大きな交差点が「丈六」です。しばらく行くと家並みが切れて視界が広がり、南東に大きな池が現れます。石川池です。『万葉集』に歌われた「剣池《つるぎいけ》」として案内板に表示されることが多いので、こちらの方が有名かもしれません。

池のなかに浮かぶ島のように見えるところがあります。その上に石川中山塚古墳群があります。橿原市石川町にあり、現在、第八代の孝元《こうげん》天皇の「剣池島上陵《つるぎのいけのしまのえのみささぎ》」に治定されています。藤原京内にある天皇陵古墳です。

池の堤に沿って西から南へ回り込んでみましょう。島に見えましたが、東側の奥では丘陵とつながっています。付近には住宅地が広がりますが、本来は北西に延び出た丘陵で、その先端の尾根上に古墳群が築かれたことがわかります。三基の古墳があります。

　東南部分に位置する一基について、谷森善臣は「西面に、後円《うしろまる》く、前方《まえけた》に造り給ひし」と幕末の『山陵考』に記し、前方後円墳とみました。石柵の外側からの観察では心もとないのですが、二つの高まり

上　石川中山塚古墳群 南上空から（写真・朝日新聞社）
下　石川中山塚古墳群の東南部分にある古墳（写真・著者）

がつながっているように見えます。

陵墓地形図の等高線も参考にすると、私も前方後円墳だと思います。図上計測で墳丘の長さが三〇メートルになります。また北東の一基が円墳ならば直径一〇メートル、西側の一基も円墳ならば直径一六メートルになります。

時期を知る直接の資料はありません。同様の小規模な古墳群は、奈良盆地東南部や南部では古墳時代中期や後期に当たる五―六世紀によく見られるので、石川中山古墳群もそのうちのひとつだと思います。評価はこれで終わりではありません。石川中山古墳群の不思議は墳丘があることです。「それは当たり前だろう」という人がいるかもしれません。が、石川中山古墳群は藤原京内に意図的に残された可能性があるのです。

それというのも、中国の隋や唐の律令では都から離れた場所に人を葬ることが決まりでした。日本律令もそれらに倣《なら》い、天皇が居住する都城内や周辺、道路の近辺に墓を営むことを禁じます。

持統七年（六九三）二月の詔に、造京司（藤原京造営の官）の衣縫《きぬぬいのおおきみ》王に、掘り出した「尸《かばね》」を収めるようにと、『日本書紀』にあります。これは、京域内にある古墳を削った時には、改葬するように命じたものと解釈されます。

都づくりで藤原京内の古墳の多くが潰される運命にありました。実際、発掘調査により京内では、五〇基以上の古墳が都づくりで墳丘を削られ、周溝を残すばかりの状態で見つかっています。

一方、石川中山古墳群に墳丘が残るのは、律令国家が皇統譜上の初期王陵に擬したからではないか、それで「都市開発」から外されたのではないかと私は考えています。

⑯ 畝傍山と「初期王陵」——四条塚山古墳❶

四条塚山古墳は、橿原市四条町にあり、通称、橿原神宮参道とよばれる県道沿いに入口を開きます。古墳分布が希薄な畝傍山周辺にある小さな古墳です。江戸時代には塚山、塚根山、福塚などと称されていました。石棺が存在したとの伝えを載せる史料もあります。現在、宮内庁は第二代綏靖《すいぜい》天皇の「桃花鳥田《つきだの》丘上陵《おかのえのみささぎ》」として管理しています。

考古学を志してからも、学生時代に綏靖天皇陵を訪れたことはありませんでした。最初に訪れたのは、奈良県立橿原考古学研究所へ勤務するようになった一九八〇年前後のことです。同志社大学の森浩一先生が来所の折に、「もしかすると、八角墳かもしれないから確かめに行く」といわれたのでお供しました。自発的な動機ではありませんでした。先生の推測は、元禄山陵絵図や陵墓地形図が根拠だったのかもしれません。

四条塚山古墳は直径二八メートル、高さ三・三メートル程度の円墳として図化されています。陵墓の外周には、南北方向の長方形の土堤と石柵が設けられています。そして、墳丘の途中にもまた石柵があります。石柵は東西に長い八角形になるように囲っています。文政八年（一八二五）に大坂北浜の医師三上大助らの寄進とされる石柵でしょう。元禄一一年（一六九八）の元禄修陵では墳丘を八角形に竹垣で囲みました。三上らはそれを復興しようとしたのでしょう。しかし、拝所からでは内部の石柵はもとより墳丘をほとんど観察することができず、もどかしい思いをしました。

上　畝傍山周辺の現在の陵墓や古墳。北上空から（写真・朝日新聞社）
下　2017年、四条一号墳の再調査が行われた（写真・著者）

私自身は、その後も綏靖天皇陵に特段の関心をはらうことはありませんでした。それというのも、歴史学者の津田左右吉《つだそうきち》の研究以来、初代の神武《じんむ》天皇から第九代の開化《かいか》天皇までは「欠史八代」といわれ、『古事記』『日本書紀』に記された天皇の事績をそのまま史実とすることはできないとされていたからです。ましてや、伝説上の天皇の陵墓が直接に考古学に関係するとは、思ってもいませんでした。

その認識をあらためたのは、一九八七年に奈良県立医科大学グランド予定地の発掘調査で見つかった四条一号墳（四条古墳）の存在です。四条塚山古墳からは、県道を挟んで北東一五〇メートルの至近距離にあります。古墳時代中期末葉（五世紀末ごろ）に築かれた造り出しがある方墳で、南北三二メートルの大きさです。二重周濠で、内濠から円筒埴輪、形象埴輪と共に鳥形、盾形、蓋形などの木製品が出土しました。「木の埴輪」の新発見として、当時大きく報道されました。その後は、木製樹物（立物とも）という名称でよばれたりしています。

今は県立橿原考古学研究所附属博物館に常設展示されています。二〇一七年には、県立橿原考古学研究所による再調査が行われました。

発掘調査の成果は、そこにとどまりません。四条一号墳は藤原京（新益京）の造営が契機となって墳丘が削られましたが、周濠を残す状態で埋もれていました。平らにされた四条一号墳の南半は東西の四条大路になり、北半には建物や井戸が造られました。四条一号墳は七世紀末から八世紀初めの古代都市の宅地と道路になったのです。

さて、前ページの航空写真に示したように皇統譜上の「初期王陵」は、畝傍山周辺に集中しています。『古事記』『日本書紀』、また『延喜式』には「欠史八代」のうち三代の天皇の陵名は、畝傍山を起点に名付けられています。律令国家は、藤原京の範囲にあった古墳に対して、道路や宅地にするために平らにする古墳と、伝説上の天皇の陵に当てたことで墳丘を残すことになった古墳に選別したのではないかと、私は推測しています。もちろん、残した古墳に対しては陵墓制度に基づいた管理と祭祀が行われたことでしょう。

正反対の四条一号墳と四条塚山古墳の存在は、「目で見る都づくり」を実感できるものとなりました。

⑺ 神武天皇陵の近世、近代――四条塚山古墳❷

江戸時代の本格的な修陵は元禄修陵に始まり、おもに享保、文化、文久と、数度、行われたようです。徳川幕府はそのたびに陵墓のあらためを実施して、変更することで充実を図りました。しかし、近代日本はひとたび治定した陵墓を変えない施策をとります。

不変の原則は、戦後の皇室典範では本則の第二七条に陵墓が規定され、それまでの陵墓を実質上、追認する内容の附則を設けることで継承されます。序章にも記しましたが、定められた被葬者と現代の考古学成果が異なることはありますが、変更するには、現行法の整備がまず必要だと思います。

元禄修陵から幕末まで、四条塚山古墳(現、綏靖天皇陵)は神武天皇陵として管理されてきました。そこで「もし」は禁物ですが、幕末に変更がなければ、管理と祭祀がその後も続き、近現代の畝傍山周辺の景観は異なったものになっていたでしょう。

元禄一〇年(一六九七)の修陵記録に、塚山について「神武天皇御廟之由村人申伝候」とあります。地元の四条村には神武天皇陵の伝承がありました。山陵絵図『廟陵記《びょうりょうき》』に陵上に松が一本、桜が二本、柵外の南側に文化五年(一八〇八)の石灯籠《いしどうろう》が一基、描かれています。嘉永七年(一八五四)、京都町奉行組与力で山陵研究家の平塚瓢斎の『聖蹟図志』は、四条塚山古墳を「神武陵」と記しながら「一説為綏靖帝陵」と併記しています。

この間に、神武天皇陵の所在地をめぐる論争が起こります。明和九年(一七七二)、国学者の本居宣長は『菅笠日記《すげがさにっき》』に四条塚山古墳を神武天皇陵とすることへの異論を述べます。『古事記』が神武天皇陵は「畝火山之北方白檮尾上《かしのおのえ》」にあると記したことによります。

四条塚山古墳は、畝傍山から離れているではないか。畝傍山西北麓の「すゐぜい塚」が神武天皇陵にふさわしいと主張しました。橿原市慈明寺町にある墳長七一メートルの前方後円墳、スイセン塚古墳のことです。あげく『日本書紀』『延喜式』の神武天皇の陵名「畝傍山東北《うねびやまのうしとら》陵」は方角を間違えているとしました。『古事記』を重んじた真骨頂を発揮したわけです。

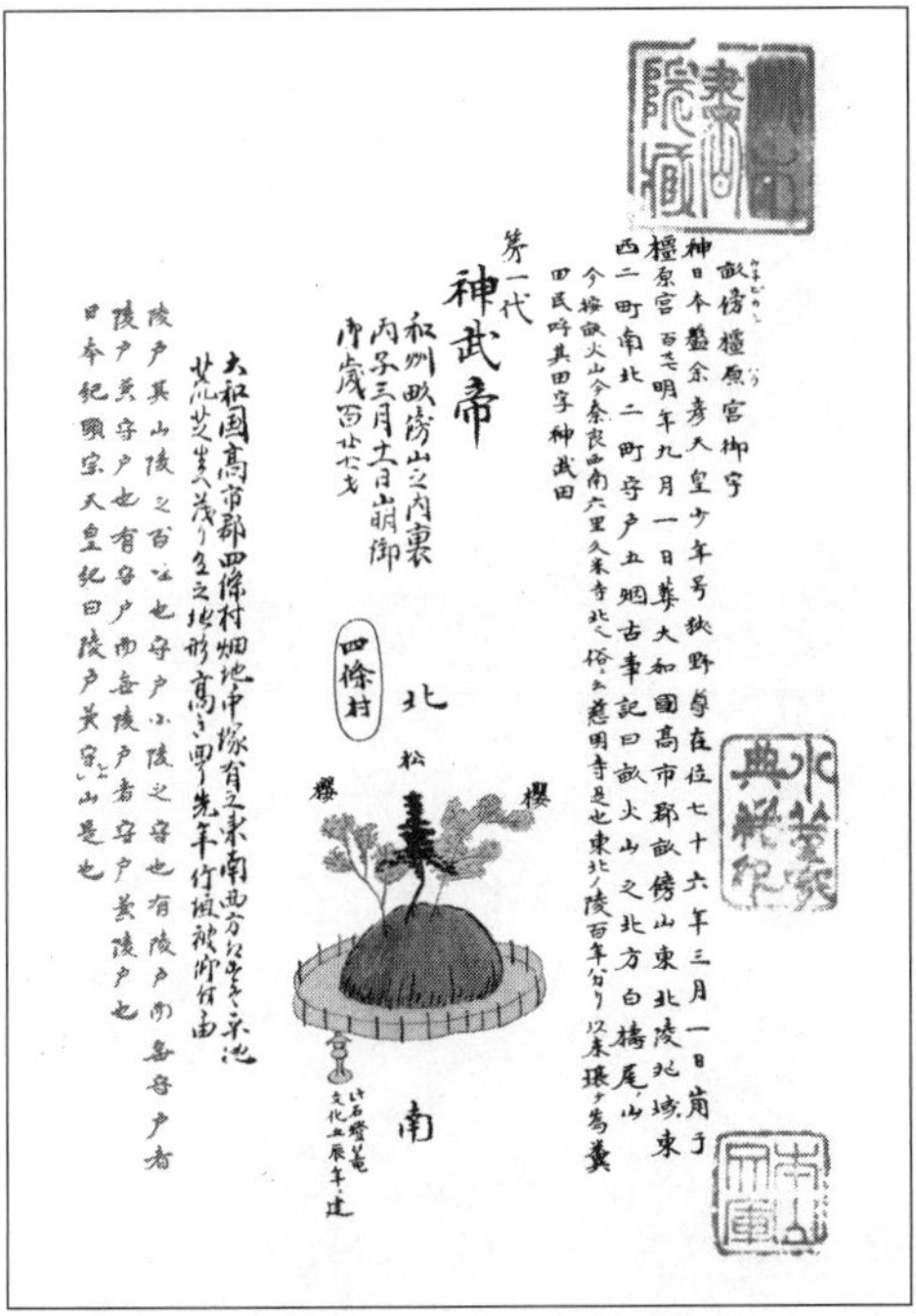

『廟陵記』の四条塚山古墳（『皇陵古図集成』より）

『古事記』にもとづく見方は、後学に影響を与えました。嘉永元年（一八四八）、大和出身の津藩士で山陵研究家の北浦定政《きたうらさだまさ》は『打墨縄《うちすみなわ》』に神武天皇陵は「畝火山の東北を洞《ほら》村と云、其村の上にあり、字丸山とよぶ」と、畝傍山東北麓の中腹にある丸山であると主張します。各文献史料の記事内容と合致する場所を見つけようとしました。

文久修陵の中心人物の谷森善臣は、安政四年（一八五七）の『藺笠のし

上　明治期にゴーランドが撮影した四条塚山古墳（写真・大英博物館所蔵、後藤和雄複写、明治大学博物館寄託）
下　四条塚山古墳 南西上空から（写真・朝日新聞社）

づく』や文久二年（一八六二）ごろに完成した『山陵考』で丸山説を批判します。陵墓としての形跡が観察できないというのがおもな理由です。それで、丸山の北側の下方にある畑の小字ミサンザイ、俗称神武田《じむだ》を地名考証から神武天皇陵だと主張しました。

文久修陵にあたり、北浦の丸山説と谷森のミサンザイ説が朝廷に提出されます。文久三年二月、最後は孝明《こうめい》天皇の勅裁でミサンザイが神武天皇陵に決定しました。今の「畝傍山《うねびやまの》東《うしとらのすみの》北陵《みささぎ》」です。一方、治定替えになった四条塚山古墳は、一八七八年（明治一一）に第二代の綏靖天皇の「桃花鳥田丘上陵」となりました。

文久修陵は、宇都宮藩家老の戸田《とだ》忠至《ただゆき》が山陵奉行となり、山城国三四基、大和国二四基ほかの陵墓に対して文久二年一〇月から慶応元年（一八六五）五月まで行われました。一基当たりの平均、五五五両という見積もりのなかで神武天皇陵は、一万五〇六二両一分二朱が費やされたといいます。公武合体運動の象徴的な陵墓として初代の神武天皇の「畝傍山東北陵」は創られました。

その後も国家施策として、神武天皇陵を中心に周辺の拡張整備が進められました。一九一七年（大正六）九月の計画決定以降には、数年かけて隣接する洞村の移転がありました。陵墓の神聖を侵すというのが理由です。神武天皇陵と共に語られるべき歴史だと思います。

⑱ 墳丘規模に課題——四条塚山古墳❸

二〇一八年二月二三日午後、学会による四条塚山古墳への立ち入り観察がありました。墳丘を柵越しでなく間近く見られることへの期待、許可を得て立ち入った一六名の専門家が、どのように四条塚山古墳を評価するのだろうかと期待を抱いて現地に臨みました。

まずは、拝所の横の陵前《りょうぜん》東側の石灯籠と石標《せきひょう》の観察です。二基の石灯籠が南北に並んでいます。北側は「奉献上」「文化五戊辰《ぼしん》年十月」「願主 畑村源太良」、南側は「奉献上」「文政八乙酉年」「大坂 十市藤三郎序壽」の刻銘が読めます。さらに南には石標が立っており、「石垣願主 大坂 三上大助英時」「文政八乙酉年」「世話人 大坂　十市藤三良序壽」とあります。

⑰に掲げた山陵絵図『廟陵記』の手前左に文化五年に建てられた石灯籠が描かれています。北側に現存するものでしょう。幕末の『聖蹟図志』では二基になっています。名を刻む三名のうち三上大助が大坂北浜の医師であること以外は、畑村源太良と十市藤三郎がどういった人物なのか、わかりません。畑村は現在、明日香村の大字ですが、ほかの場所にもある地名です。十市も現在、橿原市にある地名です。彼らはこれら近在の村の篤志家だったのでしょうか。

四条塚山古墳を「神武天皇陵」とみなしての寄進だったと思いますが「綏靖《すいぜい》天皇陵」に治定された今日にも、現地に残されています。なぜでしょうか。

㉔に紹介した奈良市の五社神《ごさし》古墳には、近世の佐紀御陵山古墳の後円部墳丘に建てられていた石灯籠

があります。維新後に「神功《じんぐう》皇后陵」の移動にともない、その陵前に移されました。(65)の明日香村の梅山古墳では、元禄一五年（一七〇二）の掘り出し後、前方部南面に置かれていた猿石が、維新後に墳丘外で「吉備姫王墓」となった場所に移されました。

四条塚山古墳の石灯籠も二例にそろえるならば、小字ミサンザイの新たに決定した「神武天皇陵」の近くに移してよさそうなものですが、事情が異なったのでしょうか。佐紀御陵山古墳には、神功皇后の故事に因む安産祈願の信仰がありました。猿石も山王権現《さんのうごんげん》の信仰がありました。いずれも霊験にあやか

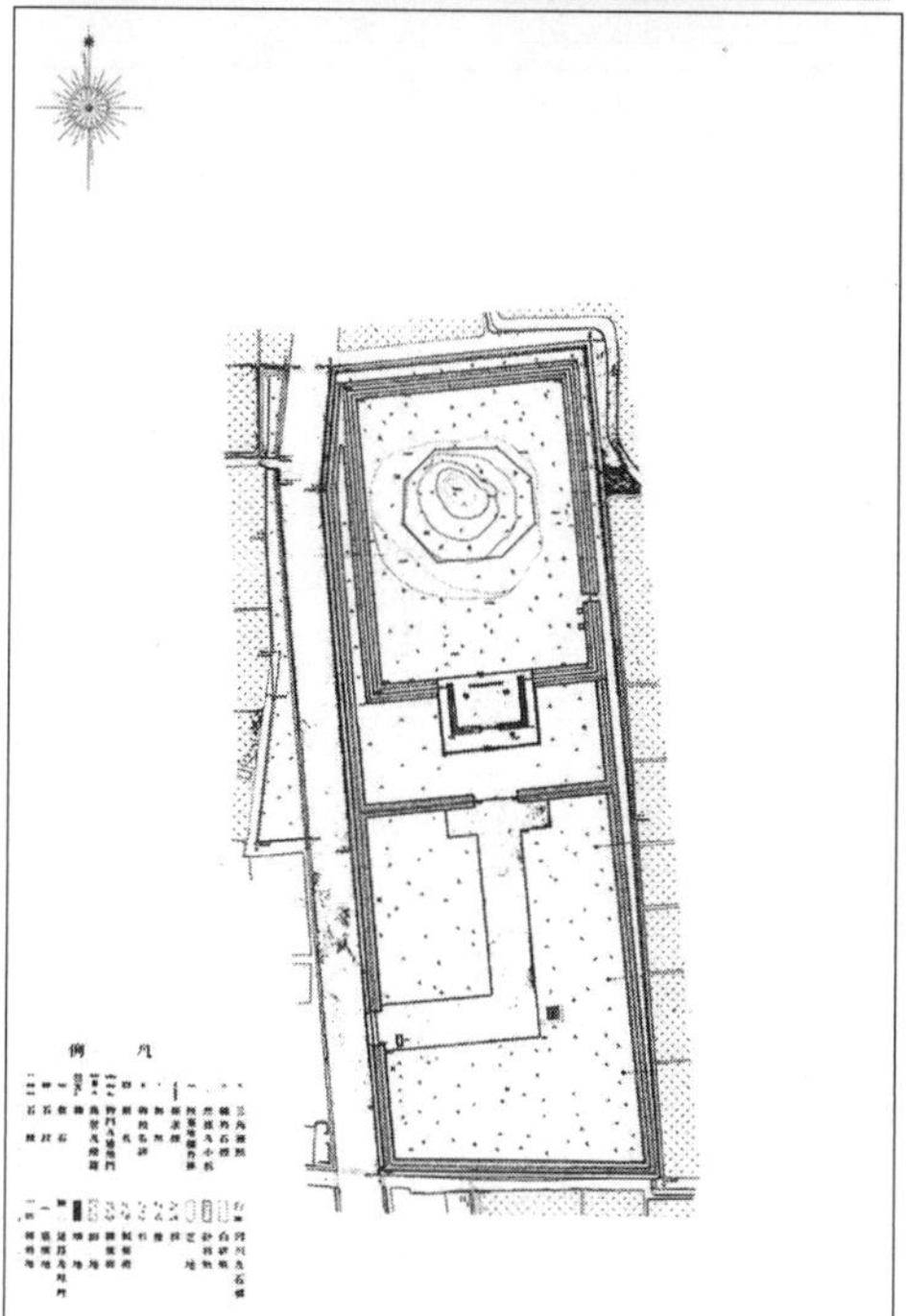

上　立ち入り観察時に確認の石灯籠（写真・著者）
下　四条塚山古墳陵墓地形図（宮内庁書陵部陵墓課編『陵墓地形図集成』縮小版より）

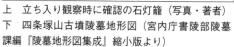

四条塚山古墳の墳丘。東南から（写真・著者）

ろうと、詣でる人は墳丘に立ち入ることになります。

石灯籠が元から柵外に建てられていたこと、地域社会のなかで在地信仰がなかったこと、綏靖天皇陵への治定が一八七八年（明治一一）と遅れることに関係するのでしょうか。

「明治維新とはなにか」。石灯籠は、近世の民間における神武天皇の顕彰を知る資料であると共に、近代国家が歴代の陵墓をどのように人々に見せようとしたのかを知る資料です。薩長同盟や戊辰戦争、西南戦争だけに歴史が示されているわけではありません。

陵前からいったん南に離れ、東側へとまわりこみます。東南隅近くから外構柵《がいこうさく》のなかに誘導されました。眼前に墳丘が見えます。なで肩のゆるい傾斜で、例の三上大助が寄進した文政の石柵があります。でも、外構柵内に入ってすぐ、墳丘から一〇メートルほど離れた所より先に立ち入ることは制止されました。葺石や埴輪があるのか、また石棺が見え隠れしていたと記された江戸時代の史料もありますから、目を凝らしましたが木立のなかの墳丘の細かな情報を得ることはかないません。

それでも、学会関係者による事後検討会では、断言はできないが古墳だろうという見解にまとまりました。ただ、新たな課題が浮上しました。陵墓地形図には、文政の石柵の外側まで、高まりを示す等高線が広がっています。元禄修陵後の様子を描いた山陵絵図は、二段に描かれた墳丘を八角形に囲む竹垣があり、その外に「臺山惣廻五〇間」と記します。周囲九〇メートルですから換算すると直径二八メートルとなり、これが等高線の状態にも合致するので、四条塚山古墳の規模としてきました。

立ち入り観察では、文政の石柵の外側に明瞭な墳丘裾を認めることができませんでした。落ち葉で覆われてしまっているのかもしれませんが、陵墓地形図の地形表現と観察には齟齬《そご》があり、墳丘はもう少し小さくなるかもしれません。発掘調査によらずとも、落ち葉を片づける程度で、この件には見とおしが得られるように思います。

ともかくも、古墳とみなすことへの否定意見はありませんでした。藤原京の造営時に意図して墳丘が残され、それは律令国家が陵墓として認めていたからだと主張してきた私としては、内心、安堵しました。

79 確かな被葬者、造営に背景——御廟野古墳

奈良や大阪で前方後円墳が築かれなくなるのは、六世紀末葉ごろのことです。それ以降に出現する大型方墳や大型円墳、また大王墓に特有の八角墳、さらには横口式石槨で墳丘規模も小さくなった古墳を総じて「終末期古墳」とよんでいます。

終末期古墳のなかで、その場所にある意味を考えさせる古墳、そもそも誰がいつ築いたのかを考えさせる古墳として、京都市山科区にある御廟野古墳は魅力のある存在です。都を飛鳥から近江に遷した天智天皇の「山科陵」です。

山科盆地にほかに有力な終末期古墳がないこと、八角墳であること、おそらく古代以来、唯一といってよいほどに、途切れることなく天智天皇陵としての祭祀がつづけられてきたことから、御廟野古墳を天智天皇陵でないと考える研究者はいないと思います。

二〇一五年二月に、一六学会による立ち入り観察の機会を得ました。天智天皇陵には、拝所まで長い参道があります。平安時代の『延喜式』によると「兆域《ちょういき》東西十四町南北十四町」とあります。広大な兆域を備えています。仁徳天皇の百舌鳥《もず》耳原中陵《のみみはらのなかのみささぎ》でも「兆域東西八町南北八町」ですから、墳丘の大きさとは別に、律令国家は天智天皇陵を最大級の陵墓と認めていたといえるでしょう。近代国家は、さすがにその規模で整備することはしませんでしたが、それでも、南側の参道入口から拝所まで四〇〇メートルの長さに及びます。

立ち入り観察では、墳丘そのものも天武・持統陵となる野口王墓古墳に比べて数段大きいことを実感しました。大文字山から南に延びる山麓に築かれていて、下が二段の方形段、その上に八角形壇が載る八角墳です。

八角形壇の対辺間距離は四二メートル、方形段下段の南辺の長さを宮内庁の現況報告と陵墓地形図から求めると七〇メートルほどになります。南辺中央の裾から八角壇の墳丘頂上までの高さ一二メートル前後、地形上、北が高いので段斜面の高さは北では低くなり、背面にあたる北側には観察できませんでした。つまり、下あごを顔の前に突き出したような具合になっているということです。

御廟野古墳八角形壇の頂上に花崗岩切石の石列が並ぶ（写真・宮内庁）

方形段上段裾は、近代に整備された拳大ほどの川原石をただ低く積んだだけの空石《からいし》積みが重なります。そのため本来の裾がとらえにくいのですが、おそらく四周にめぐり一辺四五メートルほどになるでしょう。

立ち入りが許されたのは、方形段下段のテラスまでです。肝腎の八角形壇の頂上にあがることは禁じられています。それでも墳頂部の縁辺から内側に並んだ花崗岩切石の一部を望むことができました。上の写真は宮内庁の現況報告に掲載された墳頂部の石列の様子です。各側辺の長さがやや不ぞろいだということですが、内角一三五度、方位を正しく八角形に石列が並ぶと報告されました。

立ち入っての成果として、方形段上段の南辺の西南角と東南角の位置に、凝灰岩（竜山石）の延石《のべいし》の存在を教えられたことです。地面から顔をのぞかせている大きさは横二〇センチ、長さ四〇センチほどでしょうか。正確な計測値が出れば、単位尺にもとづいて整形された石材か、どうかの判断がつきます。

八角形壇の頂上は白っぽい花崗岩、墳丘斜面は黒っぽい灰色の川原石、方形段上段の隅角には黄色みのある凝灰岩（竜山石）を置いています。できあがった当時は場所ごとに石材が異なり、色彩にも違い

上　御廟野古墳方形段上段の西南角。中央下に竜山石の延石を配置
下　竜山石の延石（ともに写真・著者）

が感じられたことでしょう。

　方形段上段の南辺中央には花崗岩の大型石材を見ることができます。「沓石《くついし》」（「履石」「沓脱石」とも）とよばれています。東西二・九三メートル、南北一・九〇メートル、厚さ三〇センチ以上と報告されています。以前から謎の石として有名です。今ある位置が八角形壇の正面にあるので墓道上の施設とみなす意見、埋葬施設に使われていた石材が二次移動したのではないかとする意見に分かれています。立ち入り観察で少し見ただけでは、なんとも判断のつかない石でした。

上　御廟野古墳方形段上段の南辺中央の「沓石」が据えられた箇所
下　墳丘北辺の状況（ともに写真・著者）

さて、御廟野古墳が天智天皇陵であることを疑う人はいないのですが、いつの時点で築造されたかは解決がついていません。『日本書紀』には、天智一〇年（六七一）一二月三日に天智天皇は近江宮に崩ずるとあり、一一日には新宮《にいみや》で殯が行われます。そして翌年五月、山陵造営を理由に美濃と尾張に対して人員を調達する近江方の動きを、山陵造営に名を借りた戦争準備を計っていると吉野の大海人皇子《おおあまのみこ》方がみなしたことが、直接の契機となって壬申の乱が始まります。

ことの真相はともかく、天智天皇陵の場所の選定はこの殯期間中に終わっていたのでしょう。天智天皇が生前から決めていた可能性もあります。でも、すぐに内乱に突入したわけですから、山陵の完成と葬送は遅れたとみなければなりません。そうなると、近江宮にあった大友皇子たちが仮に名目だとしても、造ろうとしていた天智天皇陵と、この御廟野古墳は分けて考える余地が生まれます。

㉜に考えを示しましたが、御廟野古墳の位置や仕様は次代の天武天皇や持統天皇の都づくりと深く関係したなかで築かれることになります。被葬者は確かですが、造営には複雑な背景があるとみています。

⑳ 最高位の人物の墓所——野口王墓古墳❶

近鉄飛鳥駅前から東へ進み、高取川と国道169号を横断します。周辺での発掘調査の成果からみると、古代は一帯の谷間に水が滞り、沼のような状態になっていたようです。谷口で支流が高取川に流れ込みます。支流（平田川）が流れる谷間も沼状で、その北側に東西方向に長い丘陵があります。ここに飛鳥時代の古墳が並びます。

西から梅山古墳、カナヅカ古墳、鬼の俎・雪隠古墳、東端が野口王墓古墳です。飛鳥浄御原宮《あすかきよみはらのみや》を営み、律令国家の建設に邁進した天武天皇と合葬された持統天皇の「檜隈大内陵」に治定されています。明日香村野口にある七世紀末葉の終末期古墳で、江戸時代には「王墓」、「王墓山」、「皇ノ墓」などとよばれました。八角墳で墳丘裾の一辺一五メートル前後、対辺間の距離三七メートル、高さ七・七メートルと推定されます。

内部の様子を記した鎌倉時代の古文書があります。一八八〇年（明治一三）に京都の高山寺《こうざんじ》で発見された盗掘に対する実検記録の書写本『阿不幾乃山陵記』（国立歴史民俗博物館所蔵）です。これによれば、墓室は玄室とみられる「内陣《ないじん》」と羨道とみられる「外陣《げじん》」に分かれます。他の史料も参考に記載された寸法を換算すると、内陣は長さ四・二メートル、幅二・八メートル、高さ二・四メートル、外陣は長さ三・五メートル、幅二・四メートル、高さ二・二メートル、全長は七・七メートルになります。

内陣の壁は朱塗りで、内陣と外陣は獅子の顔の把手《とって》が付いた両開きの金銅製の扉で仕切られます。石材は「瑪瑙《めのう》」と記されます。墓室には花崗岩や凝灰岩の使用が一般的ですが、文献史料での「瑪瑙」は、実際には大理石を指すことがあります。ちなみに川原寺中金堂の礎石が大理石です。現代人は誰も見ていませんが、墓室に大理石が使われた可能性があります。最高位の人物の墓所にふさわしい比類のない格調高い仕様です。

内陣には格狭間《こうざま》のある金銅製の棺台、その上に朱塗りの夾紵棺が置かれていました。格狭間は仏壇の基壇の装飾デザイン、夾紵棺は重ねた布を漆で固めた最高級の棺です。棺内には人骨、紅色の衣服、石《せき》

野口王墓古墳 東上空から。奥に梅山古墳（写真・朝日新聞社）

帯《たい》、枕、玉類などが納められていました。さらに床には金銅製の桶も置かれていました。

こういった墓室内の様子は、『日本書紀』『続日本紀』の天武天皇と持統天皇の葬送記事に合致します。夾紵棺の被葬者は持統二年（六八八）一一月に「大内陵」に葬られた天武天皇、金銅製の桶は大宝三年（七〇三）一二月に「飛鳥岡《あすかのおか》」で火葬された後に、合葬された持統天皇の骨蔵器に当たるとみられています。

被葬者をほぼ確定できる数少ない古墳です。文久修陵では文武天皇陵とされていましたが、『阿不幾乃山陵記』の発見により一八八一年（明治一四）二月、天武・持統天皇陵として治定されていた橿原市の五条野丸山古墳から変更されました。明治政府の治定変更は、もちろん稀有《けう》のことです。

また、二〇一二年に複数の報道機関が宮内庁に情報開示請求したところ、一九五九年、六一年の二度にわたり、宮内庁が墳丘の発掘調査を行っていたこともわかりました。開示資料には、八角墳丘裾での石材の様子や各側辺の実長などが示されています。

宮内庁の発掘調査は、その成果はもとより実施されたこと自体が非公表でした。ごく断片的な情報をつなぎ合わせて報道機関が情報公開制度を使って明らかにしたものです。

宮内庁は通常、墳丘整備の必要が発生した時に、発掘調査を実施しています。具体的には工事に必要な情報を得るのが目的です。学術的動機にもとづき、墳形やその構築方法を明らかにするための発掘調査は行わないと公式の場でも発言されてきました。それだけに、過去に学術的動機の可能性がある発掘調査を行っていたことに驚きました。

外部から請求されるまで、半世紀以上も調査資料が眠っていたことも衝撃でした。担当官も交替して

上　野口王墓古墳、墳丘裾の隅角の様子（写真・宮内庁）
下　宮内庁による発掘調査後、コンクリート柱で地上表示された墳丘の隅角（写真・著者）

おり、部内で調査成果や情報の取り扱いについて、どのように引き継がれていたものか、わかりませんから、軽はずみな批判は慎まなくてはなりませんが、それにつけても、もう少し早く公表されなかったものか。

八角墳の学史に書き換えが必要になりました。それまで学界では、八角墳の発掘調査による確認の嚆《こう》矢《し》は県立橿原考古学研究所や関西大学による一九七四年の高市郡明日香村の中尾山古墳に対してとしてきたからです。今後は、一九五九、六一年の宮内庁書陵部による野口王墓古墳の発掘調査とあらためることになるでしょう。

二〇一四年には、学界要望による立ち入り観察が実施されました。右ページ下の写真は一九六一年の発掘調査で確認された八角墳の東北東の隅角部分を、埋め戻した後にコンクリート柱で地上表示したものです。墳丘の外からはほとんど見ることはできません。立ち入り観察が許されるまで、私はこういう表示があることを知りませんでした。

㊿1 天武・持統天皇陵の中世――野口王墓古墳❷

鎌倉時代中期、北条泰時《やすとき》が執権にあった文暦《ぶんりゃく》二年（一二三五）三月二〇、二一日の夜のことです。阿不幾乃山陵に盗人が「乱入」しました。

侵入後の実検記録の書写本が、㊿0で紹介した『阿不幾乃山陵記』です。華厳宗《けごんしゅう》僧侶の明恵《みょうえ》が開山した京都市右京区の栂尾《とがのお》山高山寺の方便智《ほうべんち》院《いん》に所蔵されていました。山陵の形状や規模、墓室・棺の構造、材質、遺骸の状態、遺物の種類や数量、遺存品の橘 寺《たちばなでら》（明日香村）への移送、「御念珠」を多武峯《とうのみね》の法師が持ち帰ったことなどを簡潔に記します。

陵墓は国家によって厳重に守られていたはずですが、まさかの侵入です。時代がくだり、七、八世紀に律令国家が整備した陵墓制度に綻《ほころ》びが生じていたとみるのは当然です。ただ、そこで思考を停止したのでは、盗人の侵入動機の背景に迫ることはできません。

『阿不幾乃山陵記』の前半には、侵入方法と墓室入口付近の様子が記されています。「此の石門を盗人等纔《わずか》に人の一身の通る許《ばかり》切り開く」とあります。盗人らは、侵入にあたり、人ひとりが通る程度のわずかばかりを開けたというのです。ということは、それまで墓室は閉じられたままの状態にあったのでしょう。

後半には、「盗人取残物等」の紹介があります。石御帯、御枕、金銅桶、御念珠、棺内に遺骨と紅の御衣、銅製品のカケが遺存していました。銅製品のカケは銅鏡のことでしょうか。それに銅糸で連ねられた琥珀《こはく》製玉類として御念珠が加わります。室内に多くが残っています。侵入はしたけれど、いったい何を盗ったのだろう。

侵入事件の波紋を、ほかの同時代史料にも見ることができます。歴史書『百錬抄《ひゃくれんしょう》』には、侵入先を「天武天皇御陵」、侵入者を「群盗」とします。年代記『帝王編年記』には、侵入行為を「天武天皇山陵也」と特定すると共に、南都ならびに京中の諸人が多く「陵中」に入って、御骨を「奉拝」したと記します。当代随一の歌人、藤原定家《ていか》は日記『明月記《めいげつき》』に山陵を「見奉る」者がいると聞いて「哀慟《あいとう》の思

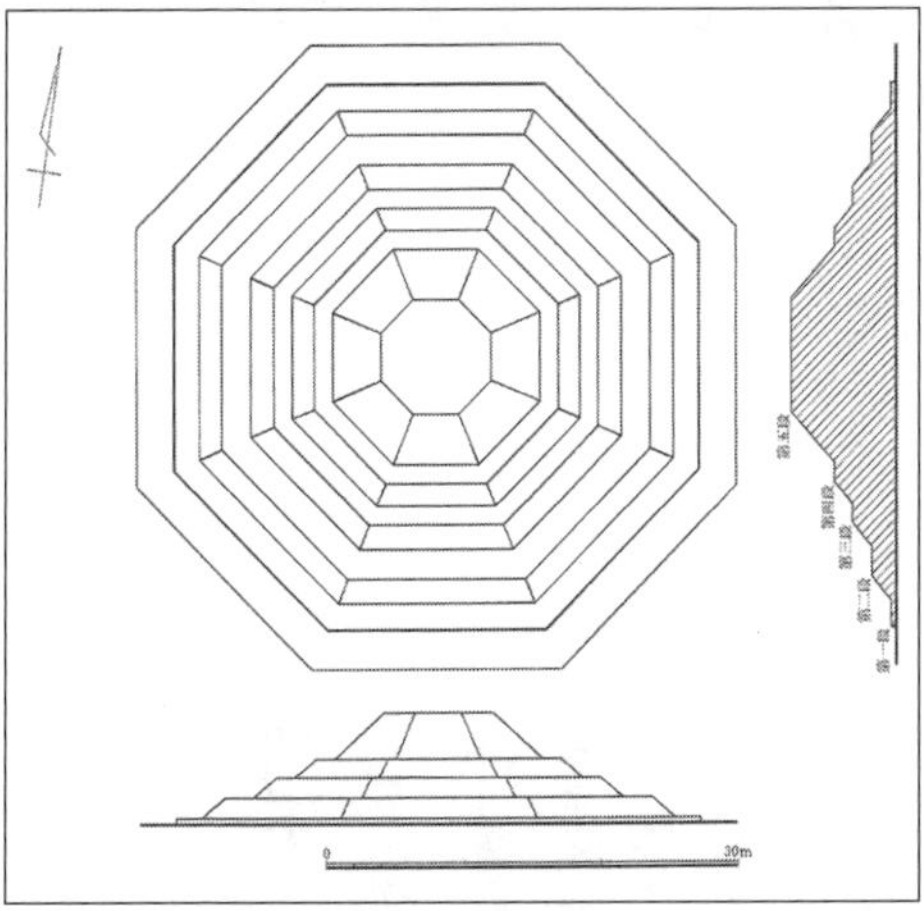

上　野口王墓古墳 南西から（写真・著者）
下　野口王墓古墳の墳丘復元図（福尾正彦「八角墳の墳丘構造」『牽牛子塚古墳発掘調査報告』より）

（端裏外題）
「御陵日記」
阿不幾乃山陵記里号野口□□□
盗人乱入の事文暦二年三月廿日廿□□両夜に入ると云々、
件の陵の形八角、石壇一匝り、一町許歟、
五重也、此の五重の峰に森十余
株有り、南面に石門有り、門前に石橋有り、此の石
門を盗人等纔に人の一身の通る許切り開く、
御陵の内に内外陣有り、先ず外陣は方
丈間許歟、皆馬脳也、天井の高さ七尺
許、此も馬脳、継目無く一枚を打ち覆うと云々、
内陣の広さ南北一丈四五尺、東西一
丈許、内陣に金銅の妻戸有り、広さ左右の
扉各三尺五寸七尺、扉の厚さ一寸五分、
高さ六尺五寸、左右の腋柱の広さ四寸五分、
厚さ四寸、マグサ三寸、鼠走三寸、冠木の広さ
四寸五分、厚さ四寸已上金銅、扉の金物六、内小
四三寸五分許、大二四寸許、皆金、已上の形、蓮花返
花の如し、古不の形は師子也、内陣の三方上下
皆馬脳歟、朱塗也、御棺は張物也、

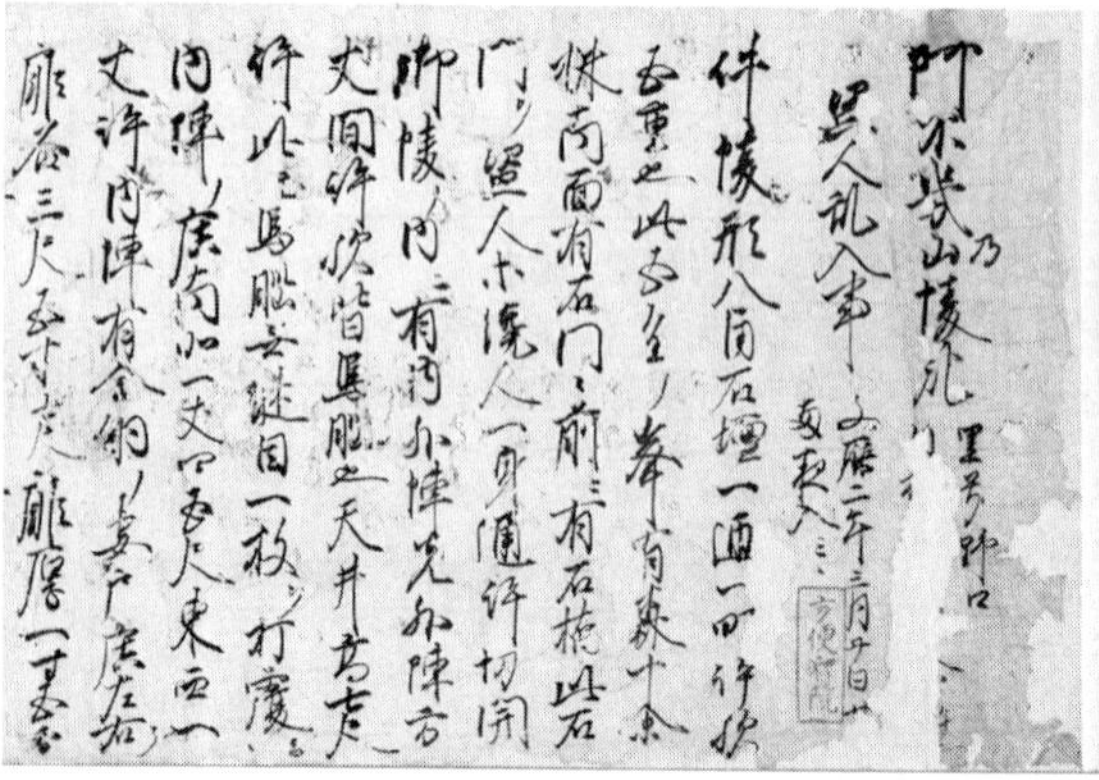
『阿不幾乃山陵記』冒頭部分（写真・国立歴史民俗博物館）

い」が増すと綴《つづ》りました。
京都の朝廷周辺の人々は、陵墓への

布を以てこれを張る、入角也、朱塗、長さ七尺、広さ二尺五寸許、
深さ二尺五寸許也、御棺の蓋は木也、朱
塗御棺の床の金銅、厚さ五分、牙上を
彫り透す、左右の八、尻頭に四、クリカタ四尻二、頭二
御骨、首は普通よりすこし大也その色赤黒
也、御脛の骨の長さ一尺六寸、肘の長さ一尺四寸、
御棺内に紅の御衣の朽たる少々これ在り、
盗人の取り残す物等、橘寺の内に移さる、石御
帯一筋、其の形は銀の兵庫クサリ
にして、種々の玉を以てこれを餝る、石二あり、形
連銭の如し、表手石の長さ三寸、石色水精の如し、
玉帯に似たり、御枕、金銀珠玉を以てこれを餝る、唐
物に似たり、言語に及び難きに依りて、これを注さず、假令、其の形
鼓の如し、金銅桶一一斗を納るる許欤、床に居う、其の形札
盤の如し、鑷少々、クリカタ一これ在り、
又此の外、御念珠一連これ在り、三匝りの琥
珀の御念珠を銅の糸を以てこれを貫く、而るに多武峰の
法師取り了ぬ、
又彼の御棺中に銅カケカケ二これ在り、
已上記此の如し、

侵入を盗掘行為とみることで一致しています。あってはならないことだという共通した陵墓観があったと読み取れます。一方、侵入後も山陵へ立ち入り、遺骨を拝む多くの人々がいます。最初の侵入者やこれらの人々は、京都の朝廷社会にある人々とは異なる陵墓観を持ち合わせていたようです。

『阿不幾乃山陵記』の冒頭には、陵の形が八角で「石壇一匝《めぐ》り、一町許欤《ばかりか》」「五重也」とあります。当時は八角五段の墳丘がよく望める状態にあったのでしょう。

律宗の中興の祖、叡尊《えいぞん》の自伝『感身学《かんしんがく》正記《しょうき》』には、西大寺（奈良市）の復興にあたって、まず四王堂本尊として八角五重の石塔を立て、自身が所持していた舎利を奉納したと記されます。暦《りゃく》

仁《にん》元年（一二三八）のことですから、阿不幾乃山陵への侵入とほぼ同時代の出来事です。

ほかにも生駒谷《いこまだに》の行基《ぎょうき》墓の開掘や河内国磯長谷《しながだに》の聖徳太子墓への侵入で「御牙歯」が持ち出され、後に東大寺の重源《ちょうげん》に献納されて、それが伊賀国の新大仏寺の阿弥陀如来像の胎内に納められたという記録があります。

これらは偶然ではなく、一連の歴史事象なのではないかと私は推測しています。聖人の遺骨を拝む中世の人々の登場です。これらの人々にとって「盗人乱入事」は、いわば聖地を開くことだったのではないでしょうか。

㊷ 都市のデザインと陵墓――野口王墓古墳❸

インターネット上の地図で奈良県橿原市の「藤原宮跡」を検索します。そこから、まっすぐに北へたどります。奈良盆地北端の佐紀丘陵（奈良市）を越えます。山城盆地（京都府）に入り木津《きづ》、木幡《こわた》、さらに北へ、山科に画面を進めます。その先には京都東山の大文字山（標高四七二メートル）につながる山麓に御廟野古墳（京都市山科区）があります。

御廟野古墳のことは㊾に記しましたが、天智天皇の「山科陵《やましな》」に治定されます。二段の方形段の上に、対辺間距離四二メートルの八角形壇がのる八角墳です。明日香村の野口王墓古墳（天武・持統天皇陵）と同じく被葬者がほぼ確定できる数少ない古墳です。治定のとおり、天智一〇年（六七一）に近江宮《おうみのみや》で亡くなった天智天皇が葬られていると考えてよいでしょう。

別の方法でも位置を確かめました。国土地理院発行の五万分の一の地図をつないで物差しを当ててみます。藤原宮のほぼ真北に御廟野古墳はあります。

今度は藤原宮からまっすぐに、南へたどります。南面中門（大伴門）から朱雀大路《すざくおおじ》が延びます。実際に施工されたものか、議論はありますが、目前の日高山《ひだかやま》を越えてさらに南へ藤原京の中軸の朱雀大路の南延長線上に正確に築かれたのが、八角墳の野口王墓古墳です。

藤原京と天武天皇陵の関係は、早くに古代史研究者の岸俊男が指摘しています。『日本書紀』によれば、天武天皇の「大内陵」の造営は、持統元年（六八七）一〇月に始まります。そのため、少なくとも

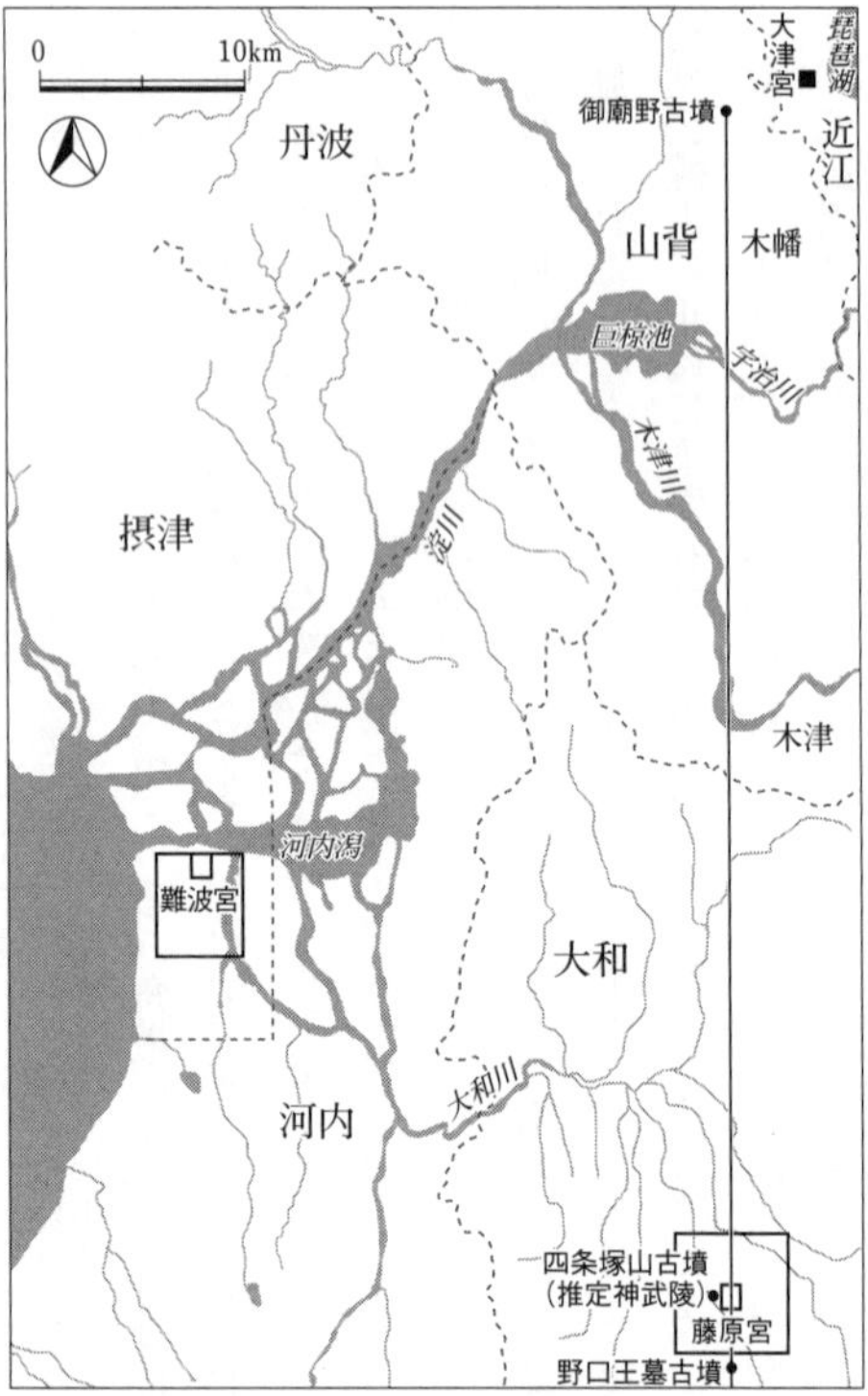

藤原京と神武陵・天智陵・天武陵の位置

藤原京の設定は、それ以前の天武末年にはあったとしました。あわせて文武天皇陵の真陵とみる中尾山古墳、また高松塚古墳、栗原《くりはら》塚穴古墳（現、文武天皇陵）、キトラ古墳が、南延長線上の近くにあることはよく知られています。

藤原京の南北中軸線の延長上に、八角墳の天智天皇陵と天武天皇陵が築かれているわけです。これを偶然だという研究者もいますが、私はここに歴史的な意味が込められていると思っています。

また天智天皇陵がある山科盆地は、いわゆる大化改新の詔に見える畿内四至《しいし》の北限に当たる「近江の狭々波《ささなみ》の合坂山《おおさかやま》」の内側にあります。のちに畿内の領域は国単位に変わりますが、山城国宇治郡の山科は、畿外の近江国との国境にあります。畿内とは天皇が居る都と、その周辺をいいますが、その領域の北辺に天智天皇陵が築かれたということです。

ところで八角墳の意味ですが、大王（天皇）の勢威が四方八方にくまなく及ぶ飛鳥時代の為政者の世界観を、王陵のかたちに表したものではないでしょうか。『万葉集』の「わが大王」などにかかる枕詞の「やすみしし（八隅知之）」もこれに通じるものでしょう。ほかにも支配のかたちを八角形で表すものがあります。

元日の重要儀式や即位式で天皇の御座となる高御座《たかみくら》です。現在、京都御所の紫宸殿《ししんでん》や平城宮中央区の復元大極殿《だいごくでん》に高御座が置かれています。見学された方もおられるでしょう。

文献史料をもとに、上中下の三段からなり、平面形は下段が方形、上中段が八角形に復元されています。七二九年の天平改元の宣命には、高御座に坐した天皇は天と地の八方を治め調えるとあります。時代を溯っては、文武元年（六九七）八月一七日、藤原宮の大極殿で行われた文武天皇即位の宣命に「この天津日嗣高御座の業《あまつひつぎたかみくらのわざ》」とあります。

成立の段階で八角墳と高御座が構造や形状にどのように影響を与えたかは、なお研究を進めなくてはなりませんが、共に天皇支配を象徴するかたちが表されたもので、私は両者が深く関係しているとみています。つまり、この世の支配の中心が大極殿に置かれた高御座に坐す天皇であるのに対して、王陵に採用された八角墳はあの世（天）にある歴代天皇の支配を示すと私は考えています。

一方、藤原宮の西面中門（佐伯門《さえきもん》）からほぼ真西に四条塚山古墳（現、綏靖天皇陵）が存在します。⑯

平城宮跡の復元大極殿の高御座（写真・著者）

⑱に記したように都づくりのなかで選択的に残された古墳でしょう。皇統譜に見える始祖王の神武天皇陵に擬せられた可能性があると考えます。

藤原京は持統天皇から見て、先々王（父・天智天皇）と先王（夫・天武天皇）の王陵を南北軸として、伝説上の始祖王陵を東西軸に配置する都市デザインのもとに築かれたと、私は推測しています。

都の人々が、このデザインの意味を認識していたものか、どうか。推論には、さらなる証拠が必要です。手掛かりとなる木簡などが出土しないものかと日々、心待ちにしています。

第6章

百舌鳥古墳群・古市古墳群

誉田御廟山古墳への立ち入り観察（2011年2月）著者撮影

⑧③ 五世紀、大王の古墳群——百舌鳥古墳群

陶器《とうき》のご先祖、須恵器《すえき》を焼く技術を伝えた渡来人は、朝鮮半島の南部からやって来ました。四世紀末のことでしょうか。腰を落ち着けたのは、おそらく大阪南部の泉北丘陵《せんぼく》（現在の堺市南部・和泉市東部など）。四〇〇基以上の須恵器窯が発掘調査されています。ほどなく列島第三位、墳丘長三六五メートルの百舌鳥《もずみささぎやま》陵山古墳（石津《いしづ》ケ《が》丘《おか》古墳とも。現、履中《りちゅう》天皇陵）が、西北六キロほどに姿を現します。古墳時代中期前葉（五世紀前半）のことです。

大阪南部窯跡群における須恵器生産だけでなく、北河内とよばれる生駒《いこまやま》山西麓の河内潟《かわちがた》（河内湖とも。上町《うえまち》台地北端の砂州の発達などで出現した大阪府東部の潟湖《せきこ》）周辺では馬匹《ばひつ》生産（馬の恒常的な生育）が起こります。泉州《せんしゅう》（大阪湾南部沿岸）では土器を使った製塩も盛んでした。古墳時代中期は、超大型前方後円墳の存在に目を奪われますが、人々の生活に密着したさまざまな文化に新たな変化が生まれました。その発信源が百舌鳥・古市《ふるいち》古墳群がある大阪府南部の「河内」（和泉《いずみ》は霊亀二年〈七一六〉に分離）とよばれる地域でした。

堺市の百舌鳥古墳群は、和泉丘陵から大阪湾（古称は茅渟海《ちぬのうみ》）に沿って南北に伸びる上町台地上にあります。かつては約四キロ四方に一〇〇基が存在したといわれています。土取りや住宅開発で今では四四基が残るばかりになりました。

古市古墳群と共に五世紀を中心に大阪平野に出現した古墳時代中期の大古墳群です。三世紀後半ごろ

百舌鳥古墳群 北西上空から（写真・朝日新聞社）

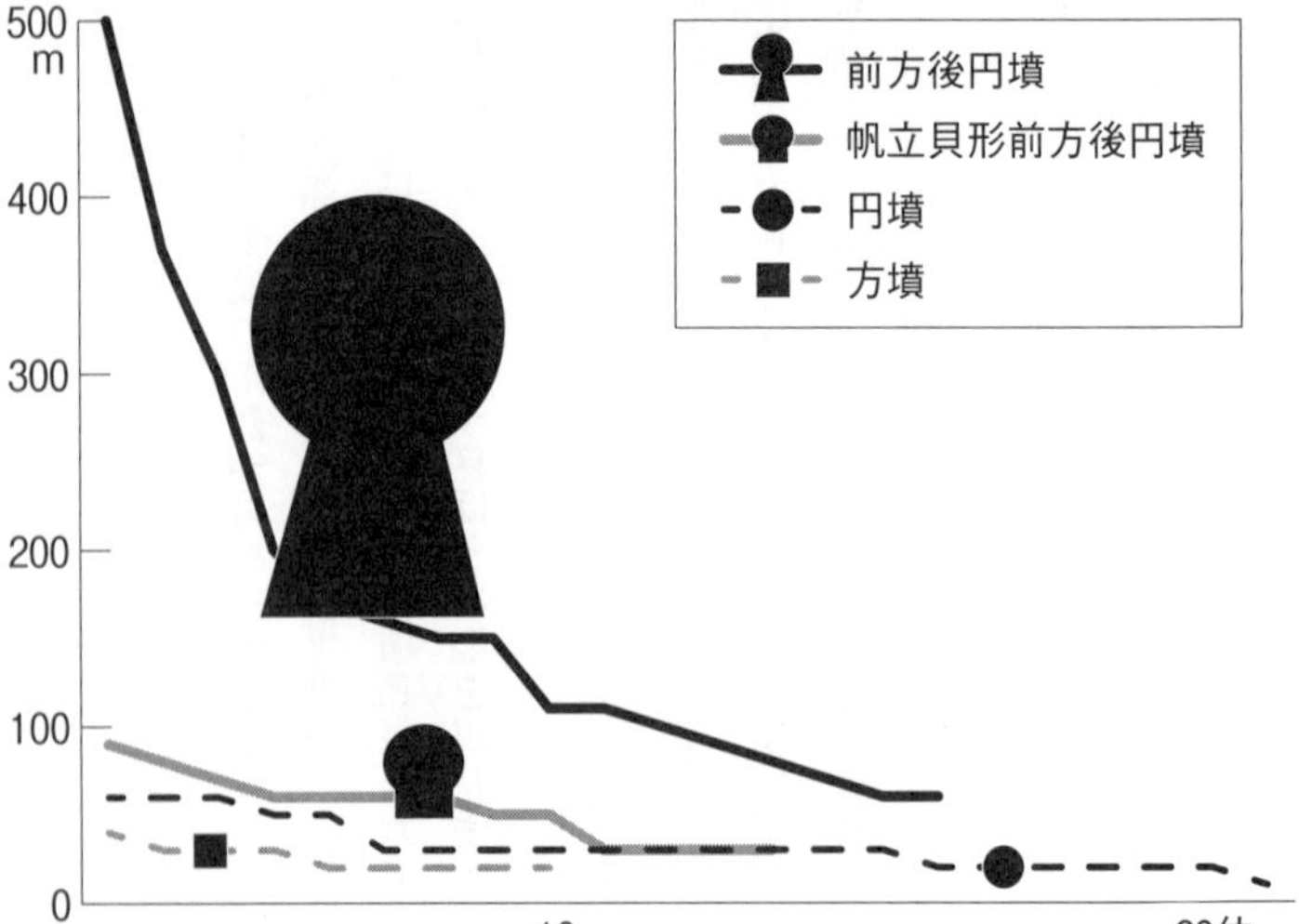

百舌鳥古墳群の墳丘規模の比較イメージ。縦軸は墳長、横軸は残存する古墳を大きさ順に並べたときの順位数（著者作成）

に始まる奈良盆地の山辺・磯城古墳群（第1章⑭）、佐紀古墳群（第2章⑮⑯）、馬見古墳群（第4章㊽）とあわせて五大古墳群といわれています。

百舌鳥陵山古墳から一世代半ほどのち、大山古墳《だいせん》（現、仁徳天皇陵）が築かれました。列島第一位の超大型前方後円墳です。二基とも南に前方部を向けます。古代には大阪湾を航行する船から、よく見えたことでしょう。

次いで、古墳群東南部に墳長三〇〇メートルの土師《はぜ》ニサンザイ古墳（東百舌鳥陵墓参考地）が築かれました。五大古墳群で最後の超大型前方後円墳です。中期末葉（五世紀後半）のこと。近年、宮内庁による墳丘の護岸整備がありました。また堺市教育委員会の発掘調査で後円部側の周濠内に柱列が見つかりました。周濠にかかる木橋と考えられています。

『古事記』『日本書紀』は、ワカタケル大王（漢風諡号《しごう》「雄略《ゆうりやく》」）の墓を、今の羽曳野市北西部に当たる多治比《たじひ》（丹比）の高鸇《たかわし》（高鷲）にあると記します。が、史料の記述にとらわれず、私は土師ニサンザイ古墳の被葬者の候補を四七八年に宋の皇帝、順帝に使いを遣わして方物《ほうぶつ》を献じて「安東大将軍」の称号を授けられた倭国王「武《ぶ》」と考えたいと思っています。武は「倭の五王（讃《さん》・珍《ちん》・済《せい》・興《こう》・武）」の最後の人物です。

もちろん、違う意見の方が多いと思います。五世紀のなかで大古墳群としての営みが終わり、その最後の超大型前方後円墳の存在に大きな政治的な意味を与えたいと考えるからです。

さて、百舌鳥古墳群は大古墳群ですから、超大型前方後円墳ばかりで構成されているわけではありません。

古墳群のなかで最初に築かれた墳長一五五メートルの乳岡《ちのおか》古墳（前期末葉）、大型前方後円墳として墳長二〇三メートルの百舌鳥御廟山《ごびようやま》古墳（百舌鳥陵墓参考地、中期前葉〜中葉）、中型前方後円墳として、土取りで消滅したことにより、「戦後最大の破壊」ともいわれ、かつては墳長一六〇メートルの大きさを誇っていた百舌鳥大塚山古墳（中期前葉）、一方、市民による遺跡保存運動の原点となった墳長一四六メートルのいたすけ古墳（中期中葉）、古墳群北端の墳長一四八メートルの田出井山《たでいやま》古墳（現、反正《はんぜい》天皇陵）、もちろん帆立《ほたて》貝形前方後円墳や方墳、円墳で陪塚《ばいづか》と考えられる古墳もあります。

現存する古墳のデータを中心に、それぞれの時期の評価や関係性を考慮に入れずに、大きさだけを比べてみた図を作成してみました。墳丘規模が大きなものが前方後円墳、準じて帆立貝形前方後円墳、より小規模なものは円墳や方墳になることがわかります。もちろん、超大型前方後円墳の三基がずば抜けて大きいことは一目瞭然です。巨大性と階層性、これが大古墳群を特色づける要素です。

㉞ 最大の前方後円墳と課題――大山古墳

誰もが知る古墳を一つあげてほしい。箸墓《はしはか》古墳（桜井市）、大山古墳（堺市）のどちらかでしょう。総数一五万基とも、二〇万基ともいわれる古墳のうち約五二〇〇基が前方後円墳、そのなかで最大が、大山古墳（大仙陵古墳、大仙古墳とも）です。墳長四八六メートル。宮内庁では第一六代、仁徳《にんとく》天皇の「百舌鳥《もず》耳原《みみはらの》中《なかの》陵《みささぎ》」として管理と祭祀をつづけています。

造営に膨大な労力が必要だったことは、想像に難くありません。建設会社の大林組の試算では、一日に二〇〇〇人が働いて一五年八ヶ月を費やしたとされました。加えて、並べられた円筒埴輪が約一万五〇〇〇本といいます。他に形象埴輪や木製品を加えると約三万本ともいう試算もあります。「もう、止めよう」という為政者はいなかったのかと、私などは思ってしまいます。ようやく大山古墳の造営後、前方後円墳の規模は縮小の方向に転換します。

古墳時代中期後葉、五世紀なかばのことです。大山古墳の東側造り出しからは、須恵器の大甕《おおがめ》が出土しています。須恵器の大量生産が始まる直前のころの型式に属するとされています。造り出しには、複数の大甕が据えられたのでしょう。

その時点で墳丘は完成していたとみなすのがふつうでしょうが、被葬者の埋葬も同時か、どうか。出土須恵器の実年代を確定させることも含めて、大山古墳に葬送があった年代を正確に明示することは至難です。考古学の方法や課題を知るためにも被葬者論は必要ですが、断定は禁物です。

大山古墳 南西上空から（写真・朝日新聞社）

先ごろ、大山古墳の大きさが五二五メートルになるという報道がありました。宮内庁書陵部がいちばん内側の第一濠の濠底まで届く音響測深器（ソナーヘッド）による濠内測量と航空レーザー測量、さらに水際墳丘基底部を側面からレーザー光線を照射して得られた移動体計測システムによるデータの三種を統合して算出したものです。

周濠に水がある古墳は、発掘調査によらない場合、墳丘全長といっても水面上に見えている部分の測量図から求められたものです。そのため大山古墳についても、もっと大きいはずだといわれてきました。宮内庁の調査はそれを最新の測量技術で示したものです。もっとも、宮内庁報告にも言及がありますが、計測された濠底も墳丘からの崩落土が堆積した現況であって、築造当初の状態が測られたわけではありません。

大山古墳には、墳丘頂上部の等高線の乱れの原因究明、後円部第三段斜面なかほどのテラスの状態、一八七二年（明治五）に明らかになった前方部埋葬施設の状態、三重目の周濠の有無など、まだ多くの課題があります。

さて、周囲の九ヶ所（飛地い号～飛地り号）と三重目の周濠に取り込まれた三ヶ所（域内陪冢《ばいちょう》）がいわゆる陪冢です。しかし、そのうち北西にある墳長一〇〇メートルの前方後円墳、永山《ながやま》古墳（飛地と号）は野焼きによる円筒埴輪が並んでいます。大山古墳が築かれるより先に存在した可能性が高い古墳です。陪塚が何基あるかも課題です。大半が宮内庁の陪冢であり、天皇陵古墳となるわけですが、例外となる古墳が、東側外堤に沿った位置にある直径三五メートルの円墳、塚廻《つかまわり》古墳です。

一九一二年（明治四五）に民間が計画した「発掘」で木棺《もっかん》と大型の硬玉製勾玉《まがたま》、管玉《くだたま》、刀剣類が出土

内堤に並ぶ円筒埴輪（『アサヒグラフ』1949年12月29日・1月5日合併号より）

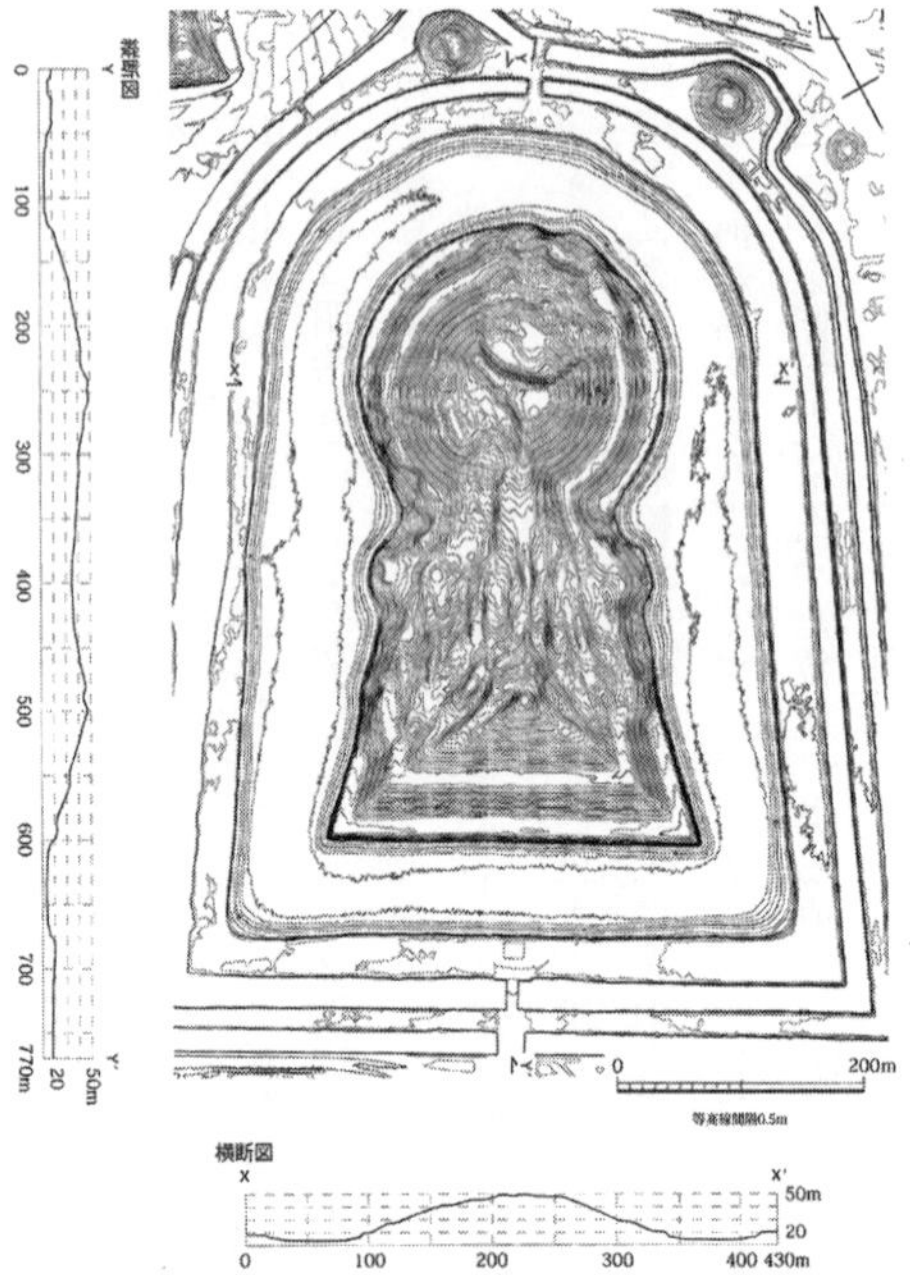

大山古墳の測量図（「陵墓関係調査報告 仁徳天皇百舌鳥耳原中陵　第1濠内 三次元地形計測調査報告」『書陵部紀要』69より）

しました。新聞報道もあり、大いに話題をよぶことになりました。ところが、宮内省諸陵寮（当時）の陪冢への編入に洩れていたのを奇貨として「埋蔵物」（この場合は副葬品）を得るために発掘を試みたのならば「不道徳」だと、関係者は歴史学者の黒板勝美《くろいたかつみ》の批判を浴びることになります。これが、やがて黒板も関与して一九一九年（大正八）の「史蹟名勝天然紀念物保存法」の制定につながりました。塚廻古墳は、これに先立ち史蹟に仮指定されました。

　天皇陵古墳は、宮内庁管理下にあったことで、結果的に興味本位や功名心に走る「発掘」からこれまで守られてきた側面があります。

発掘調査は、長くかたちを保ってきた遺構を、考古学情報と引き替えに解体することです。生物の解剖と同じようだといえば、わかりやすいでしょうか。だから、発掘調査は「緊急性がない限り、慎重であるべき」と私は思います。

㉟ 双肩する五世紀の大古墳群——古市古墳群

大阪阿部野橋駅と奈良県の橿原神宮前駅をつなぐ近鉄南大阪線は、羽曳野丘陵を回り込んで線路が設けられています。

西から藤井寺駅、北へ歩けば藤井寺市の津堂城山《つどうしろやま》古墳（藤井寺陵墓参考地）、次の土師《はじ》ノ里《さと》駅、直ぐ北に藤井寺市の市野《いちの》山《やま》古墳（現、允恭《いんぎょう》天皇陵）、南に同市仲ツ山古墳（仲津山古墳とも。現、仲姫命陵）、さらに南に羽曳野市の誉田《こんだ》御廟山《ごびょうやま》古墳（誉田山古墳とも。現、応神《おうじん》天皇陵）があります。

道明寺駅を過ごして、古市駅の南から西の一帯には、羽曳野市の軽里《かるさと》大塚古墳（前の山古墳とも。現、白鳥陵）、白髪《しらが》山《やま》古墳（現、清寧《せいねい》天皇陵）、ボケ山古墳（現、仁賢《にんけん》天皇陵）、高屋《たかや》築山《つきやま》（高屋城山古墳とも。現、安閑《あんかん》天皇陵）などおもに後期の古墳があります。

百舌鳥古墳群に双肩する五世紀の大古墳群です。大和川《やまとがわ》と石川《いしかわ》の合流点の西南部、羽曳野丘陵からその先端の国府《こう》台地に築かれています。かつては四キロ四方に一五〇基以上、存在したそうです。今は少し離れた松原市と羽曳野市にまたがる河内大塚山古墳（大塚陵墓参考地）を含めて四六基が現存します。

最初に築かれた大型前方後円墳は、墳長二一〇メートルの津堂城山古墳です。後円部頂上の長持形石《ながもちがたせっ》棺《かん》が収まる竪穴式石槨《たてあなしきせっかく》の部分のみ陵墓参考地で、宮内庁が管理します。一方、墳丘全体は国史跡です。橿原市の五条野丸山古墳と同じく二重指定されています。

津堂城山古墳については、長持形石棺の存在や三角板革綴短甲《さんかくいたかわとじたんこう》とよぶ武具の副葬を重んじて、中期古

古市古墳群 南上空から。中央は誉田御廟山古墳（写真・朝日新聞社）

墳とみる見解と、古市古墳群の主要古墳から北西二・五キロ離れている、単独の営みを理由に、大古墳群が築かれる以前の前期古墳として考える見解に分かれます。私は後者の見解にもとづいて説明する方が、古市古墳群の意義を示すのに適当だと思っています。

次いで出現したのが、墳長二九〇メートルの仲ツ山古墳（現、仲姫命陵）です。丘陵の最高所を選んで築かれました。幅が狭く、水の入らない空濠が備わります。津堂城山古墳に比べると一・五倍の大きさに一息に発達したことになります。五世紀前半でも早い方とみますが、さらに古く溯らせる研究者もいます。同じころ、百舌鳥古墳群では墳長三六五メートルの百舌鳥陵山古墳（現、履中天皇陵）が築かれます。

これら二基の被葬者を「倭の五王（讃・珍・済・興・武）」前半の王に結びつけたいのですが、確かな年代観を考古学資料から導くことは簡単ではありません。ましてや被葬者の特定はその次の段階でしょう。

それでも参考にあげると、㊽でもふれましたが、倭国から使者が派遣された年は『晋書』安帝紀によれば四一三年（義熙九）です。倭国が方物を献じています。具体的に皇帝の安帝に何を朝貢したのかはわかりません。『晋書』は倭国の王の名を記していませんが、『梁書』『南史』には「倭王賛（讃）」の名が出ています。

「讃」は『宋書』列伝に、宋の文帝の四二一年（永初二）にも朝貢し、除授（官位を授けること）を授けるべしと記されています。もっとも、実際の称号授与の記述はありません。いずれにせよ倭の「讃」によって中国王朝との外交が五世紀前半の早い時期に始まったことにまちがいないでしょう。仲ツ山古墳と百舌鳥陵山古墳の被葬者は、この間の事情をきっと知っていたに違いありません。

津堂城山古墳 北東上空から。1980年の発掘調査時の様子（写真・朝日新聞社）

さて、次が誉田御廟山古墳（現、応神天皇陵）の出現です。須恵器の生産技術を用いた窯で焼かれた埴輪が並べられるのもこのころからです。「倭の五王」の中ほどの人物と考えますが、もちろん私見です。

古市古墳群では、誉田御廟山古墳を頂点として前方後円墳の規模は縮小します。市野山古墳（現、允恭天皇陵）は墳長二三〇メートル、羽曳野丘陵最先端、国府台地に築かれます。中期後葉（五世紀後半）の二重周濠を備えた大型前方後円墳です。外堤、外濠ばかりか内堤にも住宅が建っており、拝所にたどり着くにも迷うかもしれません。

そして、北西にやや離れて岡ミサンザイ古墳が現れます。墳長二四二メートル、後円部の埋葬施設は横穴式石室とする意見があります。私は後円部頂上がまだ広く竪穴系の埋葬施設かと思っていますが、確証があるわけではありません。中世城郭に利用されたという指摘もあります。そうなると、測量図の等高線の見方も変えなくてはなりません。

六世紀には、前方部の開きが目立つ後期の前方後円墳が、古市古墳群南部にまとまって築かれますが、もはや大古墳群としての営みは岡ミサンザイ古墳が築かれた五世紀末までに終わっており、以降は区別すべきだと私は考えています。

㊿ 丘陵の傾斜地、配慮した立地――誉田御廟山古墳

誉田御廟山古墳（現、応神天皇陵）は、大阪府羽曳野市にある墳長四二五メートルの超大型前方後円墳です。列島第二位の規模をもち、古墳時代中期前葉（五世紀前半）に築かれました。前方部を北に向けます。周濠は二重、周囲西側には東山古墳、アリ山古墳、東側には東馬塚《ひがしうまづか》古墳（飛地い号）、栗塚古墳（飛地ろ号）など一辺三〇―六〇メートルの方墳が取り巻き、陪塚とみられます。宮内庁が定める陵号は「恵我藻伏崗陵《えがのもふしのおかのみささぎ》」です。

八幡神《はちまんしん》の誉田宗廟として建てられた誉田八幡宮が後円部の南側に鎮座しています。現在、鳥居も拝所も北側の前方部前面にありますが、江戸時代まで誉田御廟山古墳の正面は後円部側でした。

若いころ、誉田八幡宮の秋祭りに行ったことがありました。誉田御廟山古墳の北側に位置する直径五〇メートルの円墳、誉田丸山古墳（域内陪冢）に出土したと伝えられる国宝の金銅製龍文透《すかしぼ》彫りの鞍《くら》（誉田八幡宮所蔵）を見学した帰りのことです。

夜です。神輿《みこし》が現在の誉田八幡宮の境内《けいだい》から放生橋《ほうじょう》を渡ります。放生橋は半円形の太鼓橋《たいこ》で長さ四メートル、幅三メートルの石橋です。暗闇のなか、参詣者は神輿に従って隣にかかる小さな橋を越えます。そこは誉田御廟山古墳の中堤（内堤と表現されることもある）です。日ごろは閉ざされた宮内庁管理の場所ですが、神輿が渡御《とぎょ》する秋祭りの夜には開放されます。

江戸時代には後円部頂上にある六角堂まで、神輿が渡御したといわれています。秋里籬島《あきさとりとう》の『河内名

誉田御廟山古墳 北東上空から（写真・朝日新聞社）

所図会《ずえ》』（享和元年、一八〇一）には、後円部をまっすぐにあがる参道が描かれています。鶴澤探眞《つるさわたんしん》画の『御陵画帖』（文久山陵図）の荒蕪図《こうぶず》には、その六角堂の堂舎の姿が描き込まれています。

二〇一一年二月、立ち入り観察が許可されました。後円部頂上にあがる参道の階段の痕跡を望むことができました。木々のあいだに凹みのある様子がうかがえます。幅三メートルほどはあるのでしょうか。

学会が希望したのは墳丘部への立ち入りでしたが、水のある内濠を渡ることは許されず、中堤を一周することのみの許可でした。中堤といっても幅五〇メートルもあります。円筒埴輪列があることは以前から知られていましたが、当日も確認することができました。

さて、立ち入り観察ですが、北側の前方部にある拝所の横から反時計まわりに歩きます。ほどなく西側外濠と外堤が見えてきます。国史跡として公有地化が計られてきたところです。一角で宅地開発が計画され、文化財保存の必要から一九七八年に指定されました。宮内庁が陵墓として管理する範囲と文化庁や地方自治体が古墳として把握する範囲には違いがあります。

中堤の内側に移動して西側の内濠を観察します。墳丘実測図にも、墳丘の崩落が表れています。生活排水の流れ込みもあり、汚泥が堆積しているように見受けました。写真のようにガマが繁茂しています。

後円部側南西に面するあたり、平らな中堤の上面が一・五メートルほど、西に低く東に高い段差になっています。「誉田断層」が横切る場所とされた箇所です。段差の成因や時期については、さらに地質

上　誉田御廟山古墳の西側内濠
下　後円部南西の中堤上の段差。東側（左）が高い（ともに写真・著者）

学の研究がなされることと思います。

誉田御廟山古墳は、羽曳野丘陵が西側に傾斜した部分に立地します。もっとよい場所には、二ツ塚古墳があります。墳長一一〇メートルの前方後円墳、宮内庁では域内陪冢として管理しています。誉田御廟山古墳に先んじて築かれました。設計者は東側中堤、内濠を歪《ゆが》め狭くすることで、二ツ塚古墳の墳丘のみならず周濠とも折り合いをつけました。立ち入り観察でもこの様子を観察しました。

倭国の大王の一人であろう誉田御廟山古墳の被葬者が、誰に配慮するのでしょうか。先に築かれた古墳を避けることが普通のことなのか、二ッ塚古墳の被葬者と誉田御廟山古墳の被葬者のあいだになにか特別の関係があったのか、興味深い課題です。ともかく、七世紀の飛鳥《あすか》にある終末期古墳のように、範囲内にある先に築かれた小さな古墳を潰すことなく、超大型前方後円墳は造られました。

⑻ 開くための知恵を出すとき――エピローグ

大阪府高槻市の今城塚《いましろづか》古墳（写真・次々ページ右上）は、墳長一八一メートルの前方後円墳です。二重周濠の内側の堤（内堤）の北側張出し部分では、発掘調査でわかった「埴輪祭祀場」が再現されています。埴輪の模型が実物大で並んでいます。埴輪の馬と背比べして、大人も子どもも楽しそうです。

今城塚古墳は二〇世紀初めには、本当の継体天皇陵だろうと、いわれはじめます。最初は、歴史地理学上の考証、つづいて考古学上の型式学の検討からの指摘です。宮内省（当時）でも公式に議論されましたが、江戸時代以来、第二六代継体天皇の「三嶋藍野陵《みしまのあいののみささぎ》」と定められている太田《おおだ》茶臼山古墳（大阪府茨木市）から変わることはありませんでした。

戦後、今城塚古墳は文化庁の国史跡となり、今は「いましろ　大王の杜《もり》」という古墳公園として整備されています。周濠や堤ばかりか、墳丘の上も含めて、誰もが自由に行ったり来たりできます。古代への想像がかき立てられ、会話も弾むことでしょう。古墳が人と人をつなぐ役割を果たしています。

大山古墳（写真右下）は墳長四八六メートル、大阪府堺市にある古墳時代最大の前方後円墳です。最近の測量では、もっと大きくなり墳長五二五メートル以上になる可能性があるという報告もあります。葬られた人物は、五世紀に中国の宋に使者を遣わした「倭の五王（讃・珍・済・興・武）」の後半の大王と考えられます。

築造当初からあったか議論がありますが、三重の周濠がめぐります。そのため、よほど高い建物に上がるか、飛行機にでも乗らなければ、内濠や墳丘の大きさを実感することは難しいでしょう。

第一六代仁徳天皇の「百舌鳥耳原中陵」に治定され、宮内庁の厳重な管理が続いています。墳丘は鬱《うっ》蒼《そう》とした森となり、周辺から隔離された静かな空間に包まれていることでしょう。もちろん、陵墓に人のすがたはありません。

過去の大山古墳は違う環境にありました。森は悠久の歴史に育まれたように見えますが、一八七九年（明治一二）に撮影された拝所背後の墳丘は、笹のような植物で覆われていました。日差しが注ぐ明るい空間です。いつの日か、タイム・マシーンで訪れる機会があれば、どの時代を選ぶかで、大山古墳の印象はずいぶん異なるものになるでしょう。

三世紀後半に築かれたとみられる奈良県桜井市の箸墓古墳（写真左上）は墳長二八〇メートル、伝説上の女性である倭迹迹日百襲姫《やまとととひももそひめ》の「大市墓《おおいちのはか》」に定められ、柵の中に入ることはできません。普段は宮内庁が固く禁じていますが、二〇一三年二月に学会代表者一六名の立ち入りが許可されました。ただし、墳丘裾の巡回路からの観察に限るという条件が付きました。

それでも、私たちは墳丘に遺された歴史上のメッセージがないかと目を凝らしました。柵外の路上には、その様子を撮影するテレビ局のカメラマンがいます。ひと時の喧騒《けんそう》ですが、「静謐《せいひつ》」が損なわれると眉を曇らす人がいたかもしれません。

明日香村の鬼の雪隠《せっちん》（写真左下）に自転車に乗った家族連れがやって来ました。観光客に親しまれる石造物です。子どもの手の先に、終末期古墳の埋葬施設である横口式石槨の蓋石があります。間近に見ることができます。立札に気づく人はまれかもしれませんが、鬼の俎《まないた》・雪隠古墳は、宮内庁の第二九代欽明天皇の「檜隈坂合陵《ひのくまのさかあいのみささぎ》」の飛地《とびち》（陪冢）となる天皇陵古墳です。

五世紀の大山古墳、六世紀の今城塚古墳は、ともに倭国の大王墓ですが、現在の人とのつながりは異なります。三世紀の箸墓古墳は、一日限りの研究者への公開でした。七世紀の鬼の俎・雪隠古墳は、誰

①

②

もが本物に接することが可能です。

本書では、人と天皇陵古墳のつながりを、古代ばかりでなく、中世・近世・近代のできごとを含めて解説することを心掛けました。それは、人とふれあうことで遺跡が「生きる」と考えたからです。閉ざされた歴史遺産としてある天皇陵古墳の扉が、軋《きし》むことなく開かれて、誰もがその価値を享受できる日が来ることを願います。そろそろ皆が知恵を出す時期に来ているのではないでしょうか。

③

④

①今城塚古墳、②大山古墳、③箸墓古墳への学会の立ち入り観察、④鬼の雪隠
(いずれも写真・著者)

参考文献

※筆者の五十音順。報告書・古典籍・自治体史・行政文書のアーカイブは原則として省略

序章

今尾文昭「陵墓問題の過去と未来」『古墳時代の考古学10古墳と現代社会』同成社　二〇一四年
今尾文昭・高木博志編『世界遺産と天皇陵古墳を問う』思文閣出版　二〇一七年
今尾文昭「世界遺産候補『百舌鳥　古市古墳群』の天皇陵古墳名称を問う」『世界』二〇一七年一〇月号　岩波書店　二〇一七年
白石太一郎編『古代を考える　古墳』吉川弘文館　一九八九年
高木博志『陵墓と文化財の近代』山川出版社　二〇一〇年
外池昇『天皇陵論―聖域か文化財か』新人物往来社　二〇〇七年
森浩一編『天皇陵古墳』大巧社　一九九六年

第1章　山辺・磯城古墳群

今尾文昭『古代日本の陵墓と古墳1　古墳文化の成立と社会』青木書店　二〇〇九年
大和岩雄「箸墓古墳と箸墓伝承」（上・下）『東アジアの古代文化』六四・六五号　一九九九〇年
関西大学博物館『関西大学博物館蔵本山彦一蒐集資料目録』二〇一〇年
近藤義郎・春成秀爾「埴輪の起源」『考古学研究』五一号　一九六七年
財団法人桜井市文化財協会『ＨＡＳＨＩＨＡＫＡ』桜井市埋蔵文化財センター展示解説書　第四〇冊　二〇

一四年
千家和比古「古代出雲大社の心象風景」『古代出雲大社の復元』（増補版）学生社　二〇〇〇年
土橋寛「箸墓物語について」『古代学研究』七二　一九七四年
寺澤薫「箸墓古墳築造プランの復元」『箸墓古墳周辺の調査』奈良県立橿原考古学研究所　二〇〇二年
寺澤薫『王権誕生』講談社　二〇〇〇年
天理大学文学部歴史文化学科歴史学専攻『天理市渋谷町有文書調査報告書』二〇一六年
中村一郎・笠野毅「資料紹介　大市墓の出土品」『書陵部紀要』第二七号　一九七五年
平林章仁『橋と遊びの文化史』白水社　一九九四年
広瀬和雄『前方後円墳国家』角川選書　二〇〇三年

第2章　佐紀古墳群

東潮『古代東アジアの鉄と倭』渓水社　一九九九年
石田茂輔「日葉酢媛命御陵の資料について」『書陵部紀要』第一九号
今井堯『天皇陵の解明　閉ざされた「陵墓」古墳』新泉社　二〇〇九年
今尾文昭『ヤマト政権の一大勢力　佐紀古墳群』新泉社　二〇一四年
宮内庁書陵部陵墓課編『（書陵部紀要所収）陵墓関係論文集』学生社　一九八〇年
宮内庁書陵部陵墓課編『（宮内庁書陵部所蔵）古鏡集成』学生社　二〇〇五年
大日本明道会『勤王文庫　第三編　山陵記集』一九二一年
舘野和己「平城京内の固有地名─その予察的検討」『古代学』第五号　奈良女子大学古代学学術研究センター　二〇一三年

橋本義則「西大寺古図と『称徳天皇御山荘』」『平城京右京一条北辺四坊六坪発掘調査報告』奈良国立文化財研究所　一九八四年
林巳奈夫『中国古代の神がみ』吉川弘文館　二〇〇二年
坂靖『古墳時代の遺跡学ヤマト王権の支配構造と埴輪文化』雄山閣　二〇〇九年
本位田菊士「佐紀盾列古墳群と垂仁天皇陵―記紀の陵墓治定と一系的皇統の形成」『日本歴史』第六九一号　二〇〇五年
森浩一「古墳出土の鉄について」『古代学研究』第二一・二二号　一九五九年
森浩一『僕は考古学に鍛えられた』筑摩書房　一九九八年
森田克行『よみがえる大王墓　今城塚古墳』新泉社　二〇一一年
渡辺晃宏『平城京一三〇〇年「全検証」―奈良の都を木簡から読み解く』柏書房　二〇一〇年

第3章　佐保・春日ほか　生駒・斑鳩ほか
上野竹次郎『山陵』山陵崇敬会　一九二六年
河上邦彦・卜部行弘『古代大和の石造物　図録・石の文化』橿原考古学研究所　二〇〇一年
小島貞三『史蹟と古美術 大和巡礼』（増補新訂版）大和史蹟研究会　一九五五年
伊達宗泰「開化陵（念仏寺山・坂ノ上山・弘法山古墳）は前方後円墳なのだろうか」『古代学研究』第一五〇号　二〇〇〇年
角田文衛「聖武天皇陵と興福寺僧信実」『橿原考古学研究所論集　創立三十五周年記念』吉川弘文館　一九七五年
外池昇『事典　陵墓参考地―もうひとつの天皇陵』吉川弘文館　二〇〇五年

奈良国立博物館監修『天平の地宝』朝日新聞社　一九六一年
広瀬和雄「壱岐島の後・終末期古墳の歴史的意義6・7世紀の外交と『国境』」『国立歴史民俗博物館研究報告』第一五八集　二〇一〇年
福山敏男「那富山墓の隼人石」『中国建築と金石文の研究』中央公論美術出版　一九八二年
堀池春峰「山辺の道の古代寺院と氏族」『南都仏教史の研究 下 諸寺編』法蔵館　二〇〇三年
石島和夫「東国における終末期の畿内型石室」『河上邦彦先生古稀記念献呈論文集』二〇一五年
陵墓調査室「黄金塚陵墓参考地墳丘および石室内現況調査報告」『書陵部紀要』第五九号　二〇〇八年

第4章　馬見古墳群　葛城・吉野

上田長生『幕末維新期の陵墓と社会』思文閣出版　二〇一二年
梅原末治『佐味田及新山古墳研究』（復刻版）名著出版　一九七三年
小野里了一「『葛城氏』はどこまでわかってきたのか」『古代史研究の最前線 古代豪族』洋泉社　二〇一五年
河上邦彦『大和葛城の大古墳群　馬見古墳群』新泉社　二〇〇六年
千賀久「日本出土帯金具の系譜」『橿原考古学研究所論集　第六』吉川弘文館　一九八四年
町田章「帯金具」『埼玉稲荷山古墳』埼玉県教育委員会　一九八〇年
藤井康隆「晋式帯金具の製作動向について中国六朝期の金工品生産を考える」『古代』第一一一号　二〇〇二年
森浩一「畿内」『日本考古学講座　第五巻 古墳文化』河出書房　一九五五年

第5章　飛鳥ほか

秋山日出雄・廣吉壽彦『元禄年間　山陵記録』（財）由良大和古代文化研究協会　一九九四年
網干善教「大化甲申詔にみえる墳墓の規制について」『末永先生古稀記念　古代学論叢』一九六七年
今尾文昭『古代日本の陵墓と古墳2　律令期陵墓の成立と都城』青木書店　二〇〇八年
今尾文昭「陵墓制の弛緩と開掘」『季刊考古学』第一二四号　雄山閣　二〇一三年
今尾文昭「幕末維新期における飛鳥猿石の所在空間」『河上邦彦先生古稀記念献呈論文集』二〇一五年
W・ゴーランド（上田宏範校注・稲本忠雄訳）『日本古墳文化論』創元社　一九八一年
笠野毅「天智天皇山科陵の墳丘遺構」『書陵部紀要』第三九号　一九八八年
笠野毅「舒明天皇押坂内陵の墳丘遺構」『書陵部紀要』第四六号　一九九五年
亀田博「西内成郷と金塚」『季刊 明日香風』七三号　飛鳥保存財団　二〇〇〇年
斉藤忠『古墳文化と古代国家』至文堂　一九六六年
西光慎治「飛鳥地域の地域史研究（一）欽明天皇檜隈坂合陵・陪冢・カナヅカ古墳の覚書」『明日香村文化財調査研究紀要』創刊号　明日香村教育委員会　二〇〇〇年
菅野雅雄「鏡王女の出自について」『菅野雅雄著作集 第六巻』おうふう　二〇〇四年
鈴木良・高木博志編『文化財と近代日本』山川出版社　二〇〇二年
高田十郎編『大和の伝説』大和史蹟研究会　一九三三年
藤堂かほる「天智陵の営造と律令国家の先帝意識」『日本歴史』第六〇二号　一九九八年
直木孝次郎『額田王』（人物叢書）吉川弘文館　二〇〇七年
中島光風「鏡王女について」『文学』第一一巻第一〇号　岩波書店　一九四三年
福尾正彦「八角墳の墳丘構造」『牽牛子塚古墳発掘調査報告書』明日香村文化財調査報告書第一〇集　二〇

一三年
星野良作『研究史　神武天皇』吉川弘文館　一九八〇年
森浩一『古墳の発掘』中公新書　一九六五年
和田萃『日本古代の儀礼と祭祀・信仰』上・中・下　塙書房　一九九五年

第6章　百舌鳥古墳群・古市古墳群

一瀬和夫『古墳時代のシンボル　仁徳陵古墳』新泉社　二〇〇九年
大久保徹也「記念物指定制度と古墳時代資料」『古墳時代の考古学　一〇　古墳と現代社会』同成社　二〇一四年
尾谷雅彦『近代古墳保存行政の研究』思文閣出版　二〇一四年
久世仁士『百舌鳥古墳群を歩く―巨大古墳・全案内』創元社　二〇一四年
久世仁士『古市古墳群を歩く―巨大古墳・全案内』創元社　二〇一五年
寒川旭『地震考古学―遺跡が語る地震の歴史』中公新書　一九九二年
田中晋作『古市古墳群の解明へ　盾塚・鞍塚・珠金塚古墳』新泉社　二〇一六年
徳田誠志「仁徳天皇　百舌鳥耳原中陵第1濠内三次元地形測量調査報告」『書陵部紀要』第六九号［陵墓篇］二〇一八年

全体図

地理院地図（タイル）をベースに作成（以下同）

山辺・磯城

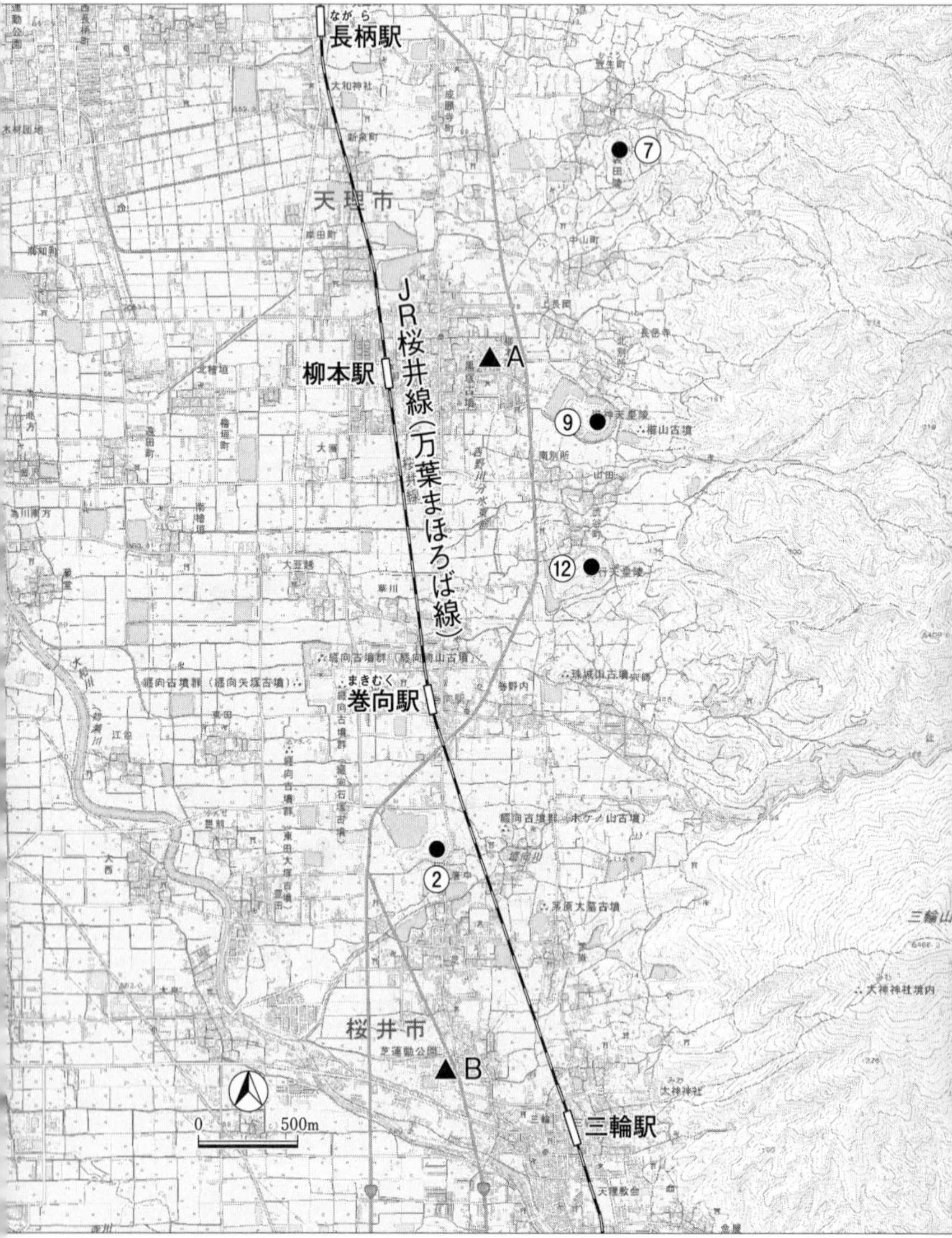

A　天理市立黒塚古墳展示館　電話0743-67-3210

B　桜井市立埋蔵文化財センター　電話0744-42-6005

佐紀・佐保

C　奈良文化財研究所平城宮跡資料館　電話0742-30-6753

D　奈良市埋蔵文化財調査センター　電話0742-33-1821

春日ほか

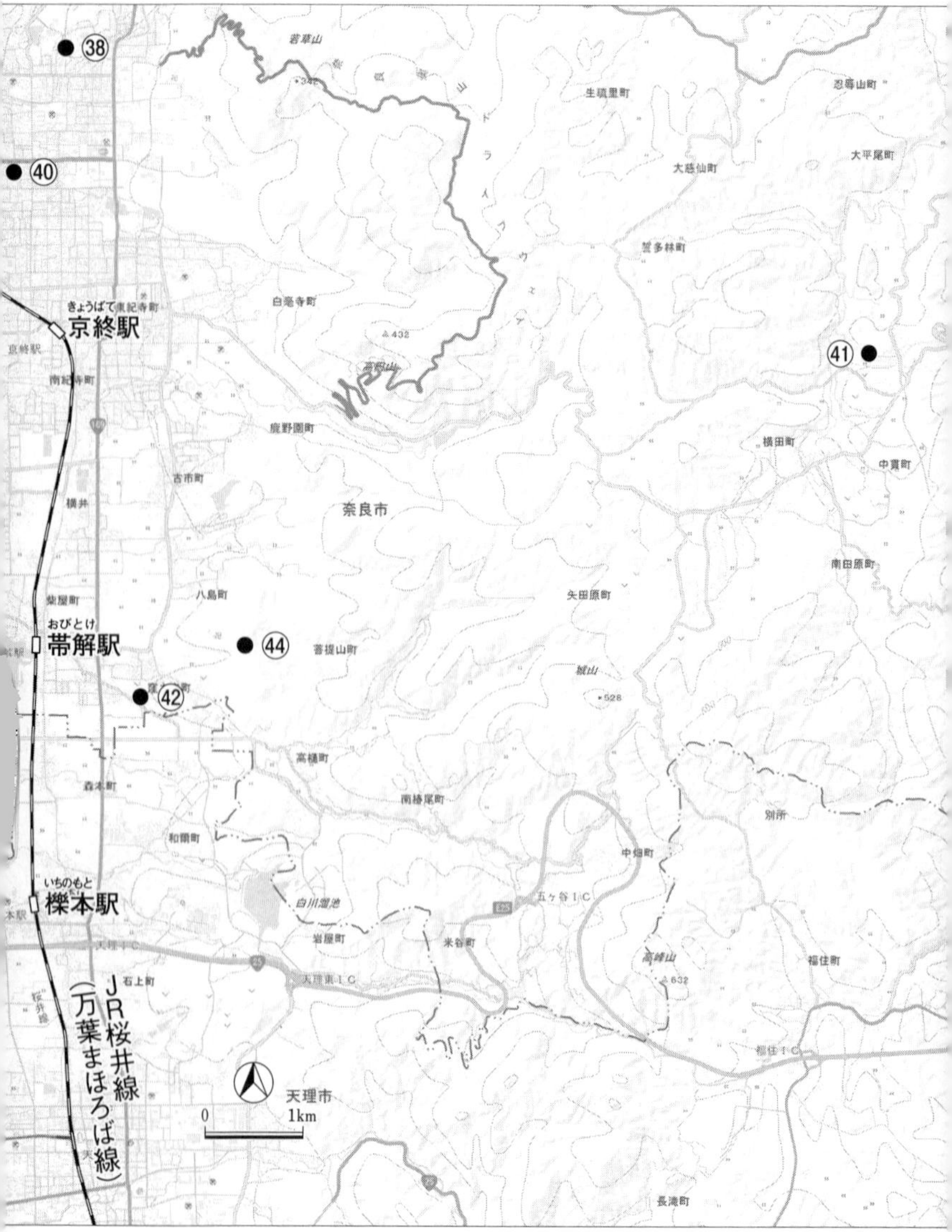

38
40
41
42
44
京終駅《きょうばて》
東紀寺町
帯解駅《おびとけ》
櫟本駅《いちのもと》
JR桜井線
(万葉まほろば線)
奈良市
天理市
0
1km
若草山
生琉里町
忍辱山町
大平尾町
大慈仙町
誓多林町
白毫寺町
鹿野園町
古市町
横田町
中貫町
南田原町
矢田原町
八島町
菩提山町
高樋町
南椿尾町
別所
中畑町
和爾町
森本町
白川溜池
五ケ谷ＩＣ
岩屋町
米谷町
天理ＩＣ
天理東ＩＣ
高峰山
福住町
石上町
福住ＩＣ
長滝町

斑鳩ほか

和郡山市
近鉄郡山駅
45
JR関西本線（大和路線）
大和郡山市
近鉄橿原線
近鉄橿原線
大和小泉駅
筒井駅
47
安堵町
0
500m
法隆寺駅

生駒ほか

E　斑鳩文化財活用センター（斑鳩町文化財センター）　電話0745-70-1200

馬見（1）

F　河合町中央公民館　文化財展示室　電話0745-57-2271・2272

G　馬見丘陵公園館　電話0745-56-3851

H　広陵町文化財保存センター　電話0745-55-1001

馬見（2）

H　広陵町文化財保存センター　電話0745-55-1001

葛城

I　葛城市歴史博物館　電話0745-64-1414

吉野

飛鳥（1）

J　奈良県立橿原考古学研究所附属博物館　電話0744-24-1185

K　歴史に憩う橿原市博物館　電話0744-27-9681

L　高松塚壁画館　電話0744-54-3340

飛鳥（2）

百舌鳥

M　堺市博物館　電話072-245-6201

古市

N　羽曳野市文化財展示室　電話072-958-1111

O　藤井寺市立生涯学習センター（アイセル シュラ ホール）　電話072-952-7800

索引

・「　」は陵墓名
・『　』は史料名

あ

か

た

な

は

ま

や

ら・わ

今尾文昭（いまお・ふみあき）
1955年兵庫県尼崎市生まれ。78年同志社大学文学部文化学科文化史学専攻卒業後、奈良県立橿原考古学研究所へ入所、その後、同研究所附属博物館学芸課長、同研究所調査課長などを経て、2016年定年退職。現在、関西大学文学部非常勤講師。博士（文学）。専門は日本考古学。『律令期陵墓の成立と都城』『古墳文化の成立と社会』（ともに青木書店）、『ヤマト政権の一大勢力 佐紀古墳群』（新泉社）、『世界遺産と天皇陵古墳を問う』（共編著、思文閣出版）、『古墳空中探訪』［奈良編］［列島編］（共著、新泉社）ほか著書多数。

朝日選書 978

天皇陵古墳を歩く

2018年10月25日　第1刷発行
2019年 6 月30日　第3刷発行

著者　今尾文昭

発行者　三宮博信

発行所　朝日新聞出版
〒104-8011　東京都中央区築地5-3-2
電話　03-5541-8832（編集）
03-5540-7793（販売）

印刷所　大日本印刷株式会社

Published in Japan by Asahi Shimbun Publications Inc.
ISBN978-4-02-263078-0
定価はカバーに表示してあります。

落丁・乱丁の場合は弊社業務部（電話03-5540-7800）へご連絡ください。
送料弊社負担にてお取り替えいたします。

戦火のサラエボ100年史
「民族浄化」もう一つの真実
梅原季哉
聞きとりで迫るユーゴ紛争の裏側。歴史の相克を描く

鉄道への夢が日本人を作った
資本主義・民主主義・ナショナリズム
帳彧馨／山岡由美訳
なぜ「鉄道は役に立つ」と無条件に信じられたのか

幼さという戦略
「かわいい」と成熟の物語作法
阿部公彦
権力に抗する「力の足りなさ」「弱さ」に注目する気鋭の文芸評論

超高齢社会の法律、何が問題なのか
樋口範雄
高齢者法の第一人者が、東大での講義を元に問題点を考える

asahi sensho

海洋大異変
日本の魚食文化に迫る危機
山本智之
サケ、マグロ、アサリ、ウニなどに迫る新たな危機とは

例外小説論
「事件」としての小説
佐々木敦
分断と均衡を脱し、ジャンルを疾駆する新たな文芸批評

アメリカの排日運動と日米関係
「排日移民法」はなぜ成立したか
簑原俊洋
どう始まり、拡大、悪化したかを膨大な史資料から解く

日本の女性議員
どうすれば増えるのか
三浦まり編著
歴史を辿り、様々なデータから女性の政治参画を考察

ハプスブルク帝国、最後の皇太子
激動の20世紀欧州を生き抜いたオットー大公の生涯
エーリッヒ・ファイグル／関口宏道監訳／北村佳子訳
豊富な史料と本人へのインタビューで描きだす

ニュートリノ　小さな大発見
ノーベル物理学賞への階段
梶田隆章＋朝日新聞科学医療部
超純水5万トンの巨大水槽で解いた素粒子の謎！

丸谷才一を読む
湯川豊
小説と批評を軸にした、はじめての本格的評論

嫌韓問題の解き方
ステレオタイプを排して韓国を考える
小倉紀蔵　大西裕　樋口直人
ヘイトスピーチや「嫌韓」論調はなぜ起きたのか

asahi sensho

発達障害とはなにか
誤解をとく
古荘純一
小児精神科の専門医が、正しい理解を訴える

飛鳥むかしむかし
飛鳥誕生編
奈良文化財研究所編／早川和子絵
なぜここに「日本国」は誕生したのか

飛鳥むかしむかし
国づくり編
奈良文化財研究所編／早川和子絵
「日本国」はどのように形づくられたのか

政策会議と討論なき国会
官邸主導体制の成立と後退する熟議
野中尚人　青木遥
権力集中のシステムが浮かび上がる

96歳　元海軍兵の「遺言」
瀧本邦慶／聞き手・下地毅

一兵士が地獄を生き残るには、三度も奇跡が必要だった

文豪の朗読
朝日新聞社編

文豪のべ50名の自作朗読を現代の作家が手ほどきする

こどもを育む環境　蝕む環境
仙田満

環境建築家が半世紀考え抜いた最高の「成育環境」とは

海賊の文化史
海野弘

博覧強記の著者による、中世から現代までの海賊全史

asahi sensho

アメリカの原爆神話と情報操作
「広島」を歪めたNYタイムズ記者とハーヴァード学長

井上泰浩

政府・軍・大学・新聞は、どう事実をねじ曲げたのか

昭和陸軍の研究　上・下
保阪正康

関係者の証言と膨大な資料から実像を描いた渾身の力作

阿修羅像のひみつ
興福寺中金堂落慶記念

興福寺監修／多川俊映　今津節生　楠井隆志
山崎隆之　矢野健一郎　杉山淳司　小滝ちひろ

X線CTスキャンの画像解析でわかった、驚きの真実

平成史への証言
政治はなぜ劣化したか

田中秀征／聞き手・吉田貴文

政権の中枢にいた著者が、改革と政局の表裏を明かす

（以下続刊）